그대 음성에

내 마음 열리고

김용대 지음

사회와 연대

머리말

처음에 묵상 글을 쓸 때에는 나 자신을 위하여 쓴다고 생각하였습니다.
어쩌다 바깥으로 나가면 죄만 짓고 돌아오는 것 같았고,
만나는 사람들의 말이 공허하게만 들렸기 때문이었습니다.
그래서 거의 매일 새벽에 성경을 보면서 기도를 바치게 되었습니다.
묵상 글을 쓰고 있는 동안은 나의 기도시간이었습니다.
정말 기뻤습니다.
내가 썼던 묵상 글을 가까운 사람들에게 보내 주었습니다.
그 사람들을 위한 기도이기도 했기 때문이었습니다.
묵상 글을 모아 아들이 회갑기념으로 책을 출판해 주겠다고 했으나
여러모로 부족함을 느꼈기 때문에 망설였습니다.
회갑은 지나가 버렸습니다.
아내가 자신의 육순 선물로 출판해달라고 하면서 자신감을 북돋아 주었습니다.
창피를 무릅쓰고 〈굿뉴스〉의 〈오늘의 묵상〉 난에 올려보았습니다.
의외로 신자들의 반응이 좋은(?) 것 같았습니다.
대부님도 적극 격려해 주셨습니다.

새벽에 묵상 글을 쓴 후 아내에게 보여주면
아내는 항상 "이제 알았제?"하고 반문하였습니다.
"이론에만 밝은" 나를 그렇게 놀려댔던 것입니다.
아직도 한참 멀었습니다.

사실은 출판 후의 후환
즉 "이론에만 밝고 실천하지 못하고 살았던" 부끄러움을
어떻게 해결할 것인가가 저에게 가장 큰 난제입니다.
부끄러움보다 다른 사람들의 눈총에 대한
두려움이라고 표현하는 것이 더 솔직한 표현일 겝니다.

돌이켜 생각해보면 명예, 재물, 세상 인연의 끈을 놓지 못하고 괴로워하는
저에게
하느님께서는 언제나 고통을 통하여 말씀하셨습니다.
놓지 못하고 있는 시간이 길수록 더 아팠습니다.

비록 소인배(小人輩)의 짧은 생각을 글로 남겼습니다만
그럼에도 불구하고 저의 글을 읽어 주심에 깊이 감사 드립니다.

2008년 12월

김용대 후고

차 례

믿음

성령

회개

용서

소망

사랑

믿음

희망의 샘

"한 사람이 예수님께 애원하였다.
'하실 수 있으면 저희를 가엾게 여겨 도와주십시오.'
예수님께서 대답하셨다. '하실 수 있으면'이 무슨 말이냐?
믿는 이에게는 모든 것이 가능하다.'"(마르코 9:22-23).

넓은 초원에서 한 남자가 성이 나서
코 김을 내뿜고 달려드는 황소를 피하여 도망가고 있었다.
위기를 모면할 수 있는 방법은 나무에 오르는 것이었다.

그러나 가장 낮은 가지가 땅에서 4미터 정도의 높이에 있었기 때문에 뛰어 올라도 가지를 잡을 수가 없다는 것을 알았다.
그렇지만 달리 방법이 없다는 것을 알고 시도는 해보기로 하였다.
바람 같이 달려가서 뛰어 올랐지만 아무 가지도 잡지 못하고,
땅으로 떨어지면서 가까스로 한 가지를 잡게 되었다.

적은 양의 누룩이 빵을 부풀리듯 조금의 믿음만 있어도 강력한 힘을 얻을 수 있다.
오늘의 복음에 나오는 사람은
아마 "이제부터 믿겠습니다. 작은 믿음이라도 갖게 해주십시오." 하고 기도했을 것이다.
우리들은 이와 같이 불가능한 일을 만나야 주님께 구원을 요청 드린다.

우리들은 믿음이 약해서 스스로를 구원할 능력이 없다.
우리들은 예수님을 본받아 살지 않았기 때문에 옳은 믿음을 가지고 있지 않다.

그러나 예수님께서는 믿는 이들 안에 항상 현존하고 계신다.
주님께서는 믿는 이들에게 실망을 안겨준 일이 없으셨기 때문에
우리들이 제대로 믿기만 한다면 우리들의 간청도 절대로 무시하지는 않으실 것이다.
**제자들이 믿음이 약해서 아이를 낫게 해주지 못했던 것을 보면
우리들의 믿음이 얼마나 깊어야 하는지를 알 수 있을 것 같다.**

캘리포니아 주의 버클리 시장市長을 지냈던
프랭크 개인스Frank Gaines, 1890~1977가 말했다.
"보이지 않는 것을 보는 법을 알았을 때에만 불가능한 것을 할 수 있는 것을 알게 된다."

잘못된 전제

헨리 뉴엔Henri Nouwen 신부님은 『상처 입은 치유자』에서 다음과 같이 말하고 있다.

"많은 사람들이 잘못된 전제 위에 인생의 기초를 두고 있기 때문에 고민한다.
그 잘못된 전제라는 것은
자기에게 두려움이나 고독, 혼란이나 회의懷疑가 있어서는 안 된다고 생각하는 전제이다. 그러나 그러한 고민들을 우리의 인간조건에 불가결不可缺한 상처로 이해해야만 창조적으로 대처할 수 있는 것이다."

안셀름 그륀Anselm Grün 신부님도 『행복이 찾아 온다』에서
헨리 뉴엔 신부님과 거의 비슷한 말을 하고 있다.

"인간은 태어나면서 착각을 하나 갖고 있는데,
그것은 바로 인간이 행복하기 위해 태어난다고 생각하는 것이다.
그러나 여기에 문제가 되는 것이 있는데,
우리가 행복하기 위해 직접 애를 쓰면 쓸수록 행복은 더 멀어진다는 것이다."

다른 말로 하면 인간은 누구나 두려움이나 고독, 혼란이나 회의를 갖고 살기 마련인데 행복하기 위해 태어난다는 착각을 하고 살고 있다는 것이다.
그러면 이러한 두려움과 고독, 혼란, 회의는 무엇 때문에 생기는 것일까?
우리들이 익히 알고 있는 『명심보감』 중 〈마음을 다스리는 글들〉을 보면 무엇을 잘못하고 살고 있는지 대충 알 수 있다.

"복은 검소함에서 생기고, 덕은 겸양에서 생기며,
도道는 안정에서 생기고, 명明은 화창에서 생기며,
근심은 애욕에서 생기고 재앙은 물욕에서 생기며,
허물은 경망輕妄에서 생기고, 죄는 참지 못하는 데서 생긴다.
눈을 조심하여 언제나 착한 말과 바른 말과 부드럽고 고운 말을 할 것이며, 몸을 조심하여 나쁜 친구를 따르지 말고 어질고 착한 이를 가까이 하라.
이익 없는 말을 실없이 하지 말고, 내게 상관없는 일을 부질없이 시비하지 말라.
어른을 공경하고 덕 있는 자를 받들며, 지혜로운 이와 미거未擧 : 사리에 어둡고 철이 없는한 이를 밝게 분별하며
무지한 이를 너그럽게 용서하라.
내 몸 대우를 받지 못한다 해도 바라지 말고, 과거를 원망하지 말라.
남에게 손해를 입히면 마침내 그것이 자기에게 돌아오지만
힘을 기르면 재화財貨가 따른다."

우리 안의 양심의 소리 때문에, 배운 사람이든 못 배운 사람이든 세상을 바르게 살아가는 도리를 모르는 사람은 없다.
그러나 사람들이 잘못된 길로 가는 가장 큰 원인은 오로지 자기만을 생각하는 옹졸한 마음 때문이라고 한다.
그래서 마음은 "양심에 작용을 하는 것"이다.
따라서 우리가 우리 마음을 바꾸지 않는 한 세상은 바뀌지 않을 것이며 불행도 사라지지 않을 것이다.
옛날부터 선조들은 "수상手相보다는 관상觀相,
관상보다는 심상心相이 더 중요하다."고 했다.

마침 오늘 성바오로 수도회의 〈말씀묵상〉에 다음과 같은 글이 실려 있었다.

《쉽게 넘어갈 일이 있고, 아닌 게 있다.

그리고 일에 따라, 사람에 따라 바뀌기도 한다.
하지만 나는 일에서도, 사람에게서도 그 옳고 그름의 한계가 모호해질 때가 있다.
정에 쉽게 흔들리고 만다.
무엇이 옳고 무엇이 그른가
어디를 향해서 가야 하는가
이래서 하고, 저래서 하지 않을 수 있다.
여러 가지를 기준 삼아 늘 선택을 한다.
어떤 길이 최고의 길이라 쉽게 말할 수 없다.
저마다 소중하기 때문이다.
… 않으려고 하지 말고, … 하도록 하자.
두려워서 하지 않는 것 보단
죄를 짓지 않으려 하는 것 보단
좀 더 아름다운 삶을 살도록 하자.
좀 더 영혼의 충일감充溢感에 젖도록 하자.
성령께서 이끌어주시기를 청하자.

어떤 것에도 얽매이지 않고 자유로이 이 삶을 사랑할 수 있으면 좋겠다.
성령이 계시기에, 그분이 계시니깐….》

삶의 주체는 "나"이다.
"나"에게 **성령**聖靈*이 충만해 있다면 무엇을 해도 괜찮을 것이다.
어떤 선택을 해도 괜찮을 것이다.
믿음이 흔들리면 나의 자신감은 사라지고 오히려 혼란만 가중될 것이다.
성령이 충만하면 어떤 길을 선택할 것인가 하는 고민을 하지 않고
자유로운 삶을 살 수 있을 것이다.

* **성령** : (라틴어 : Spiritus Sanctus, 영어 : Holy Spirit) 그리스도교의 삼위일체교리에서 하느님을 이루는 세 가지 위격(페르소나) 중 제3위를 가리키는 칭호로, 성신(聖神)이라고도 함.
사도행전에 따르면, 성령은 사도들에게 임하여 교회가 시작되게 하였다.
그래서 교회력(敎會曆)에서는 성령이 강림하여 교회가 태어난 날을 성령강림주일로 기념한다.

행복론

이 책은 알랭Alain이 쓴 『행복론Propos Sur Le Bonheur』인데, 알랭은 프랑스 노르망디의 모르타뉴 출생으로 고향에서 엄격한 종교적 교육을 받았으나 아랑송 중학교로 옮긴 후 무신론적 사상으로 기울어졌다.
고등사범학교 졸업 후 루앙, 콩도르세, 앙리 4세 등 리세고등중학교에서 철학을 강의하였다.
1906년 알랭이라는 필명으로 〈루아〉 지에
"한 노르망디 사람의 어록Propos d'un Normand"을 3,098회나 연재하여, 행복 · 그리스도교 · 문학 · 미학 · 교육 · 정치 등에 관한 짧은 에세이를 발표했고
이것이 그의 이름을 세상에 알려준 계기가 되었다. 이 책에는 다음과 같은 부분이 있다.

《아이들에게는 반드시 행복해지는 방법을 가르쳐 주어야 한다.
불행이 목전에 닥쳤을 때 행복하게 되는 법을 말하는 것이 아니다.
이런 것들은 **스토아 학파***에 맡기면 된다.
여기서는 상황이 그다지 나쁘지 않고,
인생의 괴로움을 일상적인 번거로움으로 느낄 때
행복하게 되는 방법을 말하는 것이다.

첫 번째 규칙은 현재의 것이든 과거의 것이든 간에
자신의 불행을 절대로 남에게 이야기하지 않는 일이다.

* 스토아 학파 : 기원전 3세기 초 제논(Zenon)이 창시한 그리스 철학의 한 학파. 윤리학을 중요하게 다루었고 유기적 유물론 또는 범신론의 입장에서 금욕과 극기를 통해 자연에 순종하는 현인(賢人)의 생활을 이상으로 내세웠다. 후에 로마의 철학자 세네카 등이 이를 완성했다. ≒ 극기파.)

두통, 구토, 불쾌감, 복통 등에 대해 이야기하는 것은
아무리 부드럽게 이야기한다 해도 실례라고 생각해야 한다.
부정적인 생각이나 오산誤算도 마찬가지이다.
아이들, 젊은이 또는 어른들에게도 다음과 같이 설명해주어야 한다.
"아무리 사소한 것이라도 내가 뱉어내는 불평이 남을 괴롭힌다."는 것이다.
비록 남들이 그런 내막을 듣고 싶어하거나 남들에게 위로 받기를 원할 때에도 상대방은 짜증이 나기 마련이다. 슬픔은 독毒과 같은 것이기 때문이다.
슬픔으로 사랑을 호소할 수 있을지 모르지만 기분을 북돋아 주지는 않는다.
결국 감정에 깊은 골을 만들고 만다.

누구나 죽기보다는 살고 싶어하는 법이다.
그리고 살아있는 사람들은 스스로 행복하다고 말하며 만족해하는 사람을 좋아하기 마련이다. 저마다 재만 남았다고 불평하지 않고 아무 말없이 장작에 불을 지핀다면 사회는 훨씬 더 풍요롭게 될 것이다.

이러한 규칙이야말로 예의 바른 사회의 규칙이다.
이런 사회에서는 사람들이 제멋대로 떠드는 일이 없으므로 권태를 느낄 수도 있다.
우리는 다른 사람들과 솔직하게 말하는 다른 방법을 찾아야 한다.
자기의 불행을 자유롭게 떠들어대면 더욱 우울한 권태에 빠져들 뿐이다.
가정에서는 서로가 너무 허물없이 지내고 있으므로
사소한 일에 대해서도 불평을 늘어놓는 일이 잦기 때문에
교제의 범위를 가정 밖으로 확대해야 한다.
만일 조금이라도 남의 마음에 들려는 생각이 있다면
아무도 그런 사소한 일에 대해 불평을 늘어놓지는 않을 것이기 때문이다.》

요즘같이 국가가 어렵고 불쾌지수가 높은 때엔 위와 같은 말은 더욱 더 공감이 갈 것이다. 불평을 말하는 것, 즉 항상 징징 짜는 것이 버릇이 되어버린 사람은

많은 사람을 시도 때도 없이 피곤하게 만든다는 것을 알아야 한다.

물론 자기 자신도 불편할 것이다.

그러나 자신에게나 남에게 전혀 도움이 되지도 않는 불평을 털어놓는 것은 백해무익百害無益한 일이다.

또 자신의 잘못 때문에 생긴 일인데도 남의 탓으로 돌려 불평을 하는 경우가 많다.

어떻게 이런 심보가 생기는지를 나는 모른다.

가톨릭 교회에서 "내 탓이오!" 운동을 한 적이 있다.

겸손해지라는 말이다.

이런 사람은 겸손하지 못한 것일까? 고집이 센 것일까?

또 알랭은 이어서 말한다.

《불행해지고 불만을 느끼는 것은 쉬운 일이다.

남이 즐겁게 해주기를 기다리고 있는 왕자처럼 조용히 앉아 있으면 된다.

행복을 상품처럼 흥정하려고 하는 눈초리는 모든 것에 권태의 빛을 드리우게 된다.

그것도 아주 당당하게.

왜냐하면 거기에는 모든 선물을 경멸하는 일종의 힘이 있기 때문이다.

그러나 나는 거기서 아이들이 뜰을 만드는 것처럼

보잘것없는 재료로 행복을 만드는 교묘한 작용에 대한 시기와 분노를 발견하곤 한다.

나는 도망친다.

나는 경험에 의해 스스로 권태에 빠져 있는 자들의 기분을 바꾸어 줄 수 없다는 것을 안다.

이와 반대로 행복은 보기만 해도 아름답다.

어린 아이보다 아름다운 것이 또 있을까?
그들은 아무 생각 없이 노는 것에만 정신이 팔려 있다.
자기를 위해 남이 놀아주기를 기다리지 않는다.
물론 아이들도 화난 표정을 지을 때가 있다.
모든 기쁨을 거부한 얼굴이다.
그러나 다행스럽게도 그들은 금새 잊어버린다.
문제는 어른이다.
누구나 변함없이 화난 얼굴을 하고 있는 어른들을 본 적이 있을 것이다.
거기에는 그럴듯한 이유가 있다는 것을 나도 잘 안다.

행복해진다는 것은 언제나 어려운 일이다.
그것은 많은 사건이나 사람에 대한 투쟁이다.
그 투쟁에서 패배할 때도 있다.
불가피한 사건이나 신출내기 스토아주의자들로서는 감당할 수 없는 불행이 있다.
그러나 힘껏 싸운 연후가 아니면 결코 졌다고 생각해서는 안 된다.
이것은 아마도 명백한 의무일 것이다.
특히 내가 굳게 믿는 것은 행복해지려고 바라지 않으면 행복하게 될 수 없다는 사실이다. 그러므로 우선 행복해지기를 바라고 그럴만한 여건을 조성해 나가야 한다.

행복해진다는 것은 타인에 대한 의무라는 사실은 아직 충분히 알려져 있지 않다.
행복한 사람만이 사랑을 받을 수 있다는 말은 옳은 말이다.》

내가 행복해야 나를 알고 있는 사람들이 행복하게 된다는 것이다.
혼자만 행복하다는 것은 불가능한 것이다.
예를 들면 자식이 나이 들어 출가하면 사돈이 생기게 된다.
자식의 부부는 친가와 처가가 모두 행복해야만 행복해질 수 있다는 이치이다.

확대 해석하면 우리가 사랑하는 사람들이 모두 행복해야 비로소 행복해질 수 있는 것이다. 이것이 사랑하는 사람의 마음이 아닐까 하고 생각한다.

물론 사랑하지 않는 사람의 행복까지 챙겨줄 수는 없다.

이런 면에서 우리는 사랑하는 사람들에 대한 의무를
망각하고 있다고 해도 과언은 아닐 것이다.
친구라는 관계를 생각해 보자.
사회가 워낙 각박해서 친구를 사랑하는 사람이 아니라
생존경쟁자로 생각하는 경우가 많은 것 같다.
마음이 따뜻한 사람이라면 친구가 행복해야 자기도 행복을 느낄 수 있을 것이다.
우리 모두 냉혈한冷血漢이 되어
남은 전혀 아랑곳하지 않고 자신의 행복만 추구하고 있는 것은 아닌가?
더불어 살지 못하고 무인도에 떨어져 살 듯이 자기의 행복만 추구하면 되는 것인가?
과연 이러한 행복이 있을 수 있을까 하는 생각이 든다.

안셀름 그륀 신부님이 쓴
『행복한 선물Das Klein Buch von wahren Glueck, 전헌호 신부님 옮김』을 읽어보자.

《소유한 재산의 양과 행복의 크기가 결코 일정한 비례를 이루지 않는다.
은행에 돈이 쌓여 있어도 영혼은 텅 비어 있을 수 있다.
불행하게 살기 위해 태어난 사람은 아무도 없다.
우리는 본질적으로 삶에서 즐거움과 기쁨을 누리도록,
내적 자유를 누리도록 정해진 존재이다. 우리 모두는 행복해지기를 원한다.
그것도 지금 바로. 그리고 영원히 그렇게 되기를 바란다.
행복하기를 원하는 사람은 자신이 가진 한계를 인식해야 하고 동시에 자신의 고유한 꿈과 동경을 알아야 한다.
행복은 고요한 새와도 같다.

꿈을 꾸거나 잠을 청하는 일이 마음대로 되지 않듯이,
사람이 오라고 부른다고 해서 이 새가 선뜻 다가오지 않는다.
조용히 손을 내밀고 있으면 이 새가 다가와 그 위에 앉는 경우는 있을지도 모른다.
그런데 손으로 움켜잡으려 하면 새는 도망치고 만다.

행복을 붙잡으려는 의도를 가지고 행하는 모든 노력은 허사가 되고 만다.
행복은 사람이 정해놓고 노력하여 성취할 수 있는 그런 것이 아니다.
행복은 하나의 놀라움으로 다가오는 것이고 어떤 것에 덤으로 따라오는 것이다.

행복은 가슴 속에 품어 안을 수 있는 부드러운 선물이다.
자기 자신을 부드럽게 대하는 사람이 행복할 수 있고,
자신에게 자비로운 사람이 행복할 수 있다.

사랑하고 사랑 받는 사람이 행복하고 사랑에 열린 자세를 갖는 사람이 행복하다.
많은 것을 가지려는 것보다 나누어주는 것이 생기 있게 한다.
다른 사람이 자신에게 주는 것을 감사히게 받아들이는 사람은 부유해진다.
행복은 하나의 선물이다.

많은 사람들이 자신의 현재 모습 그대로는
다른 사람으로부터 인정 받지 못할 것이라는 원초적인 불신을 갖고 있으며,
나를 있는 그대로 다른 사람들에게 보여 주지 못하는
이러한 원초적인 불신에 빠져들지 않으려면
또 이러한 불신으로 고통 받지 않으려면

겸손한 자세가 요청되며 자신의 진면목을 바라 볼 수 있는 용기와
자신의 어두운 면을 받아들일 용기가 필요하며,
자신의 현재 모습을 부정하게 되면
행복과 내적 평화로 이끌지는 못하게 되고 고통만 따르기 때문이다.
자신의 진실을 최대한 겸손하게 받아들이는 것이 마음의 평안으로 나아가는 지름길이다.

또 많은 사람들과의 관계 안에서
다른 사람들을 다치지 않게 하는 가장 좋은 길은 스스로 기쁘게 사는 것이다.
자신이 받은 것에서 행복을 느끼는 것이며
우리 자신을 받아 들여 마음의 평화를 누리게 되면
다른 사람을 다치지 않게 하도록 자신을 감시하고 억압할 필요가 없게 된다.
자신에게 느끼는 좋은 감정이 다른 사람에게도 전달되어
우리 안에서 느끼는 기쁨이 다른 사람도 일으켜 세우게 된다.》

"행복해진다는 것은 타인에 대한 의무이며
행복한 사람만이 사랑을 받을 수 있다."는 마지막 부분은 알랭의 말과 일치한다.

행복의 열쇠가 숨겨져 있는 곳

그때에 예수님께서 성령 안에서 즐거워하시며 말씀하셨다.
"아버지, 하늘과 땅의 주님, 지혜롭다는 자들과 슬기롭다는 자들에게
이것하느님 나라을 감추시고 철부지들에게는 드러내 보이시니,
아버지께 감사를 드립니다."(루카 10:21)

어느 날 하늘의 천사들이 땅에 있는 인간들에게
"**행복의 열쇠**"라는 특별한 선물을 주기로 결정했고
그들은 땅에 있는 한 천사에게 선물을 전했다.
그러나 그날 밤 한 나쁜 천사가 그 열쇠를 훔쳤다.
나쁜 천사는
"아무도 찾을 수 없는 곳에 숨겨야지. 바다에 던지거나 산에 숨겨야지."하고
생각하고 있던 차에 훌륭한 생각이 떠 올랐다.
"옳지. **아무도 찾지 못할 완벽한 곳을 알고 있지.**
그 열쇠를 인간의 마음 안에 숨겨놓아야지."
그리하여 거기에 "행복의 열쇠"를 숨겼다.
그 이후로 인간은 나쁜 천사가 훔친 그 "행복의 열쇠"를 멀리서만 찾고 있다.

슈바이처Albert Schweitzer는 말했다.

"여러분들 가운데 진정으로 행복한 사람은 봉사할 방법을 찾은 사람입니다."

나를 따르라

"나를 통하지 않고서는 아무도 아버지께 갈 수 없다."(요한 14:6).

2차 대전 중에 한 청년이 남태평양에 주둔하고 있었다.
사이판에서 비행기를 타고 출발하여 약 10분 후
우리나라 울릉도 크기의 티니안 섬의 공군기지에 도착할 때의 광경을 그는 결코 잊지 못했다.
그들이 착륙했을 때 더럽고 작은 지프차의 뒤 범퍼에
"나를 따르라"는 큰 표시 판이 붙어 있는 것을 보았다.
그 청년은 말했다.
"그 지프차는 항상 예수님을 생각하게 합니다.
예수님은 한때 갈릴리의 목수의 아들이었지만,
역사상 가장 위대한 분이셨고,
지금과 같은 복잡한 시대에도 사람들은 길을 잃지 않기 위해 그분을 따라가고 있습니다."

우리들의 목적지가 천국이라면
지도나 어떤 사람의 인도 없이 어떻게 거기에 이르는 길을 알 수 있을까?
바로 성경에서 우리들이 가야 하는 길을 말해주고 있다.

"너희 귀먹은 자들아, 들어라. 너희 눈먼 자들아, 눈을 뜨고 보아라."
(이사야 42:16).

"너희는 주 너희 하느님께서 너희에게 명령하신 대로 그것들을 명심하여 실천해야 한다.
너희는 오른쪽으로도 왼쪽으로도 벗어나서는 안 된다.

너희는 주 너희 하느님께서 너희에게 명령하신 길을 따라 걸어야 한다."
(신명기 5:32-33).

"거기에 천국에 이르는 고속도로가 있다. 그 길을 신성한 길Holy Way이라 부른다.
부정不淨한 자는 그 길을 지나가지 못하며 거기에서는 바보도 잘못을 저지르지 않는다."(이사야 참조).

"주님, 당신의 길을 가르쳐 주소서.
저의 원수들 때문이니 바른 길로 저를 인도하소서."(시편 27:11).

"너희가 오른 쪽으로 돌거나 왼 쪽으로 돌 때
뒤에서 '이것이 바른 길이니 이리로 가거라.'하시는 말씀을
너희 귀로 듣게 되리라."(이사야 30:21).

예수님께서는 "나는 길이다."하고 말씀하셨다.
주님은 단지 충고와 방향만을 제시하시지 않고
개별적으로 매일 친절하게 이끄시기 때문에
우리들이 주님을 따르기만 하면 절대로 길을 잃을 수 없다.
또 주 예수 그리스도는 진리이다.
보통 사람들은 "내가 당신에게 진리를 가르쳐주었다."고 말하지만
주님께서는 "나는 진리이다."고 말씀하셨다.
진리는 말만으로 가르칠 수는 없다.
몸소 본보기를 보여야 한다.
또 예수님은 생명(시편 16:11)이라고 하셨다.
예수님께서는 생명의 길만 보여주셨던 것이 아니라 삶의 모범을 보여 주셨다.

주님이 멀리 떨어져 계셔서 보이지 않으면 주님을 따라갈 수가 없다.
주님 가까이 따라 간다는 것은 거의 예수님의 삶처럼 진리를 실천하고 사는 것을 말한다.

나는 매일 길을 잃지 않기 위해 얼마나 가까이에서 예수님을 따라가고 있는가?

"예수님은 길을 잃은 사람들에게는 길이며,
혼란 속에 있는 사람들에게는 진리며,
영적으로 죽은 사람들에게는 생명이다."

현 시대

촛불시위 때문에 시끄럽다.
도대체 군중이란 무엇인가? 그들은 무엇을 주장하고 있는가?
키에르케고르Kierkegaad가 1846년에 쓴 『The Present Age』 중에 나오는 〈On the Difference Between a Genius and an Apostle〉을 보면 마치 오늘날의 현실을 적나라하게 묘사하며 나의 의문에 답하고 있는 것 같다.

《현 시대는 서로 이해하고 반성하는 시대이며 정열이 없는 시대이며
틈만 나면 게으름을 부리려고 하는 시대이다.
사람들은 너무나 절망하여 비록 자살은 하지 않았으나
무언가를 너무 오래 골똘히 생각한 나머지
생각에 빠져 죽어 가고 있다.
평생 동안 생각만 하고 살기 때문에 "자살"이라고 표현해도 좋을 듯싶다.
숙고한 나머지 자실은 하지 않았지민 니무 생각이 많이시 자신을 죽이고 있는 것이다.
그러나 비록 행동하지는 않지만
괄목할만한 예술을 창작하고 상호간의 이해와 탁월한 선택과 옳은 판단과 결정을 하는 이 세대를 아무도 비난할 수는 없다.

걷잡을 수 없이 역동적이었던 혁명시대와는 달리 현 시대 사람들은 너무나 게으르다.
개인이 모여서 한 세대를 이루고 있지만 모든 사람들이 우두커니 서서 아무 일도 하지 않기 때문에 이 세대가 과연 있는 것인가를 의심하게 한다.
이 세대에서는 큰 일이 일어나지 않고 있으므로
검사檢事들도 특이 사실을 확인하기가 어렵다.

그래서 검사들은 여러 가지 조짐을 보고
특이特異한 사건이 생겼거나 생길 것이라고 생각할지 모른다.
그러나 현 시대 사람들은 성공하는 데에만 혈안이 되어 있고
탁월한 재능을 갖고 있고 엉뚱한 환상을 갖고 있으므로
검사들이 잘못 생각할 수도 있다.
이 시대의 사람들은 현실에서의 변화에서 도피하려고
자신의 마음 속에 그리고 있는 변화에 열정을 바치는 것이 가장 현명하다고 생각한 나머지
혁명 시절에 비축한 열정과 에너지를 잘못 사용하고 있다.
마침내 현 시대 사람들은 터무니 없는 시도에 식상하여 게을러지고 있다.
마치 방금 아침 잠에 곯아 떨어진 사람 같다.
즉 먼저 위대한 꿈을 꾸고 다음에는 게을러지고 잠을 자야 하는 핑계를 댄다.
개인은 사색이나 사색의 매력적인 모호성에서 빠져 나오려고 하지 않으며
어떤 큰 사건을 만들거나 열정을 갖고 있지도 않으며
자신이 갖고 있던 나쁜 환상에 놀아나서 결국 자신을 배반하게 만들고,
스스로 부정적으로 생각하는 버릇을 만들고 있다.
즉 아무 것도 하지 않는 것이 가장 현명하다고 생각한다.
핑계를 대는 타성惰性에 젖어 있으며 열정이 없는 사람들은 각기 자신이 처음으로 핑계를 찾아냈기 때문에 더욱더 현명해졌다고 자축自祝하고 있다.
혁명 시절에는 개인에게 공짜로 무기를 주었지만
현 시대에는 개인에게 쓸데 없는 생각을 많이 하도록 현명한 규율들과 계산기가 주어졌다.
실제로 결코 그렇게 되지는 않겠지만, 어떤 세대가 외교가들이 하는 것처럼 어떤 행동을 지연시킬 수만 있다면, 우리 시대는 혁명시절 못지 않게 많은 것을 이루었다고 말하려고 할 것이다.
어떤 사람들은 자신을 시험한다.

즉 이 시대와 자신이 맺고 있던 관계에 대하여 아는 것을 모두 잊어버리고 마치 다른 행성에서 온 것처럼 어떤 책을 읽거나 신문에 실린 기사를 읽는다.
그리하여 "무슨 일이 오늘 밤에 일어나거나 지난 밤에 일어났음에 틀림이 없어."하고 생각할 것이다.

혁명 시절은 행동의 시대였지만 현 시대는 광고의 시대이고 소문의 시대이다.
아무 일도 일어나지 않았지만 항상 무슨 소문이 떠 돌아 다닌다.
현 시대의 반란은 감히 생각도 할 수 없는 엉뚱한 행동을 하는 것이다.
그러한 힘의 과시는 매사를 계산하는 사람들의 총명을 흐리게 할 것이다.
그럼에도 불구하고 어떤 정치적인 거물인사는 위대한 음모를 꾸밀지도 모른다.
그는 혁명을 결정하기 위해 검열관이 보더라도 아무 문제없도록
국회를 소집하는 성명을 조심스럽게 작성한다.
그리고 국회에서 의원들이 실제로 반란이 일어난 것으로 믿도록 한 결과 의원들의 동의를 받아내고 의원들은 훌륭한 저녁시간을 보낸 후 맘 편하게 귀가하게 된다.

오늘날의 젊은이들에게는 학문은 심드렁하며 심지어는 웃음거리로 생각한다.
그럼에도 불구하고 위대한 과학자들은 보다 훌륭한 업적을 남겼다.
위대한 과학자들은 그가 논문을 써서 위업을 이루려는 시스템의 초록을 만들어 실제로는 전 시스템을 다 읽은 독자에게 그것을 읽히게 하려 한다.
고통스럽게 방대한 분량을 써야 하는 백과사전 편집자의 시대는 지나가고
여기저기서 모든 과학과 모든 존재를 다루는
소 백과사전 편집자와 **지적인 관광객의** 시대이다.

그리고 **오늘날 순진한 젊은이들은 종교를 거부하고 항상 자아부정을 한다.**
그럼에도 불구하고 성서대학의 젊은 학생들은 탁월한 재능을 이용해서 보

다 위대한 무엇을 이루려고 한다.
그들은 길을 잃고 헤매는 사람들을 구원하여 그가 생각하는 단체나 사회를 이룩하려고 한다. 크게 성공하는 사람들의 시대는 지나가고 현 시대는 기대하는 사람들의 시대이다….
시험에 대비하여 9월 1일부터 부지런히 공부할 계획을 세우고,
그들의 결심을 다지기 위해 8월 한 달 동안 실컷 놀아 때리는 젊은이들같이, 기대하는 사람들의 시대이다.
현 시대 사람들은 다음 세대는 아주 열심히 일할 것이라고 굳게 믿고 다음 세대를 간섭하거나 지연시키지 않으려고 부지런히 파티에 간다.
그러나 이런 비교에는 차이가 하나 있다.
젊은이들은 자신이 골치 아픈 것을 싫어한다는 것을 알고 있지만
반대로 현 시대의 사람들은 파티에서조차도 아주 진지하다는 것이다.

위험이 없는 얕은 물에서 헤엄치듯이 현 시대에는 행동과 정열이 없다….

호수가 아주 엷게 얼어 있어서 호숫가는 안전하지만,
멀리 나가면 위험하여 생명을 위협하는 그런 호수 위에
모든 사람들이 원하는 아주 귀중한 보석이 놓여 있을 때
정열적인 시대에 사는 사람들은 빙판 위를 멀리 나간 사람에게,
비록 걱정을 하고는 있지만, 소리쳐서 용기를 북돋아 준다.
그들은 그가 물에 빠진다면 슬퍼할 것이다.
그러나 만약 보석을 갖고 돌아 온다면 그를 신성시할 것이다.
하지만 정열이 없고 쓸데없는 생각만 많이 하는 이 시대는 사정이 다르다.
사람들은 자신들이 아주 총명하여 쓸데없이 얼음 판 위를 걸어나가는 어리석음을 저지르지 않으려고 하며 보석을 가지러 가는 사람들을 이해하지 못하고 오히려 비웃을 것이다.
이 시대 사람들은 열정을 잔재주를 부리는데 사용할 것이다….
즉 사람들은 안전을 점검하기 위해 마치 감정가가 맛을 미리 보듯
안전하다고 판단되는 곳까지만 가고 더 이상 가지 않고 돌아오는

숙달된 스케이트 선수를 주의 깊게 보고 판단할 것이다.
사람들이 흥분하여 "오 하느님! 그는 제 정신이 아닙니다. 그는 아마 죽을 것입니다."하고 말하는 것을 들으면서
가장 숙달된 스케이트 선수가 가장 먼 곳까지 가는 위험을 무릅쓴다.
그러나 그의 기량은 완벽하여 빙판은 아직 안전하며 그의 생명은 전혀 위험이 없다는 것을 알리며 손을 흔드는 것을 사람들은 바라 볼 수 있을 것이다….

남자들의 유일한 소망은 돈이다.
그러나 돈은 쓸데없는 생각의 추상적인 것에 지나지 않는다.
남자들은 다른 사람들의 재능이나 재주 또는 그들의 아내의 사랑을 부러워하지 않고 오로지 다른 사람들이 갖고 있는 돈을 부러워한다.
이런 사람들은 돈만 있었더라면 더 멋지게 살고 무언가를 성취했을 것이라고 생각하면서 전혀 회개하지 않고 죽을 것이다.

틀에 박힌 듯이 모든 것이 진행되고 있지만
부질없는 생각과 열정이 없음으로 인하여 거짓 만족을 하고 있다.
아무도 하느님 왕국의 권능이 파괴되기를 바라지 않지만
사람들은 조금씩 자신이 작아지게 되고 허황된 것을 발견하게 돼야 왕을 칭송한다.
과거의 성과가 뜬 구름 같은 것이기는 하지만
아무도 과거에 이루었던 성과를 폄하하기를 원치 않으며
사람들은 이 뜬 구름을 보고 만족한다.
그리스도교인들은 아무도 "말씀"을 외면하지 않지만
"말씀"에 따라 의사결정을 하거나 행동하지 않도록 하기 위해
아무도 모르게 "말씀"을 바꾸기도 한다.
그들은 아무것도 끌어내리지 않았기 때문에 회개하지 않는다.
비록 그들은 틀에 박힌 삶을 계속하기를 바라며 쓸데없는 생각을 많이 할지라도

판에 박힌듯한 그들의 삶이 지속될 것이라고 생각하지 않으며
종교적인 권위에 따라 살지 않고 스스로 해방되었다고 생각하며
또 영웅으로 생각하며 더 이상 전지전능한 왕을 바라지 않는다….

이렇게 긴장 속에서 부질없는 생각들을 하면서,
마치 정열적인 시대에 똘똘 뭉쳐 한 원칙을 고수했던 것처럼,
부질없이 선망만 하는 정열이 없는 시대의 사람들은
하나 같이 부정적인 생각을 일삼으면서 이를 삶의 새로운 원칙으로 삼고 있다.
도덕적인 것을 생각하지 않고
오히려 부질없는 생각들이 신앙인양 더욱더 엉뚱한 선망을 일삼고 있다.
즉 사회는 개인주의에 빠진 사람들로 가득 찼다.
이러한 부질없는 선망은 정열적으로 일하려고 하는 결심을 하지 못하게 한다.
즉 이러한 부질없는 생각에서 벗어나려고 하지만
부질없는 생각만 하는 사람들로 가득 찬 사회가
다시 그를 사로 잡아 벗어 나지 못하게 한다.
결국 아무 개성도 없는 원칙에 얽매이면서 아무 성과도 없이 타협하는 비극을 만들고 있다. 이러한 개성이 없는 선망 때문에 그들이 한 판단이 제대로 된 것이 아니라는 것을 모르고 또 부정적으로 생각하고 있다는 것도 알지 못하고
판단을 흐지부지하게 만들어 버린다.

즉 선망은 제대로 판단을 못하게 할뿐만 아니라 판단에 저해요소가 된다.

선망은 평등화를 이루게 한다.
그러나 열정적인 시대에선 전향적으로 생각해
새로운 원칙을 만들고 낡은 것들은 파괴해버리지만,
부질없는 생각만 하는 정열이 없는 시대에서는 반대로 하향 평준화를 이룬다.

이러한 하향 평준화는 발전을 못하게 막으면서 조용히
그리고 계산적으로 또 추상적으로 진행이 된다.
고작 그들이 하는 평등화는 자신의 심장박동만 들을 수 있는 죽음과 같은 고요함으로
모든 것이 침체되고 힘이 빠지게 된다.

가끔 용감하게 이러한 분위기에서 탈피하려고 하는 사람이 있지만 다른 사람들은 평준화 되면 자신이 영웅이 되지 못하기 때문에 반발한다.
개인은 이 평준화에 나름대로 참여하지만 극히 지엽적이며
평준화는 아주 추상적이며 개인이 함몰되어 사라져 버리는 추상화 과정에 불과하다.
오늘날의 평준화도 과거에 숱하게 시도되었던 부질없는 생각에 지나지 않는다.
과거에는 영웅백성을 지배하는 위대한 사람으로 백성을 노예로 만든을 지향하는 경향이 있었고 그리스도인들은 무명의 순교자를 지향하였다.많은 사람들이 모범을 보이면서 결코 대표자로 나서지 않았다. 자기 자신을 잘 알았기 때문이었다.
그러나 현 시대 사람들도 평등화를 지향하고 있지만
결과는 각 개인 사이에 부정적인 것들만 있는 하향 평준화를 낳고 있다.

평등화의 의미는 "개인의 범주"가 아니라 "세대의 범주"라는 것을 알아야 한다.
과거에는 많은 사람들이 이러한 주관을 갖고 있었다.
그 결과 각 개인을 가치 있는 사람으로 만들었다.
과거에는 한 개인은 군중을 만들지 못했으며 오직 깨달은 개인들만이 군중을 이루었다.
그러나 불행하게도 현 시대에는 계산적인 평준화를 지향하고 있다.

진정한 평준화를 이루려면 먼저 모든 것을 포용하는 것이 평준화의 목표이며 이렇게 해야만 평준화가 환상으로 끝나지 않게 된다.
사실상의 평준화가 된 사람들이 "**군중**the public"이다.

"평준화를 하는 사람으로 그치지 않는 스승님!
군중은 거대하지만 아무것도 모릅니다.
평준화는 깨달음으로써 이루어지기 때문입니다."

"군중"은 과거에 한 번도 성취하지 못한 이상적인 망상에 지나지 않는다.
사람들은 떼를 지어 행동에 옮기고 각 개인에 대한 책임을 지며
각 개인이 자신을 표현해야 하며 가부간可否間의 결정을 즉시 내려야 하기 때문이다.
현명한 사회가 현실을 은폐하여
아무런 사조思潮를 이루지 못하게 하고 있음에도 불구하고,
어떤 상황이나 조직에서도 한 번도 뭉치지 못하고
각자 다른 목소리를 내고 있는 비현실적인 개인들을
미디어에서는 "군중" 또는 "여론"이라고 부르면서 추상을 만들어 낸다.
여러 사람이 모여 한 몸을 이루고 있는 것이 군중이지만 이러한 몸을 발견할 수가 없다.
모두들 동상이몽同床異夢을 하고 있고 너무나 추상적이기 때문에
한마디로 그들을 "군중"이라고 부를 수는 없다.
그러나 이 군중이 점점 커져서 열정이 없고 부질없는 생각을 많이 하는 시대를 많이 만들어서 현실을 도외시하고 있다.
이 거대한 군중이 블랙홀처럼 모든 것을 삼켜버려 형체가 없는 그런 시대가 곧 올 것이다.

"군중"은 사람들의 단순한 집합이 아니며
한 세대가 아니며
동시대에 살고 있는 사람들의 집합이 아니며
공동체가 아니며 사회가 아니며
연대連帶도 아니며 그 장소에 모인 특별한 사람들이 아니다.
그 사람들은 실체로서 개인으로 존재하고 있을 뿐이기 때문이다.
그러나 군중에 속한 개인은 아무도 자신의 권한을 남에게 위임할 수 없다.

그가 군중에 참여하고 있을 때나 그가 두드러지게 표나지 않을 때에만 군중에 속하게 되며 표나게 두드러진 사람이면 군중이 되지 못한다.
이러한 개인들로 구성된 군중은 거대한 힘을 갖고 있지만
두드러지지 않고 추상적인 사막이며 무無이므로
막강하기도 하며 아무것도 아닌 것도 된다.

열정이 없고 부질없는 생각만 하는 이 시대의 사람들과 관련해서
매체는 추상적인 유령인 군중을 만들고 있으며 군중은 이러한 평준화의 결과로 생긴 것이다.
왜냐하면 신문은 개인을 구체적이지 않고 추상적인 의미로만 생각하기 때문이다.
개인이 피를 흘리지도 않고 게으르기 때문에
더 많은 개인들이 군중이 되기 위하여 즉 추상적인 하나가 되기를 열망한다.
그것도 아주 우스꽝스러운 모습으로.
군중은 모든 참여자가 매사에 제3자의 입장을 취하기 때문에 존재한다.
아무것도 이해하지 못하고 아무 일도 하지 않는 게으른 집단인 군중이 기분전환을 위하여 어떤 사람이 했거나 성취한 것을
군중에게 화제거리로 제공할 생각을 한다.

군중은 애완견을 갖고 있다.
이 개가 매체이다.
군중보다 더 나은 사람이 있으면,
자신의 분수를 아는 사람이 있으면
군중은 애완견을 그에게 보내어 즐기게 한다.
물기도 하는 이 개가 그의 옷을 물어뜯고
꼬리를 치며 군중이 싫증이 나서 그 개를 물리칠 때까지
개는 그의 다리로 모든 저속한 자유를 누린다.
그것이 군중을 평준화시키는 방법이다.》

화장실에 갈 때 올 때 마음이 다르다

그때에 예수님께서 제자들에게 말씀하셨다.
"어떤 부자가 집사를 두었는데, 이 집사가 자기의 재산을 낭비한다는 말을 듣고, 그를 불러 말하였다.
'자네 소문이 들리는데 무슨 소린가?
집사 일을 청산하게. 자네는 더 이상 집사 노릇을 할 수 없네.'
그러자 집사는 속으로 생각하였다.
'주인이 내게서 집사 자리를 빼앗으려고 하니 어떻게 하지?
땅을 파자니 힘에 부치고, 빌어먹자니 창피한 노릇이다.
옳지, 이렇게 하자.
내가 집사 자리에서 밀려나면 사람들이 나를 저희 집으로 맞아들이게 해야지.'
그래서 그는 주인에게 빚진 사람들을 하나씩 불러 첫 사람에게 물었다.
'내 주인에게 얼마를 빚졌소?'
그가 '기름 백 항아리요.' 하자, 집사가 그에게 '당신의 빚 문서를 받으시오.
그리고 얼른 앉아 쉰이라고 적으시오.' 하고 말하였다.
이어서 다른 사람에게 '당신은 얼마를 빚졌소?' 하고 물었다.
그가 '밀 백 섬이오.' 하자, 집사가 그에게 '당신의 빚 문서를 받아 여든이라고 적으시오.' 하고 말하였다.
주인은 그 불의한 집사를 칭찬했다. 그가 영리하게 대처하였기 때문이다.
사실 이 세상의 자녀들이 저희끼리 거래하는 데에는 빛의 자녀들보다 영리하다."(루카 16:1-8)

집사는 주인집 살림을 맡아 보는 사람이다.

재물을 관리하고 있었기에 유혹이 많았을 것이다.
오늘의 복음에 나오는 집사 역시 재산을 축내다 발각되었다.
주인이 쫓아내려 하자 잔꾀를 부렸다.
인간세계의 부조리와 주님과의 관계에서의 거짓을 말씀하시고 있다.
결코 부정직한 집사의 행동을 칭찬하는 것이 아니다.
집사에 대한 서글픔과
하느님의 왕국을 이루려는 빛의 아들의 지혜가 부족함을 한탄하고 계신다.
우리들은 훌륭한 그리스도인인체 하면서 하느님을 속이려 들지 않는가 하는 말씀이시다.
개인적인 이익에만 혈안이 되어 있는 우리들의 모습을 말씀하고 계신다.
과연 우리는 하느님의 왕국과 하느님의 의로움에 관심을 갖고 있는가 하고 묻고 계신다.
"사실 너의 보물이 있는 곳에 너의 마음도 있다."(마태오 6:21)는 말씀을 하고 계신 것이다.

현재 미국 캔자스 시 교구의 신부이며 영성작가인 에드워드 헤이즈Edward Hays가
1990년에 출판한 묵상집 『In Pursuit of the Great White Rabbit』에서
심각한 고민에 빠진 한 사람을 그리고 있다.

《만약 하느님께서 자신을 구원해주시면 자기 집을 팔아 가난한 사람에게 돈을 주겠다고 맹세한 사람이 있었다.
그러나 정신을 차려보니 엄청난 맹세를 한 것을 후회하고
자신의 소망이 이루어지지 않았으면 하고 생각하기까지 했다.
그러나 고민하던 중 꾀가 생겼다.
그는 집을 팔려고 내 놓으면서 고양이도 같이 사야 한다는 조건을 달았다.
두 품목을 20만 불에 팔고 그가 하느님께 한 맹세를 지켰다.

그는 고양이 값으로 199,900불을 은행에 예치하고
집값으로 100불을 계상計上하여 가난한 사람에게 주었다.》

그때에 예수님께서 제자들에게 말씀하셨다.

"'거짓 맹세를 해서는 안 된다. 네가 맹세한 대로 주님께 해 드려라.' 하고
옛사람들에게 이르신 말씀을 너희는 또 들었다.
그러나 나는 너희에게 말한다. 아예 맹세하지 마라.
하늘을 두고도 맹세하지 마라. 하느님의 옥좌이기 때문이다.
땅을 두고도 맹세하지 마라. 그분의 발판이기 때문이다.
예루살렘을 두고도 맹세하지 마라. 위대하신 임금님의 도성이기 때문이다.
네 머리를 두고도 맹세하지 마라.
네가 머리카락 하나라도 희거나 검게 할 수 없기 때문이다.
너희는 말할 때에 '예.' 할 것은 '예.' 하고, '아니요.' 할 것은 '아니요.'라고만 하여라.
그 이상의 것은 악에서 나오는 것이다."(마태오 5:33-37)

주님께서는 우리들에게 많은 은총과 재능을 주셨다.
그러나 자신을 위해서가 아니라 다른 사람을 위하여 사용하고 하느님의 계획을 완수하도록 하기 위해 은총과 재능을 주셨다.
이 은총과 재능을 잘못 이용하면 안 된다.

책의 제목에서 "하얀 큰 토끼"는 하느님을 상징한다.
일상 생활 중에서 하느님을 만날 수 있는 방법을 제시하고 있다.

"죽을 가치가 있다고 생각할 만큼 삶의 목적이 확실해야 한다."Charles Mayes

개안開眼

"내 살을 먹고 내 피를 마시는 자는 내 안에 살고 나도 그들 안에 산다"(요한 6:51-58).

『어린 양의 만찬』 책으로 가톨릭 신자들에게도 잘 알려져 있는 스콧 한Scott Hahn은
그의 신학교 시절에는 아주 투쟁적일 정도로 반 가톨릭이어서,
반 가톨릭문학을 이야기하고 묵주를 떼어버리고 심지어는 가톨릭 기도서를 찢기까지 하였다. 그는 신학교를 마친 후 미국 버지니아 주 페어팩스Fairfax에 있는
트리니티 장로교회의 목사가 되었다.
그리고 그 지방의 신학교에서 시간강사를 하기도 했는데
그가 처음으로 가르친 과목은 요한 복음이었다.
요한 복음 제6장의 강의를 준비하면서 성체에 대하여 그가 알고 있는 것이 무엇인지
또 그가 어떻게 성체를 가르치고 있는지 하는 의문이 생기기 시작했다.
성체가 그리스도의 진짜 몸이 아니라 그리스도의 몸의 상징이라고 알고 있었기 때문이었다.
이 의문으로부터 출발하여 그는 결국 가톨릭에 귀의하게 되었으며 지금은 평신도로 지내고 있다.

요한 복음의 이 대목은 신자들이 가장 이해못하는 부분이기도 하지만 개신교에서는 영성체가 없으므로 더더욱 이해하기가 어려울 것이라고 생각한다.

우리들은 어머니 뱃속에서 10개월 동안 있으면서

어머니의 살과 피를 먹고 마시며 자라 인간의 형태를 취하여 태어났다.
연어는 알을 낳은 후 어미와 아비는 죽어버린다.
연어 새끼도 어미 아비의 살과 피를 먹고 마시고 알에서 태어나
죽은 어미 아비의 살과 피를 먹고 마시면서 성장한다.

우리는 육신에 활력을 주기 위해 매일 음식을 먹어야 하는 것처럼 매일 영혼에도 영양을 주어야만 한다.
성 아우구스띠노가 말한 대로 "영성체는 우리가 매일 겪게 되는 우리의 나약함을 치료하기 위해 매일 먹어야 하는 빵이다."
또 성 가롤로 보로메오가 말한 대로 "우리의 육신에 영양을 주기 위해 빵을 먹어야 하듯이, 우리는 영혼을 위해 성체를 모셔야 한다."

"나를 먹는 사람"은 영어 성경에서는
"who feeds on me"로 번역되어 있지만
그리스어 성경에는 "who grazes on me"로 되어 있다.
예수님이라는 목장에서 "풀을 뜯어 먹고 사는 사람"이란 뜻이다.

"예수님을 우리 생활의 중심으로 삼아야 한다."는 것을
"나를 먹는 사람"으로 표현한 것이다.

나르시시즘을 건드리면 용심이 나온다

어제 친구를 만나면서 평소에 내가 겪어오던 심적인 불편의 원인을 대충 알게 되었다. 아내와 나는 대화 중에 상대방에게서 양식良識에 맞지 않은 말이 불쑥 튀어 나오면
아무 대꾸도 못하고 어안이 벙벙해지면서 기분이 상하는 상황을 워낙 많이 겪었기 때문이다.

그래서 사전에서 나르시시즘narcissism을 찾아 보니
"**자기애自己愛라고도 하며 자신의 외모, 능력과 같은 어떤 이유를 들어 지나치게 자기 자신이 뛰어나다고 믿거나 아니면
지나치게 자신을 사랑하는 자기 중심성을 말한다.
정신분석학에서는 보통 인격적인 장애증상으로 본다.**"고 되어 있었다.

20여 년 동안 임상 사회복지사이자 심리치료사로 일해 온
미국의 샌디 호치키스Sandy Hotchkiss가 그의 책 『사랑과 착취의 심리』에서 다음과 같이 말했다.

《많은 현대인이 인간 관계에서 느끼는 고통과 혼란의 밑바닥에는 나르시시즘이 있다.
자기를 세상에서 가장 특별하고 우월한 사람이라고 생각하는 사람,
자기 자신밖에 보지 못하는 사람은 타인에게 언제나 특별한 사랑, 복종과 숭배를 요구한다. 그런 사람에게 휘말리면 인생이 고달파지기 마련이다.
물론 나르시시즘은 누구든 어느 정도까지는 갖고 있고
더구나 이것은 자기 발전의 원동력이 되기도 한다.
그러나 나르시시즘에는 건강한 나르시시즘과 건강하지 못한 나르시시즘

이 있다.
건강한 나르시시즘은 긍정적인 자기 인식에 도움을 준다.
문제는 지나친 자기애로 인한 인격 장애로 불리는 건강하지 못한 나르시시즘이다.

그런 나르시시즘의 징후가 무엇일까?
뻔뻔함으로 위장되는 수치심, 나와 남의 경계를 함부로 침범하는 이기심, 타인을 무조건 깎아 내리는 오만함, 근거 없는 멸시로 나타나는 시기심, 현실을 왜곡하는 마법적 사고, 끝없는 착취, 제멋대로 자격 부여하기 등이다.
이런 특성 가운데 하나라도 심각한 수준으로 나타난다면,
그런 사람은 치명적인 나르시시스트라고 할 수 있다.》

또 그의 책 『나르시시즘의 심리학』에 다음과 같은 구절이 나온다.

《우리 안에는 잘나고 대단한 사람들이 권좌에서 흔들릴 때 고소해하는 어두운 면이 있다. 우리는 잘난 사람들의 결점과 불운을 좋아한다.
그로써 그 사람들도 우리와 그리 다르지 않다는 사실을 절감하게 되기 때문이다.
자기애적 시기심은 우월해지고 싶다는 필사적인 욕구를 먹고 자라며, 매우 모호한 감정이다. 나르시시스트의 내면에서 진행되는 다른 여러 감정들이 그렇듯,
시기심도 무의식적이거나 의식되더라도 부인되기 십상이다.
바로 그 때문에 시기심은 더욱 위험하다.
나르시시즘에 빠진 개인들 자신은 시기심도, 우월성에 대한 욕구도 자각하지 못한 채 그저 독선적인 경멸감만을 느낄 것이다. 그것이 바로 증오의 또 다른 이름이다. 40쪽》

나는 이 대목을 읽으면서 나르시시즘이 무너지면
콤플렉스를 느끼게 되면서 용심으로 바뀌지 않는가 하는 생각이 들었다.

그렇다면 나르시시즘과 콤플렉스는 동전의 양면과 같은 것인가?
자기애로 자신을 높였으면 그 자기애가 무너질 때
추락하면서 콤플렉스로 바뀌는 것이 아닌가 하는 생각이 들었다.
모짜르트의 오페라 〈피가로의 결혼〉 중 제1막에 나오는 아리아
"나비야, 이제는 더 이상 날지 못하리."가 생각이 난다.
날개가 꺾여 더 이상 날지 못하는 나비처럼 추하기 이를 데 없지만
언제나 공격 받을 수 있는 자기애 때문에 현실을 왜곡하기도 하고,
다른 어떤 사람들보다도 우월하다고 오만을 보이기도 하며
나보다 잘하는 사람을 경멸하지만
그 뒤에는 자신보다 강한 존재에 대한 용심이란 시퍼런 칼이 숨겨져 있는 것 같다.

나르시시스트와 가까운 인간관계로 얽힌 사람들은,
어쩔 수 없이 변덕스럽고 자기중심적인 그들 때문에 힘들어하게 마련인 것 같다.
가장 기억에 남는 부분은
"나르시시스트들은 남을 배려하거나 관계를 믿을 제대로 된 자아가 없어 제 멋대로이지만 결코 자신을 기쁘게 하는 삶을 살 줄 모르고 남의 기준에서 산다는 것이다."
자기애적 인격장애의 양면성을 이렇게 표현한 것이었다.
이들은 분노를 제어할 전략을 개발하고는
상대방을 존중하는 척 해주고 자기가 주고 싶은 것만 주면서 결국은 손해를 보게 된다.
관계로부터 멀어져 버리기 때문이다.
사람들은 자기 말만 하고 남의 말에는 귀를 기울이지 않는다.
고작 한다는 소리는 "참 자아"가 아닌 "남의 기준"에서 하는 소리이다.
참 자아를 찾지 못한다는 것은 악에서 벗어나지 못하고 있는 증거이다.
하느님의 말씀도 듣지 않으니 남의 말을 듣지 않는 것은 어쩌면 당연한 것인지도 모르겠다. 많은 사람들이 나르시시즘에 빠져 있는 것 같다.

그래서 아내와 나는 이런 나르시시스트들에게 손을 들고 말았다.
앨더스 헉슬리Aldous Huxley가 해답을 주었다.
그는 『루동의 악마들The Devils of Loudon』에서
남의 기준에 따라 사는 나르시시스트들의 종말과 이들을 대하는 사람들의 처신술을 알려주고 있다.

《악에 너무 끈질기게 강렬하게 집착하게 되면 언제나 비참해진다.
자기 속에 있는 하느님을 위해서가 아니라
남들 속에 있는 악마에 대항해서 싸우는 사람은
세상을 개혁하는 일에 결코 성공하지 못한다.
잘 해야 현상 유지이고 잘못하면 전보다 상황이 악화될 수도 있다.
의도가 아무리 훌륭하다 할지라도 주로 생각하는 주제가 악이 된다면,
우리는 악의 경우들을 만들어 냄으로써
그 자체를 증명해 보이는 성향을 띠게 되고 말 것이다….
악 또는 악의 개념에 집중하고 영향 받지 않고
남아 있을 수 있는 사람은 아무도 없다.
하느님을 위하기보다 악마를 대적하게 된다는 것, 그것은 엄청나게 위험한 일이다.
모든 개혁자들은 제정신을 잃어버리기 딱 알맞다.
그들은 자신들의 적敵의 것이라고 분별하곤 하는
그 사악함에 계속 영향을 받으며
어물어물하는 사이에 그들의 일부가 되어 버리기 때문이다.》

그러나 나의 언동이 나르시시스트들에게 자랑으로 비쳤다면
그것은 전적으로 내 잘못일 것이다.
돌이켜 생각해 보면 내가 자랑을 늘어 놓을 때
그들은 불쑥 엉뚱한 말을 뱉어 내었다.
그래서 나는 항상 그 사람을 통하여
하느님께서 나에게 말씀하시는 것이라고 생각하면서 반성할 때가 많았다.

"내가 자랑해야 한다면 나의 약함을 드러내는 것들을 자랑하렵니다."(2코린토 11:30)

"누구든지 자랑하려거든 주님을 자랑하십시오."(1코린토 1:31)

"내 양들은 내 목소리를 알아듣는다. 나는 그들을 알고 그들은 나를 따른다.
나는 그들에게 영원한 생명을 준다.
그리하여 그들은 영원토록 멸망하지 않을 것이고,
또 아무도 그들을 내 손에서 빼앗아 가지 못할 것이다.
그들을 나에게 주신 내 아버지께서는 누구보다도 위대하시어,
아무도 그들을 내 아버지의 손에서 빼앗아 갈 수 없다.
아버지와 나는 하나다."(요한10:27-30)

잔소리와 노심초사

사람은 나이가 들면 잔소리가 많아지는 것 같다.
물론 이 잔소리는 사랑에서 시작되기는 하지만
잔소리를 하는 사람이나 듣는 사람에게 모두 좋지 않다.
사전에서 잔소리를 찾아 보았다.
"쓸데 없이 자질구레한 말을 늘어놓음,
필요 이상으로 듣기 싫게 꾸짖거나 참견함 또는 그런 말"로 풀이 하고 있다.
필요한 말을 하는 것이 아니라 불필요한 말을 하는 것이 잔소리인 것이다.
상대방을 믿지 못할 때 잔소리를 하게 되지만 상대방을 무시하는 말로 들리기 쉽다.
일반적으로 사람은 남의 말을 경청하지 않는다.
그런데 쓸데 없는 말을 하니 듣는 사람은 짜증나게 마련이다.

또 많은 사람들이 노심초사老心焦思로 알고 있는 노심초사勞心焦思란 말이 있다.
"마음을 수고롭게 하고 생각을 너무 많이 하고, 애쓰면서 속을 태우는 것" 이다.
이 말에도 생각을 너무 많이 한 나머지 자신의 마음을 쓸데 없이 혹사하는 뜻이 있다.
잔소리는 노심초사의 결과이다.
결국 잔소리를 듣는 사람에게 문제가 있는 것이 아니라
잔소리를 하는 사람에게 문제가 있다는 뜻이 된다.

주님께서는 모든 무거운 짐을 당신에게 가져오라고 하신다.
우리들이 무거운 짐을 감당하지 못할 것이라는 것을 알고 계신 것이다.

그러나 우리들을 믿고 계신다.
자신의 마음을 학대하지 말고 모든 것을 주님의 뜻에 맡겨야 한다.
주님은 우리들이 짐이 무겁다고 하소연하기를 참고 기다리신다.
그때까지 절대로 잔소리를 하시지 않는다.
사람들이 모르고 잘못을 범하는 경우가 드물다는 것을 잘 알고 계시기 때문이다.

"마르타는 갖가지 시중드는 일로 분주하였다.
그래서 예수님께 다가가,
'주님, 제 동생이 저 혼자 시중들게 내버려 두는데도 보고만 계십니까?
저를 도우라고 동생에게 일러 주십시오.'하고 말하였다.
주님께서는 마르타에게 대답하셨다.
'마르타야, 마르타야! 너는 많은 일을 염려하고 걱정하는구나.
그러나 필요한 것은 한 가지뿐이다. 마리아는 좋은 몫을 선택하였다.
그리고 그것을 빼앗기지 않을 것이다.'"(루카 10:40-42)
우리들이 평소에 흔히 볼 수 있는 광경이다.
집에 손님을 초대하여 식사를 하고는 후식을 먹고 있는데
주부는 설거지를 하고 있을 때가 많다.
손님과 함께 담소를 하지 않고
즉 손님을 섬기지 않고 자기의 일을 하고 있는 것과 같은 광경이다.

"평범한 생활의 성인" 호세마리아 몬시뇰은
"대부분의 일상생활에는 거룩한 것과 신성한 것이 숨겨져 있기 마련인데 그것을 찾아야 합니다.
매일의 생활에서 주님을 찾는 것을 배워야 합니다.
그렇지 않으면 결코 주님을 만나지 못 할 것입니다."하고 말하였다.

하느님의 사랑에 보답하기 위하여 다른 사람에게 봉사하는 것은 영광이지 짐이 아니다.

예수님의 어머니께서 사촌인 엘리사벳에게 봉사하고 카나의 혼인잔치에서 봉사했던 것처럼 또 예수님께서 제자들의 발을 씻겨 주셨듯이 기쁨으로 봉사해야지 그 일을 짐으로 생각하면
힘들어지며 다른 사람을 불편하게 만들 뿐이다.

또 호세마리아 성인은 다음과 같이 말했다.
**"주님은 마치 이 세상에 나만 혼자 존재하는 듯이 나를 사랑하신다.
또 주님은 마치 나를 사랑하는 것 말고는 더 할 일이 없으신 것처럼 나를 사랑하신다."**

"우리는 이런 저런 성격의 사람들과 부딪치게 됩니다.
그것은 어쩔 수 없는 일입니다.
왜냐하면 우리는 모든 사람이 다 좋아하는 돈이 아니기 때문입니다.
뿐만 아니라, 이웃들과 사귈 때 그런 마찰이 없다면
날카롭고 모난 우리의 불완전함과 결점들이 어떻게 꺾일 수 있겠으며, 또 단단하면서도 부드러운 사랑과 완덕完德을 어떻게 얻을 수 있으며 질서를 어떻게 유지할 수 있겠습니까?
만일 주변 사람들의 성격이 솜사탕처럼 부드럽고 달콤하기만 하다면 우리는 결코 성인이 될 수 없습니다."

주님께서는 마르타를 사랑하지 않아서 그렇게 대답하신 것은 아니다.
마르타가 성모 마리아처럼 즐거운 마음으로 봉사하기를 바라셨기 때문이다.
"왜 왼손이 하는 일을 오른손이 알게 하느냐?" 하는 질책이었는지도 모른다.

신앙의 맛

우리는 배가 고프거나 먹고 싶을 때 음식이나 과일을 먹고 음료를 마신다.
그러나 그 음식이나 음료의 맛을 모르면 먹기를 꺼려하거나 먹지 않는다.
그러다가 그 맛을 알게 되면 지금까지 먹던 음식보다 더 자주 찾기도 한다.

일반적으로 신앙이 그런 것 같다.
맛을 알게 되면 한시도 떼어놓지 않으려고 한다.
그러나 이 맛을 알게 되기까지는 덤덤하게 바라보면서 좀처럼 맛을 보려고 하지 않는다.
신앙이 깊은 사람이 보면 안타깝기 짝이 없다.
왜 그 좋은 것을 맛보지 않을까?

그리스도교의 경우,
성경의 말씀에 귀를 기울이지 않고
예수님의 기적과 탄생의 비과학성에 의문을 가지면서
신앙의 맛을 보지 않으려는 사람이 많은 것 같다.
그러나 신앙의 맛을 보고 난 후에야 비로소
하느님의 존재와 예수님의 탄생과 부활의 비과학적인 이야기를 믿는 것을 많이 본다.
또 배가 고파서 허겁지겁 먹고 난 후에 그 맛을 알고 신앙이 굳어지는 경우도 많이 본다.

성경 말씀은 우리가 평생 동안 다 알지 못할 만큼 방대하고 심오하다.

이 성경 말씀을 음식이라고 한다면 범인凡人은 죽을 때까지 그 맛을 알지 못한다.
이 맛을 알면 성인聖人이다.
그러나 그 맛을 어느 정도 알게 되면 그 심오한 맛을 알려고 애쓰게 된다.

가톨릭 교회에서 세례식을 거행할 때 사제가 질문하는 내용을 보면 다음과 같다.
"마귀를 끊어 버립니까?"
"천지의 창조주 전능하신 천주 성부를 믿습니까?"
"동정녀 마리아께 잉태되어 나시고, 고난을 받으시고 묻히셨으며,
죽은 이들 가운데서 부활하시고,
성부 오른 편에 앉으신 독생獨生 성자 우리 주 예수 그리스도를 믿습니까?"
"성령과 거룩하고 보편된 교회와
모든 **성인의 통공**通功,*과 죄의 용서와 육신의 부활과 영원한 삶을 믿습니까?"

참으로 어려운 질문이다. 마치 윽박지르는 것 같다.
과연 이 질문의 뜻을 모두 이해하고 답하는 사람이 얼마나 될까 의심스럽다.
이보다는 먼저 맛을 설명하고 먹도록 하는 것이 좋지 않을까 한다.

우리가 열대 밀림에서 탐스럽게 익은 열매를 발견했는데 처음 본 열매이다.
이 열매의 이름을 알려주어도 잘 모른다.

* **성인의 통공** : 이 세상에 살고 있는 신자들과 천국에서 천상의 영광을 누리는 이들, 그리고 연옥에서 단련을 받고 있는 이들이 모두 교회를 구성하는 일원으로서 기도와 희생과 선행으로 서로 도울 수 있게 결합되어 있는 것을 말한다.
통공의 신비는 우리가 죽은 이들을 위해 기도하고 속죄함으로써 그들이 죄를 용서 받을 수 있게 하고, 또 천국에 있는 성인들을 공경하며 우리도 그들의 영광에 참여할 수 있도록 도움을 청하는 것이다

이 열매를 먹이려면 어떻게 해야 하겠는가?
"이 열매에는 독이 없고, 철분과 비타민이 듬뿍 들어있고 단 맛이 나며 탄수화물은 거의 없어 우리 몸에 아주 좋다."고 말하는 것이 순서가 아니겠는가?
일단 그 열매를 먹고 나니 맛이 좋았고 뒤에 지역주민을 보니 그 열매를 모두 먹고 있었다.

예수님이 루이사 피카레타『아버지의 뜻이 이루어지소서!』, 가톨릭출판사를 통하여 말씀하신 신앙은 다음과 같다.

"신앙을 가지려면 믿을 필요가 있다.
믿음이 없다면 신앙도 있을 수 없다.
인간의 맨 위 쪽에 있는 머리가 그의 모든 행동을 끌어가는 것처럼, 다른 모든 덕행들의 정상頂上에도 신앙이 있어야 그 모두를 질서정연하게 끌어갈 수 있다. 그러나 머리에 시력視力을 잃은 눈이 붙어 있다면 어둠이나 혼란을 피해갈 수 없다.
완전히 멀어버린 눈이 인간의 행동을 이끌고자 한다면,
멀쩡한 눈으로는 결코 가지 않을 곳으로 인간을 몰아간다.
이와 같이, 신앙 없는 영혼도 거듭거듭 곤두박질 치기 십상이다.
시력이 모든 인간 행동의 인도자이듯이, 신앙은 영혼을 비추는 빛이다.
신앙이 없고선 영원한 생명에 이르는 여정에 따라 갈 수가 없는 것이다."

이 시대의 징표를 읽어라

필명筆名이 코렌코Anna Andreevna Gorenko인 러시아의 여류시인
아크마토바Anna Akhmatova, 1889-1966에 대한 이야기다.

스탈린이 숙청정치를 할 때의 어느 날 아침에
감옥에 갇힌 사랑하는 사람들에게 편지나 짐 꾸러미를 전해 주려고
그녀는 다른 여자들과 함께 감옥 밖에 서 있었다.
그들의 기다림은 무척 고통스러웠다.
왜냐하면 순전히 경비병들의 서슬이 퍼런 위엄 때문에
그들이 사랑하는 사람들의 생사여부를 모르는 가운데
찍소리도 못하고 몇 시간을 기다려야 했기 때문이었다.
그러나 사랑하는 사람에게 무언가 전갈을 전해야 했기 때문에 별 수 없이 기다려야만 했다.

이 때 한 여인이 시인을 알아 보고 다가와 물었다.
"이러한 기막힌 광경을 묘사할 수 있겠습니까?"
아크마토바는 "할 수 있고 말고요."하고 답하고 두 여인 사이를 웃으며 지나갔다.

아크마토바는 다음과 같이 묘사하였다.
"기막힌 일이 벌어지고 있었다.
왜 이 여인들이 거짓 웃음을 지으면서 미친 독재자 밑에서 신음해야 하는가?
그 여인들이 이미 겪고 있었던 것처럼,
누군가의 이름을 부르고 자신의 뜻을 전하기 위하여
왜 그렇게 수모를 당해야 하는가?

비록 그 여인들은 스탈린이 씌운 굴레를 쓰고 있었지만 아랑곳하지 않고 자유로이 그리고 소리 없이 사랑하는 사람들의 이름을 부르고 있었다.
예언자들이 그러했듯이
소리 없이 누군가의 이름을 부른다는 것은
마음 속으로 바른 소리를 하고 올바른 행동을 하고 자유로운 행동을 하는 것이다.
그들은 예언자들이 한 행동과 조금도 다르지 않았다.
믿음이 없고 의로움이 없는 시대에
그들은 예언자들처럼 미래를 예언하지 않고 현재를 말하였다."

약 15년 전에 가톨릭 신학자 이자 신부인 **트레이시**David Tracy, 1939- *는 『On Naming the Present Moment』라는 책을 썼다.
이 책 속에서
그는 세속적인 문화에 젖어 있는 현 세대를
철학적으로 객관적으로 기술하고 있는데,
현대인들은 개방적인 사람들과 보수적인 사람들의 '편견'을 선망하고 있다고 꼬집고 있다.
훌륭한 의사가 우리들의 건강에 대하여 희망과 길을 제시하듯
트레이시는 우리들에게 희망을 주고 바른 길로 인도하고 있다.
오진이 엉터리를 말하고 아무 쓸모 없는 처방을 하기 때문에,
옳은 처방에는 옳은 진단이 필수불가결하다.
내가 보기에는 오늘 날의 교회와 세상이 너무나 많은 오해를 불러일으키고 있는 것 같다. 옳은 진단과 예언을 위해서는 현재의 우리들의 믿음을 정확하게 판단해야 한다.
증세symptom**란 확실히 병명을 모를 때 일컫는 말이다.**
'있는 그대로를 안다는 것' 즉 '제대로 안다는 것'은 기도와 다름이 없다.

* **트레이시** : 말만 무성하고 진실성이 없는 현 세태를 파헤치고 있는 『다원성과 모호성(Plurality and Ambiguity)』을 개신교에서 번역해 〈나는 정말로 하나님을 믿는다〉라는 부제를 달고 있다.

예수님께서는 이를 가리켜 "이 시대의 징표를 읽어라."하고 말씀하셨다.
이것이 무슨 뜻이겠는가?

예수님께서는 우리들에게 문화 그리고 성향, 종교적인 경향에 물들지 말고
혹시 공동체와 개인의 삶에서 말씀에 어긋나는 행동을 하고 있지 않은가 예의 주시하라는 뜻으로 말씀하셨다.

나의 부모님은 이를 가리켜 "**신성한 섭리**"를 깨닫도록
즉 하느님께서 우리들의 삶을 통하여
우리들에게 말씀하고자 하시는 것을 알아 들으려고 애쓰라고 하셨다.

성경에 이에 대한 말씀이 많이 나와 있다.
실제로 유대인들의 성경에는
이스라엘 백성들이 신앙의 핵심으로 믿고 따라야 할 것으로 되어 있다.
그러나 그들의 눈에는 사건만 보이고 주님의 섭리는 보이지 않았다.
그들의 눈에는 세속적으로 또 한낱 사건으로 비쳐졌을지 모르지만
거기에는 항상 주님의 따뜻한 손길이 있었고,
믿는다는 것은 그 사건 속에서 주님께서 무슨 말씀하는가를 알아 듣는 것이었지만
그들은 느끼지도 못하였고 알아 듣지도 못했다.

예를 들면 이스라엘이 전쟁에 졌지만
적이 막강한 전력을 갖고 있었기 때문이 아니라
주님께서 예전의 패배를 통하여 깨달으라는 것을 그들이 깨닫지 못했기 때문이었다.
마찬가지로 가뭄이 생겼을 때에는 지구온난화 핑계를 대면서
그 이유를 알려고 하지 않고 깨닫지도 못했다.
가뭄이 생기면 절약하면서 살라고 하는 주님의 뜻을 몰랐던 것이다.
"사건"이 생길 때마다 주님의 뜻을 알리는 주님의 따뜻한 손길이

항상 그들에게 뻗쳐 있는 데도 그것을 모르고 항상 한낱 "사건"으로만 생각했던 것이다.

에딘버러 대학교 맥키James P. Mackey 교수는 "신성한 섭리"를
주님께서 그 사건을 통해 말씀하시는 "깊은 뜻"이라고 정의하였다.
이는"**하느님의 말씀은 하느님께서 우리들의 삶에 들어 오셔서**
우리들의 경험으로 표현하신다."는 십자가의 성 요한의 말과 비슷하다.
우리들이 할 일은
어떤 사건이 생겼을 때 하느님께서 무엇을 말씀하시고자 하는 것인가를 제대로 읽는 것이다.

제대로 안다는 것은
첫째, 우리들에게 믿음이 있는가 없는가, 의로운가 아닌가를 예언자처럼 아는 것이고
둘째, 제대로 진단하여 우리들의 병을 제대로 치유하기 위하여 옳은 처방을 내리는 것이며 셋째로 가장 중요한 것으로, 일종의 기도이기도 한, 하느님께서 우리들의 삶을 통해 무엇을 말씀하시는가를 알아들으려고 애쓰는 것이다.

우리 모두 개방적인 사람들과 보수적인 사람들의 신념에 휘둘리고 있다.
정치나 교회도 마찬가지다.
어떤 사건이든 더욱더 사건을 예의 주시注視하고 더욱더 많이 기도해야 한다.
모든 것이 치유되고 바로 잡아지지는 않겠지만 그래도 제대로 사물을 보도록 노력해야 한다.

나의 길

아크마토바

어떤 사람은 바른 길을 가고 있고
어떤 사람은 방황을 하면서,
떠나간 연인을 기다리거나,
집으로 다시 돌아가려고 기다리고 있다.
그러나 고집스럽게 한사코 가던 그 길을 따라가니
거기에는 슬픔이 있었다.
마치 탈선한 기차가 아무 데도 못 가듯이
어쩔 수 없이 오늘도 나는 결코 바르지도 않고 넓지도 않은 그 길을
간다.

롤하이저 신부님의 묵상글을 편집

나는 누구인가?

《이 지상에서 그리고 내세에서 평안을 누리려면 어떤 일을 하든지,
"나는 누구인가?"하고 자문하십시오.
그리고 아무도 판단하지 마십시오.
만일 **우리가 평온을 찾고자 한다면,**
만일 우리의 온전함을 찾고 싶다면,
우리가 하는 모든 일 안에서 자신에게 "나는 누구인가?"를 물어야 합니다.

나는 맡은 역할만 하고 있는가 아니면 나 자신의 삶을 살고 있는가?
오로지 다른 사람들의 기대에 맞추기 위해 살고 있는가?
아니면 하느님께서 내 안에 만들어 주신 그 분의 고유한 모상대로 살아가고 있는가?

"내가 진실로 누구인가?"라는 질문은 점점 더 나를 나의 진정한 존재 속으로 이끌 것입니다.
나는 하느님께서 오직 하나뿐인 고유한 사람으로 창조해 주신 바로 나입니다.
영성의 길은 나를 하느님께로 인도할 뿐만 아니라,
하느님께서 내 안에 만드신 잘못되지 않은 그분의 모양으로 나를 이끄십니다.
사람으로 온전해지기 위한 두 번째 조건은
결코 다른 사람을 판단해서는 안 된다는 것입니다.》 안셀름 그륀 신부

나는 '오직 하느님만 믿고 따르라.'는 소명을 망각하고
안간힘을 다해서 노력하면 얻을 수 있다는 신념으로
오로지 어떤 성과물에 집착하고 살아왔다.

갈 길이 정해져 있는데도 그 길에서 벗어나
세상일에만 전념하는 어리석음을 저지르고 살아왔다.
항상 남을 판단하고 남과 비교하고
때로는 내 뜻대로 되지 않는다고 하느님을 원망하기도 하고,
내 안에 있는 하느님을 밀어내기도 하고 살아왔던 것이다.
감사만 하고 살아야 하는데도 지나간 과거를 후회하고 원망만 하고 살아오지 않았는가?
후회하고 원망할 일은 누가 시켜 한 짓이던가?
후회만 하고 회개는 하지 않았던가?
내 안에 계시는 하느님을 밀어 내고 나의 본분을 망각하고 행동했던 결과가 아니던가?

하느님께서 예비하신 길을 부정하고 항상 '내일'을 걱정하고 살지 않았던가?

값싼 은혜

디트리히 본훼퍼Dietrich Bonhöeffer는 히틀러의 하수인이 되어가던
독일 교회에 맞서 싸운 개신교 목사로 히틀러 암살음모에 가담했다가 체포되어
1945년 히틀러가 자살하기 보름 전에 처형당했다. 그때 그의 나이는 39세였다.
암흑의 상황에서도 "그리스도는 오늘 우리에게 누구인가?"하는 것을 끊임없이 묵상하고,
자신에게 "본훼퍼, 너는 누구인가?"라는 질문을 던지며 고난을 자초한 사람이었다.

그의 글 중에 다음과 같은 대목이 나온다.
《값싼 은혜는 우리 교회의 치명적인 적敵이다.
오늘 우리의 싸움은 값비싼 은혜를 얻기 위한 싸움이다.
값싼 은혜는 싸구려 은혜, 헐값의 용서, 헐값의 위로, 헐값의 성만찬聖晩餐**이다.**
그것은 교회의 무진장한 저상고에서 몰지각한 손으로 생각 없이 무한정 쏟아내는 은혜다.
그것은 대가나 값을 치르지 않고 받은 은혜다.
죄를 뉘우치지도 않고 죄에서 벗어나기를 바라지도 않으면서
세상은 자신의 죄를 덮어줄 값싼 덮개를 값싼 교회에서 얻는다.
값싼 은혜는 하느님의 생생한 말씀을 부정하고
하느님 말씀이 사람이 되셨다는 사실을 부정한다.
값싼 은혜는 죄인을 의롭다[義認] 하지 않고 죄를 의롭다고 한다.
은혜가 모든 것을 알아서 처리해줄 테니 모든 것이 케케묵은 상태로 있어

도 된다는 것이다.
값싼 은혜는 우리가 스스로 취한 은혜에 불과하다.
싸구려 은혜는 그리스도를 본받음이 없는 은혜,
십자가가 없는 은혜, 살아계신 예수 그리스도
곧 사람이 되신 그리스도를 무시하는 은혜에 불과하다.

종교 개혁사改革史의 승리자는, 루터가 알아낸 순수하고 값비싼 은혜가 아니라,
은혜를 가장 싼값에 소유할 수 있는 자리를 찾으려고 두리번거리는 인간의 종교적 본능이다. 다른 사람들이 알아채지 못하도록 강조점强調点을 살짝 옮기기만 하면 되었다.
그 결과 가장 위험하고 유해한 일이 벌어지고 말았다.
루터가 은혜에 대해 말할 때면 그것은 그 자신의 삶이 은혜를 통해서 비로소 그리스도께 완전히 복종하게 되었음을 염두에 두고 말한 것이었다.
루터는 은혜만이 모든 것을 할 수 있다고 말했다.
그의 후계자들도 그 말을 똑같이 되풀이하였지만
다른 점은 그들이 루터가 늘 자명하게 생각했던 것을 빠뜨리고
그것을 생각하지도 않고 말하지도 않았다는 점이다.
루터가 자명하게 생각했던 점은 다름 아닌 순종이었다.
딱히 루터가 순종을 말할 필요가 없었던 것은
그가 자신을 일컬어 은혜로 말미암아 예수를 따르게 된 사람이라고 늘 말했기 때문이다.
루터의 후계자들이 세운 교리가 루터의 가르침에서 왔음은 틀림없는 사실이다.
하지만 그들의 교리는 그만 종교개혁을 무효화시키고 말았다.

까마귀처럼 우리는 "싸구려 은혜"라는 시체 주위에 모여, 그 시체의 독毒을 받아 마셨다. 그 결과 예수를 본받는 삶이 우리에게서 사라지고 말았다.

은혜에 관한 교리가 비할 데 없이 신격화되어
그 교리가 하느님 자체, 은혜 자체가 되어버렸다.
루터의 말은 진실한 삶에서 나온 것이었음에도 불구하고 자기기만自己欺瞞이 되고 말았다. 교회는 "의롭다 함의 교리만 가지고 있으면 의롭다 인정받는 교회가 될 수 있다!"고 말했다.

한 민족이 기독교인이 되고 루터 교도教徒가 되었지만
이는 그리스도를 본받지 않고 가장 싼 값을 치러서 된 것이다.
결국 값싼 은혜가 이긴 것이다.
오늘날 헐값에 얻은 은혜의 필연적인 결과로 제도권 교회가 붕괴되고 있는데 이는 우리가 치러야 할 대가가 아닐까?

싸구려 은혜는 우리들 대다수에게 무자비했다.
그것은 우리에게 그리스도에게 이르는 길을 열어주지 않고 도리어 막기만 했다.
공로[선행]를 요구하는 어떤 계명보다도
싸구려 은혜가 그리스도인들을 더 많이 파멸시켰다.》

비록 젊은 나이에 유명을 달리했지만 참으로 용감하고 총명했던 것 같다. 그가 처형되기 직전에 베를린 감옥에서 쓴 〈**나는 누구인가?**〉라는 시詩는 많은 생각을 하게 한다.

나는 누구인가? 사람들이 내게 말하기를
내가 감방에서 걸어 나올 때
마치 영주領主가 자기 저택에서 나오듯
침착하고 쾌활하고 자신만만했다는데.

나는 누구인가?
사람들이 내게 말하길
내가 간수에게 말을 건넬 때
마치 내게 명령하는 권한이라도 있는 듯

거리낌 없고 다정하고 명쾌했다는데.

나는 누구인가?
사람들이 내게 또 말하기를
내가 불행한 날들을 견디면서
마치 승리에 익숙한 사람처럼
옴츠러들지 않고 웃어가며 또 당당하게
불운한 날들을 견디어 냈다는데.

그렇다면 나는 정말로 남들이 말하는 바로 그런 사람일까?
아니면 내 자신이 알고 있는 그렇고 그런 사람일 뿐일까?
새장에 갇힌 새처럼 불안해 하고 애타하고 나약하기 그지없는,
누군가의 손이 나의 목을 조르고 있는 듯 숨가쁘게 몸부림 치고
화려한 빛깔과 꽃과 새소리를 갈구하며 친절한 말, 상냥한 몇 마디 말을
목말라하고,
사소한 모욕에도 분노로 치를 떠는,
그리고 기적과 같은 사건들을 간절히 바라고
멀어져 간 친구들을 그리워하다 속절없이 슬퍼하고
기도, 묵상, 글 쓰는 중에도 울적해지고 허탈해져서
무기력하게 그 모든 것과 이별할 채비를 갖춘 그런 존재.

나는 누구인가?
이런 사람인가, 저런 사람인가.
오늘은 이런 인간이고 내일은 저런 인간인가.
아니면 둘 다인가?
다른 사람들 앞에서는 위선자이고
혼자 있을 땐 한심스레 고통에 짓눌리는 약자弱者인가?
아니면 여전히 내 안에
이미 얻어낸 승리를 앞에 두고 오합지졸처럼 도망치는
패잔병 같은 무언가가 있는 걸까?

나는 누구인가?
이 고독한 물음이 나를 비웃는다.
하지만 내가 누구이든, 하느님은 안다.
내가 당신의 것임을.

가톨릭도 사정은 마찬가지인 것 같다.
구어체의 개신교 성경에 대하여 이해하지 못하던 차에
본훼퍼의 값싼 은혜에 대한 글을 보고 무척 직선적인 사람이구나 하는 생각이 들었다.
허기야 세상은 비뚤어져 있으니까.
은혜와 은총의 차이는 무엇인가?
하느님을 믿지 않고 자신만을 믿는 현대인들에게 준엄한 매를 들고 있는 것 같지만
'말씀'을 못 알아듣는 사람들이 어찌 '사람'의 말을 알아듣겠는가,
아니 듣고 싶지 않는지도 모르겠다.
우리들이 주님, 주님 하고 외친다고 다 이루어시는 것도 아니고,
모든 것이 주님의 은총이라고 아부하는 것도 주님은 다 아신다.
우리들만 모르는 것이지….

루이스C.S Lewis가 한 말은 내가 누구인지를 분명하게 말하는 것 같다.
"그분께 저항해서 내 마음대로 인생을 살려고 발버둥칠수록,
나는 물려받은 유전과 성장배경, 환경과 자연적인 욕망에 더욱 지배당하게 된다.

사실상 내가 그처럼 자랑스럽게 '나 자신Myself'이라 부르는 것은,
내가 시작하지도 않았고 중단시킬 수도 없는
수많은 사건들이 만나는 장소에 불과하게 된다."
양식이 있는(?) 사람들은 모두

예수님께서 그토록 싫어하시던 바리사이인들이 되어가고 있다.
그럼, 어떻게 살까를 걱정하지 않고,
어찌하면 잘 사는 것인가를 고민하지 않고,
주제넘게도 이웃을 걱정하는 나는 도대체 누구인가?

저희가 살아 있는 날수를 알게 하소서

"저희가 살아 있는 날수를 알게 하소서, 저희가 슬기로운 마음을 얻으리이다." (시편 90:12)
"허무로다, 허무! 모든 것이 허무로다."(코헬렛 1:2)

코헬렛이 모든 것이 허무하다고 비관적으로 말한 것 같지만
사실은 암울했던 그 당시의 상황을 그리면서
예리하게 사물을 있는 그대로 보고 우리에게 경고를 하고 있는 것이다.
"허무"의 사전적 의미는 "무가치하고 무의미하게 느껴져 매우 허전하고 쓸쓸함"이다.
코헬렛이 "한 세대가 가고 또 한 세대가 오지만,
땅은 영원히 그대로다."하고 말한 것은(코헬렛 1:4)
모든 것이 변하고 지나가지만 진리는 변함이 없다는 것을 말한 것이다.

흔히 우리들은 어떤 사건의 시비를 가리지 못하게 될 때
"**진실은 없고 사실만 있다.**"는 말을 할 때가 많다.

시비의 당사자들이 모두 사물을 있는 그대로 보지 못했거나
한 사람은 제대로 보았지만 다른 사람은 제대로 보지 못했을 때이다.

진리는 땅과 같이 말없이 또 변함없이 존재한다.
사실을 있는 그대로 보지 못하는 것은 자신의 꿈과 욕심이 진리를 가리고 있기 때문이다.
허무를 느끼는 것은 믿음과 소망과 사랑이 없이 신기루를 따라간 결과이다.
그리스도께 의존하지 않고 살다가 좌절을 겪게 된 것이다.
말씀을 따르지도 않고 말씀을 실천하고 살지 않은 결과이다.

예수님께서는 분명히 말씀하셨다.
"나는 길이요, 진리요, 생명이다.
나를 통하지 않고서는 아무도 아버지께 갈 수 없다."(요한 14:6)
오로지 자기 자신만 믿고 진리의 길을 가지 않고 제멋대로 간 결과 허무를 만난 것이다.
그리하여 뒤늦게 먼지가 뽀얗게 앉아 있는 진리를 찾아 순례자의 길을 간다.

믿음은 절망에서 시작된다.

네가 어떻게 살고 있는지 똑똑히 보아라

"요한이 예수님께 말하였다.
'스승님, 어떤 사람이 스승님의 이름으로 마귀를 쫓아내는 것을 보았습니다.
그런데 그가 저희를 따르는 사람이 아니므로, 저희는 그가 그런 일을 못하게 막아보려고 하였습니다.'
그러자 예수님께서 이르셨다.
'막지 마라. 내 이름으로 기적을 일으키고 나서, 바로 나를 나쁘게 말할 수 있는 사람은 없다.
우리를 반대하지 않는 이는 우리를 지지하는 사람이다.'" (마르코 9:38-40)

옛날 사람들은 악의 영靈이 육체적인 병이나 정신적인 병을 일으킨다고 믿었다.
이러한 악의 영과 싸우는 한 방법은 병을 일으키는 악의 영을 쫓아내는, 보다 강력한 영을 불러내는 것이었다.

오늘의 복음에서 제자들이 질투심에 불타서 마치 편싸움을 하는 것처럼 내 편 네 편으로 가르는 말을 했을 때, 예수님께서 "막지 마라. 우리를 반대하지 않는 이는 우리를 지지하는 사람이다."하고
말씀하셨지만 실은

"누가 악을 물리쳤는가가 중요하지 않다.
항상 선이 이기고 악이 패하게 마련이다.
사필귀정事必歸正이라는 말이 있지 않느냐?"라는 뜻으로 말씀하신 것이다.

악에 휩싸이게 되면 그것을 과감히 물리치는 사람이 있는가 하면
악을 물리치지 못하여 전전긍긍하는 사람이 있게 마련이다.

"네가 어떻게 살고 있는지 똑똑히 보아라.
너는 어떤 사람이 언제나 읽고 있는 성경일 수도 있을 것이다." W. J. Toms

그리스도인들의 첫 번째 의무는 선교이다.
가장 훌륭한 선교는 삶의 본보기를 보여 주는 것이다.

죄 없는 고양이를 괴롭힌다

사람들은 누구나 살아 가면서 또 서로 사랑하면서 자기 자신을 표현하고 자기 자신을 알리려고 하고 되도록이면 많은 체험을 하고 싶어한다.
그러나 깊이 명상하지 않고, 존재의 의미에 대해 생각해보지도 않고, 자신도 모르게 마음은 항상 쉬지 못하고 좌절을 느끼고 있는 사람들이 의외로 많다.
보통 너무 지나치게 경쟁적인 사람이나 쓰라림을 맛본 사람인 경우에 그러하다.
그러나 자기 자신을 제대로 표현하기도 어려울 뿐만 아니라
자기자신을 숨김없이 정확하게 표현하는 것은 거의 불가능하다.

결국 우리들은 삶의 목적도 모르는 채,
남에게 잘 알려지지 않은 무명無名으로 좌절하고 살고 있는 셈이다.
그리고 삶은 우리들이 필요로 하는 것보다 그리고 꿈꾸는 것보다 항상 적게 준다.
결국 어디에 살든지 간에 어느 한 동네에서 아주 평범하게 살고 있는 셈이다.
그러나 누구나 한 순간의 만족할 때를 제외하고
대부분의 시간을 보다 만족스런 시간이 오기를 애타게 기다리며,
또 무의미하게 시간을 보내지 않기를 바라면서 시간을 보내고 있다.
어떤 의미에서는 시간을 죽이고 있는 것이다.

사람들은 이러한 좌절 때문에 쉬지도 못하고 만족하지 못하게 된다.
누구나 유명한 작가가 되고 싶어하고, 우아한 발레리나가 되고 싶고,
각광 받는 운동선수, 영화배우나 표지 모델,
유명한 학자가 되고 싶고, 노벨 수상자가 되고 싶고,

이른바 유명한 사람이 되고 싶어하지만
결국 우리는 무명의 사람들과 함께 살면서,
유명인사의 사인을 모으고 사는 평범한 사람들에 지나지 않는다.

거의 모든 사람들이 비록 만족하고 살지는 못할지언정
정상적인 삶을 살고 있는 특별한 사람으로 생각하면서 살고 있지만
이러한 의미의 무명無名 때문에 거의 만족을 하지 못하고,
편안하지 못하고, 행복한 삶을 살지 못하고 있는 것이다.
그리하여 많은 사람들이 무언가를 표현하고 싶어하고,
인정 받고 싶어하고, 귀족과 같이 돋보이고 부유하기를 바라는 욕망을 갖고 있지만
대부분 이를 성취하지 못한 채 헛되이 죽어가고 있는 것이다.

이 때문에 현대에는 영웅은 없고 유명인사만 있다고 말한다.

며칠 전 탤런트 최 모씨의 자살을 보면서
사람들은 너무나 잔인하고 무책임하다는 생각이 들었다.
인터넷이라는 이기利器를 흉기로 사용하여 무고한 사람을 죽게 만들었기 때문이다.
그것도 비겁하게 실명을 밝히지 않고 진실도 모르면서 "아니면 말고" 하는 식으로
무고한 사람을 죽음으로 몰아간 것이다. 벼락을 맞은 셈이다.

나는 이 사건을 보면서 매스컴을 떠올렸다.
무관의 제왕이라는 지위를 이용하여 무책임한 보도를 많이 할 뿐만 아니라
선정적인 또 선동적인 보도를 많이 하고 있기 때문이다.
특정인을 칭찬하는 기사는 별로 없고 무시하고 결점을 들추어내어 가십을 양산하고 있다.
나무 위에 사람을 올려 놓고 마구 흔드는 꼴이다. .

체스터톤G. K. Chesterton이 이러한 세태를 잘 묘사하고 있다.

"**어린애가 놀이에 싫증을 내는 오후 시간이 온다.**
도둑 놀음이나 아메리칸 인디언 놀음이 싫어질 때이다.
그리하여 그는 **죄 없는 고양이를 괴롭힌다.**

질서정연한 문화 속에서 틀에 박힌 생활을 하게 되면,
그릇된 신앙에 싫증을 내게 되고,
막대기가 1년째의 나무인 척 하는데 식상하게 되고,
밤하늘에 뜬 달이 사람을 사랑하게 만들게 한다는 착각도 시들해지게 되면서 모든 것이 허무하게 느껴지게 된다.

그리하여 사람들은 마약을 찾고 술을 마시고 복용 약의 양을 늘린다.
사람들은 지칠 대로 지쳐서 자극적인 것을 찾게 되고
더 해괴한 죄나 더욱더 놀라운 외설을 찾게 된다.
마치 바알Baal의 예언자들이 거의 미쳐서
자신의 몸을 칼과 창으로 찔러 정신을 차리려고 애썼듯이
사람들은 제 정신을 차리려고 온갖 수를 다 쓴다.
그러나 걸으면서 졸고 있고 악몽으로 스스로를 깨우려고 애쓴다."

마치 세상의 종말을 보는 것 같다.
"그러니 법은 스러지고 공정은 영영 모습을 드러내지도 못합니다.
악인이 의인을 에워싸니 왜곡된 공정만 모습을 드러냅니다."(하바쿡 1:4)

"또 불법이 성하여 많은 이의 사랑이 식어 갈 것이다."(마태오 24:12)

"빛이 이 세상에 왔지만, 사람들은 빛보다 어둠을 더 사랑하였다.
그들이 하는 일이 악하였기 때문이다."(요한 3:19)

"그들은 자신들의 혀를 활처럼 굽히고 그 땅에서 진실이 아니라 거짓이 판을 치게 한다.

그들은 악에서 악으로 옮겨 다니며 나를 알아 모시지 않는다. 주님의 말씀이다.
누구나 제 이웃을 조심하고 어떤 형제도 신뢰하지 마라.
형제들이 모두 사기꾼이요 이웃들이 모두 중상꾼이 되어 돌아다닌다.
모두 제 이웃을 속이고 아무도 진실을 말하지 않는다.
그들은 거짓을 말하도록 제 혀를 길들이고 죄에 무디어져 잘못을 뉘우치지도 못한다.
약탈에 약탈을, 거짓에 거짓을 더하며 그들은 나를 알아 모시기를 마다한다.
주님의 말씀이다."(예레미야 9:2-5)

"나는 인간의 아들들에 관하여 속으로 생각하였다.
하느님께서 그들을 시험하시어 그들 자신이 다만 짐승일 뿐임을 깨닫게 하신다고.
사실 인간의 아들들의 운명이나 짐승의 운명이나 매한가지다.
짐승이 죽는 것처럼 인간도 죽으며 모두 같은 목숨을 지녔다.
인간이 짐승보다 나을 것이 하나도 없으니 모든 것이 허무이기 때문이다."
(코헬렛 3:18-19)

"이것을 알아 두십시오. **마지막 때에 힘든 시기가 닥쳐올 것입니다.**
사람들은 자신과 돈만 사랑하고 허풍을 떨고 오만하며,
남을 중상하고 부모에게 순종하지 않으며, 감사할 줄 모르고 하느님을 무시하며,
비정하고 매정하며, 남을 험담하고 절제할 줄 모르며, 난폭하고 선을 미워하고 배신하며,
무모하고 교만하며, 하느님보다 쾌락을 더 사랑하면서,
겉으로는 신심이 있는 체하여도 신심의 힘은 부정할 것입니다.
이러한 자들을 멀리하십시오."(2디모테오 3:1-5)

스승과 사표師表

"그러고 나서 그들에게 제비를 뽑게 하니 마티아가 뽑혀,
그가 열한 사도와 함께 사도가 되었다."(사도 1:26)

"마지막 날에 스승들이 더욱더 엄중한 심판을 받게 될 것이므로
아무나 스승이 되려고 해서는 안 됩니다."(야고보 3:1)

오늘은 스승의 날이다.
맹자의 삼락三樂 중 "천하의 영재를 모아 가르치는 것이 즐거움이다."라는 말은
스승의 보람을 말하고 있다.
보람을 느끼기는 하지만 대신 "옛 말에 스승의 똥은 개도 안 먹는다."는 말이 있을 정도로 학식이 많아야 하고 처신하기도 어려운 것이 또한 스승이다.
오늘의 독서(사도 1:15-17, 20-26)를 보면
열한 사도가 예수님의 부활을 증언할 열 두 번째 사도를 뽑는 과정을 보여주고 있다.

그러나 우리들은 열 두 번째 사도로 뽑힌 마티아에 대해서는 아무것도 아는 것이 없다.

아마 우리들에게 스승의 길은 험난한 길이고 스승이 된다는 것은
막중한 책임을 지는 것이라는 것을 암시하기 위하여
사도를 뽑는 과정을 성경에 집어넣은 것 같다.

그래서 야고보서에서는
"마지막 날에 스승들이 더욱더 엄중한 심판을 받게 될 것이므로

아무나 스승이 되려고 해서는 안 됩니다."하고 말하고 있다.

또 마르코 복음(9:2-13)에서는 예수님의 영광스러운 변모를 말하고 있다.
대 스승으로서의 예수님께서는 영광스런 변모를 하기 전에
"많은 수난과 경멸을 받아야 할 것"이라고 예견하셨다.

어린 시절로 돌아가면 누구나 그 때의 애정 어린 선생님들을 생각하게 된다.
날개 밑으로 우리들을 보호하면서 인도해주시고 용기를 주고
방향을 일러주신 선생님들을 쉽게 기억할 수 있을 것이다.
어떤 선생님은 따뜻한 말을 해주었지만
어떤 선생님에게는 좋지 않은 감정을 갖고 있을 수도 있다.
어떤 선생님은 우리를 좋아하지 않았고
어떤 선생님은 용기를 북돋아 주지 않고 차갑게 대하셨다.

유쾌하고 재미있는 록rock 음악 코미디 영화 〈School of Rock〉의
명名대사가 생각난다.
"학생을 가르칠 수 없는 선생님은 체육시간을 맡아라."

자격이 없으면 몸으로 때우라는 말이다.
선생님들은 가끔 중상모략을 받기도 하지만
학생들에게 미래에 영향을 미칠 수 있는 결정적인 기회를 제공한다.
선생님들처럼, 살아가면서 사람들이 변화하는 것을 볼 수 있는 사람은 드물다.
스승들처럼 학생들의 마음을 어루만져 줄 수 있는 기회를 갖는 것도 쉽지 않다.
그리고 믿음과 세계관과 인간성의 본보기를 보여줄 수 있는 사람도 많지 않다.
선생님들은 학생들이 미래에 맺게 되는 과일을 볼 수 없다는 것을 알고도 씨앗을 심는다. 이러한 모든 것이 보람이기 때문에 누구보다도 즐겁

게 생각한다.

그러나 지금은 즉흥적인 쾌락에 만족하는 문화이다.
사도師道는 땅에 떨어질 대로 떨어졌다.
인성人性 교육이 실종되어버렸다. 또 전문專門 교육도 실패하고 있다.
배우는 사람들과 가르치는 사람이 함께 책임을 져야 한다.

오늘의 독서에서 말한 것처럼 아무나 스승이 될 수 없다.
스승의 자격이 없는 사람이 강단에 서게 되면 수많은 사람들이 불행하게 된다.
개인의 문제가 아니다. 과거로 거슬러 올라가서 보충을 해줄 수도 없다.
그래서 하느님께서는 마지막 날에 엄중하게 책임을 물으실 것이라고 경고하셨던 것이다.

다른 사람과의 관계에서
자신의 시간과 재능과 보물을 투자하는 사람이야 말로 참 스승이다.
그런 의미에서 예수님은 가장 좋은 사표師表이시다.

식자우환識字憂患

너무 많이 알기 때문에 쓸데 없는 근심도 그만큼 많이 하게 되고
또 어줍잖은 지식 때문에 일을 망치는 것을 뜻하는 말로 쓰인다.

'코헬렛 1:18'에서도 말하기를
"어차피 지혜가 많으면 괴로운 일도 많고 아는 것이 많으면 걱정도 많아지는 법이다."
여기서 말하는 지혜도 설익은 지식을 말한다.

어줍잖게 아는 지식에 대해 페스탈로치는 다음과 같이 말했다.
"진실의 밑받침이 없다면 식자우환識字憂患이라는 말과 같이 오히려 몸을 망치기 쉽다.
진정한 지식은 꾸밈새 없는 순진한 마음에서 솟아나는 것이다.
진실과 함께 있는 지식은 불행을 물리칠 수 있는 굳센 힘이 된다.
사람은 역경에 처해 있을 때일수록 진실한 지식을 몸에 지니도록 해야 한다.
뿐만 아니라 순탄하고 행복한 환경에 있을 때에도 결코 참된 지식에 떨어져서는 안 된다.
왜냐하면 맑은 진심의 발로發露 없이는 행복도 드디어 파괴되고 말기 때문이다."

"참다운 지혜"란 깨달음 뒤에 얻은 지혜를 말한다.
불가佛家에서 말하는 해탈解脫은 '탈mask에서 벗어나는 것'을 말한다.
우리들이 매일 얼굴에 뒤집어쓰고 있는 탈바가지는
"참다운 지혜"가 없는 '가식假飾의 가면假面'이다.
모두들 깨닫지 못했을 때에는

"참 나"가 아닌 "거짓 나"라는 가면을 쓰고 다니지만 정작 본인은 모른다. 이른바 가짜 자기들이 아귀다툼을 하면서 살고 있다 해도 과언이 아닐 것이다.

『준주성범제1권 제2장』에서도 설익은 지식에 대하여 경고하고 있다.
"지나치게 알려고 하지 마라. 그런데서 자주 정신 혼란이 생기고 속는 수가 많다.
좀 배웠다는 사람은 흔히 남에게 유식하게 보이려 하고 칭찬을 들으려 한다.
알아 보아야 영혼에 소득이 적거나 아주 없는 경우가 많으니라.
영혼을 구하는 일은 제쳐 놓고 다른 일에 골몰함은 지혜롭지 못하다.
말을 많이 한다고 영혼이 만족을 느끼는 것이 아니고, 착하게 살아야 정신 안정을 기하고, 양심을 깨끗하게 가져야 하느님께 믿음을 가지게 된다."

공자도 『논어論語 [제12편 안연顔淵]』에서
"참다운 지혜"의 근본인 어짊인에 대하여 다음과 같이 말하고 있다.

出門如見大賓, 使民如承大祭.
己所不欲, 勿施於人.
在邦無怨, 在家無怨.

자기 집 문밖으로 나서면 모든 사람을 귀한 손님으로 대하고,
백성을 부릴 때는 큰 제사를 지내듯 경건하게 해야 한다.
자신이 원하지 않는 일을 다른 사람에게 시켜서는 안 된다.
나라 안의 사람들이 원망이 없게 하고,
집에 있을 때는 집안 사람들이 원망하지 않게 해야 한다.

왜?

"예수님께서 말씀하셨다.
'외아들을 보고 그를 믿는
모든 사람들이 영원한 생명을 얻게 하려고 하늘에서 내려왔다.'"(요한 3:16-31)

미국의 유명한 정치가요 연설가인
윌리엄 제닝스 브라이언William Jennings Bryan이 말했다.

"나는 수박 씨의 힘을 관찰해 본 적이 있다.
수박 씨에는 흙을 밀어젖히고 나오는 힘이 있다.
그래서 자기보다 20만 배나 무거운 것을 뚫고 나온다.
수박 씨가 어떻게 이런 힘을 내는지 알 수 없다.
껍질 바깥으로 도저히 모방할 수 없는 색을 우러나오게 하고,
그 안쪽에 하얀 껍질, 그 안쪽에 다시 검은 씨가 촘촘히 박힌 붉은 속을 어떻게 만들어 낼 수 있는지 나는 알지 못한다.
하나하나의 씨는 또 다시 차례차례 자기 무게의 20만 배의 힘으로 땅을 뚫고 나올 것이다.
이 수박 씨의 신비를 설명할 수 있다면, 나도 신의 신비를 설명해주겠다."

"밀알 하나 안에 있는 보이지 않는 생명의 싹이
3,000번의 부활을 거쳐 어렵게 살아 남았기에,
이 세상의 나의 몸뚱어리가 먼지로 변하더라도,
내 영혼이 새로운 존재의 몸에 맞는 옷을 입혀주는 힘을 가지고 있다는 것을

나는 조금도 의심치 않을 것이다."

성 이레네오St. Irenaeus는 말했다.

"당신은 무無로부터 생겨나 지금 존재하고 있는 것을 보고도,
이 생이 끝난 후에 다시 존재할 것이라는 것을 왜 믿지 않는가?
그래서 무無로부터 당신의 몸을 만드신 하느님이시지만
잘못된 습관에 젖어 있는 당신을 새롭게 만드는 것을 더 어렵게 여기신다."

전前 세계권투 헤비급 챔피언이었던 죠 루이스Joe Louis가 말했다.
"모든 사람들이 천국에 가고 싶어한다. 그런데 아무도 죽기를 바라지 않는다."
왜?
"그리스도께서는 죽음의 검은 문을 생명의 밝은 문으로 바꾸셨다."익명
영원한 생명이란 곧 부활을 말한다.

하느님의 도움을 받지 않고는 자신을 알 수 없다

"나를 믿는 사람은 나를 믿는 것이 아니라 나를 보내신 분을 믿는 것이다."(요한 12:44)

프랑스의 화가 앙리 마티스Henri Matisse, 1869-1954는 심장마비로 84살에 죽었다.
그는 말년에 관절염 때문에 앉은뱅이가 되고 손도 불구가 되어
붓을 잡는 것도 무척 고통스러워 했다.
그러나 손가락 사이에 헝겊을 끼워 붓이 미끄러지지 않게 하면서까지 계속하여 그림을 그렸다.

어느 날 어떤 사람이 그에게
"왜 그렇게 참을 수 없는 고통을 감내하고 계속하여 그림을 그립니까?"하고 물었다.
그러자 마티스는 "**고통은 지나가지만 아름다움은 영원히 남으니까요.**"하고 답하였다.

이 이야기를 듣고
"나는 화가도 아니며 내가 죽고 난 뒤에도 영원히 남을 아름다움을 창조하지도 않는데
왜 나에게 고통이 오는가?"하고 반문할지도 모른다.

그러나 우리 모두'**영적인 화가**'이기 때문에 고통을 겪어야 한다.
우리 그리스도인들은 모두 예수 그리스도의 도움을 받아
수 세기世紀가 아니라 영원히 남는
무한히 아름다운 어떤 것을 그리는 영적인 화가인 것이다.

나는 누구인가?
나는 어디로 가고 있는가?
목적지를 향해 뚜벅뚜벅 걸어가는 자화상自畵像을 제대로 그리고 있는가?

예수님께서는 "나를 보는 사람은 나를 보내신 분을 보는 것이다."하고 말씀하셨듯이,
항상 하느님 아버지를 앞세우고 자신을 드러내지 않는 겸손을 보이셨다.

빛이 그러하다.
빛 자체는 볼 수 없지만 빛은 모든 것을 볼 수 있게 한다.
그러나 "나를 보내신 분" 즉 하느님 아버지를 인간이 볼 수가 없다.

"하느님 아버지는 홀로 불사불멸하시며 다가갈 수 없는 빛 속에 사시는 분이시며,
어떠한 인간도 뵌 일이 없고 뵐 수도 없는 분이시다."(1티모데오 6:16)

빛은 하느님을 일컫는다.
실제로 '신神, divinity'의 어원은 산스크리트어로 '비추다, 빛나다to shine'라고 한다.

성 아우구스띠노는 이를 아주 시적詩的으로 표현하였다.
"나는 묵상할 때면 하느님의 안내를 받아 나의 가장 깊은 곳으로 들어간다.
하느님께서 도와주시지 않았으면 그렇게 할 수 없었을 것이다.
깊은 곳으로 들어가 있는 그대로의 나를 보았고
나의 영적인 시야와 내 마음을 초월한 저 높은 곳에서 비춰지는 변함없는 빛을 보았다.
그 빛은 육적肉的인 어떤 눈으로도 볼 수 없는 그런 빛이었다.
그러나 이 빛은 통상 우리들이 보는 빛보다 아주 강렬하게 빛났지만
훨씬 더 밝고 강력하여 마치 우주를 훤히 밝히는 것 같았다.

내가 본 빛은 보통 우리가 보는 그런 빛이 아니라 완전히 다른 빛이었다.
물위에 떠있는 기름이나 땅 위에 있는 하늘처럼,
내 마음 위 저 높은 곳에서 비치는 빛이었다.
이 빛이 나를 만들었기 때문에 그 빛은 나보다 위에 있었고 당연히 나는 그 아래에 있었다. **진리를 아는 사람만이 이 빛을 안다.**"

우리들은 누구나 태어날 때부터 이 빛을 듬뿍 받을 수 있는 권리를 갖고 태어났다.
그러나 **어둠이 우리에게 찾아 온 것이 아니라 우리들이 어둠을 찾아 가고 있다.**
아무도 우리들을 감옥에 가두지 못한다.
오히려 우리들이 스스로 자신을 감옥에 가두고 있다.

영국의 작가인 밀턴John Milton, 1608-1674이
『실락원Paradise Lost』에 그렸던 그 지옥에 우리 자신을 가두고 있는 것이다.
어둠 속에 오래 머물러 있었던 많은 창조물들이 그랬듯이,
우리는 빛을 두려워하고 열려있는 탁 트인 공간을 두려워한다.
우리 자신이 감옥이기 때문에 아무도 이 감옥에서 구해내지 못한다.
그러나 그나마 다행스러운 것은 우리들은
자기 자신을 "세상의 빛"이라고 하신 분의 초대를 받고 매력을 느끼고 있다는 것이다.

깨어진 꿈

예수님께서 말씀하셨다.
"나는 너희들에게 내가 하느님으로부터 들은 진리를 말하였다.
그러나 너희들은 나를 죽이려 하고 있다."
"누구든지 나의 가르침을 따르는 사람은 결코 죽지 않을 것이다."(요한 8:32, 34, 40, 51)

신자들이 하느님의 말씀을 귀담아 듣지 않고 이해하려고도 하지 않는 것을 보고
낙담한 한 사제가 신자들을 모아 놓고 말했다.
"내가 젊었을 때에는 진리로 온 세상을 정복하리라고 생각하였습니다.
알렉산더 대왕도 꿈꾸지 못했던,
모든 나라를 정복하고 전 인류를 해방시키려고 생각했었습니다.
그러나 단지 몇 사람만 듣고 이해했습니다."

예수님도 꼭 같은 목표로 세상의 끝까지 당신의 마음을 쏟아 놓으려고 하셨다.
그러나 많은 사람들이 예수님의 기적에 눈을 감았고 예수님의 말씀에 귀를 닫았다.
안티오키아의 성 이냐시오는 말했다.
"입으로만 예수 그리스도를 말하지 말고, 당신 마음 안에 세상을 담으려고 하지 마십시오."

한 늙은 사제가 예수님에 대하여 너무 많이 말한다고 핀잔을 받은 후 아무 말도 하지 않고 건초와 나뭇가지를 가져와서 이것으로 원을 만들었다.

다음에 그는 송충이를 한 마리 잡아와서 잡초 먹이와 함께 원 안에 넣었다.
그리고는 건초에 불을 붙였다.
불길이 솟아 오르니까 송충이는 탈출하려고 애썼다.

이 때 늙은 사제가 손가락을 송충이 가까이 갖다 대니 곧 바로 기어올랐다.
사제는 말했다.
"이것이 예수님이 나를 위하여 하신 일이요.
나는 송충이 같이 아무 희망이 없었소.
그러나 예수님께서는 나를 구해주셨소.
어떻게 나의 구세주와 그의 사랑과 자비에 대하여 말하지 않을 수 있겠소?"

하느님께 감사하지 않으면 아무 선물도 받지 못한다.

확신과 무지

영국의 소설가 조이스 캐리Joyce Cary, 1888-1957는
"자신이 무엇을 알지 못하는지를 모른다는 것은 비극이며
이 세상은 온통 비극으로 가득 차 있다.
아는 게 적은 사람일수록 자신이 모든 것을 안다고 착각한다."고 말했다.

이는 특히 종교 분야에서는 사실인 것 같다.
내가 모르는 것을 안다고 하는 것은 마치 위조지폐를 돌리는 것과 같은 일종의 사기다.
세상에는 많은 정통 기독교 신자들이 있으며
그들은 모두 자신이 알고 있는 것이 확실하다고 믿는다.
그들의 맹목적인 성격으로 인해 그들은 쉽게 어떤 것을 '확신'해버리기 때문에
바로 불신과 혼돈 속에 빠져 버리곤 한다.
물에 빠진 사람이 지푸라기만 잡으려 하듯 그들은 자신의 '확신'만을 믿으려고 한다.

누구나 어떤 것을 확신하게 되면
아무 것도 궁금하지 않게 되고 그냥 탈없이 조용히 살려고만 하게 된다.
그래서 로마 병사들은 아무런 죄의식 없이 예수님을 십자가에 매달았다.
그들은 자신들이 무슨 짓을 하고 있는지도 모르고 예수님을 십자가형에 처했던 것이다.
우리들도 평소에 어떤 일을 할 때 그 일이 무슨 의미를 갖는 것인지,
남에게 피해를 주는 것인지도 모르고 일을 할 때가 많다.
자신이 가진 '확신'이, 자신의 편견 속에서 습관처럼 굳어져 버렸기 때문에,

옳고 그름을 전혀 따지지 않고 아무 생각 없이 일을 저질러 버리는 것이다.

바이올리니스트 클라이슬러Fritz Kriesler가 연주하기 위하여
런던으로 떠나기 전前 한 시간 정도 시간이 있어
근처에 있는 독일의 어느 악기점에 들어갔다.
그런데 그 가게 주인이 그가 갖고 있는 바이올린 케이스를 보고는 그를 의심했다.
주인이 슬그머니 사라지더니 경찰관 두 명을 데리고 왔다.
그 경찰관들은 "당신이 어찌 클라이슬러의 바이올린을 갖고 있소?"하면서 그를 체포하였다.
"내가 프리츠 클라이슬러요." 그가 말하니,
"우리들을 속이려 하지 마시오."하고 경찰관이 말했다.
클라이슬러가 잠시 생각을 하더니 연주를 하도록 허락해 달라고 부탁하였다.
경찰관은 그의 말을 믿을 수 없었지만
그가 연주하는 것을 보고는 더 이상 의심을 할 수가 없었다.

정통 기독교신자들은 진리의 길을 몸소 걸어가 본 적이 없기 때문에
불확실한 것은 두렵기만 하여 옳지 않은 것도 진리라고 믿는다.
자기기만自己欺瞞이다.
"만약 확신으로 일을 시작하면, 의심으로 끝나게 되지만
의심으로 시작하게 되면 확신으로 끝나게 된다."고 프란시스 베이컨Francis Bacon은 말했다.

예수님께서는 추종자들이 오히려 하느님을 더 모른다고 꾸짖듯 말씀하셨다.
이는 스스로 "예언자들의 상속자들", "계약의 상속자들"이라고 부르는 사람들을 질타하는 말씀이었다.
통상 우리들이 어떤 사물을 아는 방법으로는 하느님을 알 수가 없다.

하느님을 안다는 것은 때때로 우리가 알고 있는 것의 반대 같이 보이는 것을 진실로 아는 이상한 앎이다.
14세기의 『**무지의 구름**The Cloud of Unknowing*』을 생각해 본다.
지적인 겸손은 신학神學의 기본이다.

성 토마스 아퀴나스는 신학의 한계에 대하여 말하면서 다음과 같이 부언했다.
"완전히 이해하고 증명하려고 들지 않는다면, 불충분하기는 하지만, 인간의 마음이 스스로 그런 의문을 갖는 것은 유용하다." 그리고 그가 아주 의욕적으로 쓴 다른 글에서는 "이것은 마지막으로 하느님을 아는 것이다. 즉 우리들은 **하느님을 모른다는 것을 아는 것이다.**"

독일의 신비주의자 마이스터 에크하르트Meister Ekhart, 1260-1327도 비슷한 이야기를 하였다.
"만약 어떤 사람이 신神을 알고 그 신에 어떤 이름을 붙이면 그것은 신이 아니다.
신은 이름도 없고 천지만물 위에 있다."
그러나 냉철한 아퀴나스가 같은 말을 아주 노선적으로 한 것을 음미해 볼 필요가 있다.

예수님께서 말씀하셨다.
"아브라함이 있기 전에 내가 있다Before Abraham was, I am."(요한 8:58)
이는 하느님께서 모세에게 하신 말씀을 그대로 흉내 내고 있다.

* **무지의 구름** : '하느님과 영혼이 합일하는 공간 무지의 구름이라는 이름의 관상서'인 이 책은 영국교회에서 고전으로 꼽히는 신심서 가운데 하나이다. 영국 신비주의가 한창 꽃피던 시절 14세기 당대부터 오늘에 이르기까지 줄곧 큰 힘을 발휘해왔다. 지성으로는 하느님께 도달할 수 없다는 점, 그리고 생각과 기억을 '망각의 구름' 아래 파묻어버려야 하는 데서 발생하는 문제점들을 다루고, 사랑은 하느님과 합일하는 통로인즉 이 같은 사랑에서 나오는 열매들 특히 겸손과 자애라는 덕목들을 마르타와 마리아 이야기를 예로 들어 설명하고 있다.

"나는 '나는 있는 나'다 I AM Who I AM."하고 대답하시고, 이어서 말씀하셨다.
"너는 이스라엘 자손들에게 '있는 나'께서 나를 보내셨다." (탈출기 3:14)

아브라함이 있기 전에 "내가 있었다."가 아니라 "내가 있다."고 말씀하셨다.
아브라함이 있기 전에도 내가 있었고 지금도 내가 있고
앞으로도 영원히 있을 것이라고 말씀하셨던 것이다.
예수님에게는 '시간 개념이 없고' 시간 개념이 없는 유일한 사람이고 신神이었다.
히브리서(13:8)에서도 말하고 있다.
"예수그리스도는 어제도 오늘도 또 영원히 같은 분이십니다."
예수님께서 복음을 통하여 신성神性을 명백히 밝히고 계시는 것이다.

"예수님께서는 하느님을 아신다.
왜냐하면 예수님은 하느님과 하나이기 때문이다."(요한 10:30)

성聖과 속俗

성경을 보면 하늘나라와 사람의 나라 즉 속세를 확연하게 구분하고 있다.
속세를 살아가는 속인이란 이른바 물질만능주의자로 세속적인 가치관으로 살아가면서 마치 그것을 자랑거리나 되는 것처럼 떠들고 그렇지 않은 사람을 모자라는 사람으로 여기고 무시하는 경향의 사람을 말한다.
이들은 하느님을 자랑하지 않고 자신의 지식, 성性, 재물, 자식, 가문, 미모, 과거, 학력, 권력과 지위, 인기 등등의 자랑거리를 쏟아 놓으면서 과시한다.

이와 반대로 **항상 역지사지易地思之로**
먼저 다른 사람의 처지를 생각하고 이타적인 사랑을 하는 거룩한 삶을 살아가는 성인聖人과 같은 사람들이 있다.

예수님께서는 사람들이 성인과 같은 삶을 살기를 바라신다.
속인들의 눈으로 보면 바보처럼 사는 것으로 보인다.

그러나 말이 쉽지 이타적인 사랑을 실천하고 사는 것은 무척 어렵다.
결국엔 바보처럼 사는 것이 현명한 삶이라는 것을 알게 되지만
처절하게 꺾이고 무너진 후에야 이를 알게 되는 것이 인간이다.

그렇다면 매는 먼저 맞는 것이 낫다고
십자가를 일찍 지고 깨달음을 얻는 것이 낫다는 결론이 나온다.
하느님께서는 결코 인간에게 무리한 요구를 하지 않으신다는 것을
아는 것이 어려웠을 뿐이다.

모세가 하느님의 산 호렙에 갔을 때 하느님께서
"이리로 가까이 오지 말아라.

네가 서 있는 곳은 거룩한 땅이니 네 발에서 신발을 벗어라."하고(탈출기 3:5)
말씀하셨던 그 땅은 천국이 아니라 바로 우리들이 사는 속인들의 땅이다.
그때까지만 해도 모세는 깨닫지 못한 속인이었지만
깨닫고 난 뒤에는 하느님의 말씀을 무조건 따랐다.

자신이 믿음이 있는 것 같다고 생각하지만
끊임없이 고통이 주어진다면 옳은 믿음을 갖지 못한 증거이다.
제자들도 예수님의 부활 후에야 옳은 믿음을 가진 것을 보면,
야곱의 우물 가의 사마리아 여인이나 제자들은
'목마르지 않는 물'의 의미를 제대로 알지 못했지만 믿는 것처럼 말하였다.

"율법학자들과 바리사이들은 모세의 자리에 앉아있다.
그러니 그들이 너희에게 말하는 것은 다 실행하고 지켜라.
그러나 그들의 행실은 따라 하지 마라.
그들은 말만하고 실행하지는 않는다."(마태오 23:2-3)

이기주의

현대 그리스도교의 가장 큰 죄악은 이기주의인 것 같다.
'나와 너' '우리와 너희'를 편갈라 조금이라도 손해보지 않으려 하고 '너'와 '너희'를 짓밟고 일어서야 만족하는 살벌한 세상이 되어버린 것은 바로 이 이기주의 때문이 아닌가 생각한다.
예수님께서 그토록 강조하셨던 '이웃사랑'은 없고 '나'만 있는 세상,
이기주의가 집단이기주의로 발전하고 군중심리 속에 진리가 묻혀버린 세상,
교회를 믿는 것이 아니라 사제를 믿고
사제는 군중심리에 아첨하면서 교세를 확장하는 데에만 급급한 나머지 전全 신자의 2/3를 냉담자로 만들고 있는 세상을 우리들 자신이 만든 것이다.

그런데도 교회는 신자들을 마치 온실처럼 자비로운 교회공동체의 품 안에 안주토록 하여 폐쇄적인 유아집단, 만년萬年 미성숙자로 만들고 있다.
그래서 하루 성인聖人 엿새 악인惡人인 일요日曜신자信者,
곧 교회건물 안에서만 성인이지 사회나 심지어는 가정 속에서조차 비 신자보다 더 못한 행실을 떳떳하게 하도록 만들었다.
그리하여 지각있는 사람들은 교회가 영성이 없는 친목계나 사교모임처럼 되어버렸다고 한탄한다.
영세를 받음으로써 주님께 더 가까이 갈 수 있는 길은 열려있지만,
단순히 영세를 받았다고 해서 구원을 받는 것은 아니다.
그런데 많은 사람들이 영세를 받기만 하면 구원을 받을 것이라고 철석같이 믿거나 부활을 믿는다고 약속해 놓고서는 영원한 삶을 믿지 않는다.
착한 사마리아인의 비유에서 예수님은 **이웃사랑의 실천이 없으면 절대 구**

원을 받을 수 없음을 말씀하셨다.

독일의 신학자 칼 라너는 "왜 악인들과 독재자들 가운데는 그리스도인이 많은가?
그들도 그리스도인이라는 이유만으로 구원을 받을 수 있을 것인가?"하는 의문 때문에 무척 고심한 결과 '익명의 그리스도인'이라는 논문을 발표하였다.
그 내용을 간단히 살펴보면, 신자 가운데 의인과 악인이 있고
비 신자나 이교도 가운데에도 역시 의인과 악인이 있는데,
그 중 구원의 대상은 신자건 비신자건 상관없이 익명의 의인들 가운데 있다는 것이다.
이들을 '익명의 그리스도인'이라고 불렀다.

가까운 형제자매들 중에는 성경을 열심히 읽고 묵상하고 기도하는
소수의 열심한 신자가 있는가 하면 마지못해 주일만 빠지지 않는
주일신자들이 대부분인 것이 현실이다.
성경을 잘 읽지도 않아 말씀을 제대로 이해하지 못하니
진리를 알지 못하는 것은 당연한 것이다.

'**불립문자**不立文字'라는 말이 있다.
'아무도 아무에게 아무것도 가르쳐 줄 수 없다.'는 뜻이다.
우리가 무엇을 배우고 깨닫는 것은 가르쳐 주는 사람에게 달린 것이 아니라 배우는 사람의 자세에 달려있다는 것이다.
그러나 우리들은 혹독한 십자가의 고통을 겪은 후에야 비로소 배우려고 한다.
그래서 아무리 우리를 구원해주시는 예수 그리스도께서 복음을 전하신다 하더라도, 그 가르침을 받아들이는 우리들의 고정관념과 몸에 밴 습관을 버리지 않는 한, 복음은 우이독경牛耳讀經이 되어버렸던 것이다.
그래서 많은 사람들이 나만 구원 받으면 된다는 알량한 믿음을 갖고 있거나 영원한 삶을 모르거나 '이웃사랑'을 하지 못한 것이다.

'핵가족' 중심의 이기적인 사랑을 함으로써 심지어는 부모도 멀리하고 친구도 없다.
이웃이 없는 셈이다.
내가 필요로 하는 사람이 이웃이 아니라 나를 필요로 하는 사람이 이웃이다.
그러나 우리들에게는 '하느님과 나', '나와 이웃'만 있을 뿐이다.

그러자 예수님께서 당신께 말한 사람에게
'누가 내 어머니고 누가 내 형제들이냐?'하고 반문하셨다.
그리고 제자들을 가리키시며 이르셨다.
'이들이 내 어머니고 내 형제들이다.
하늘에 계신 내 아버지의 뜻을 실행하는 사람이 내 형제요, 자매요, 어머니다.'"(마태오 12:48-50)

불교에서 말하는 보살들이 행하는
화작化作의 삶은 진정한 '이웃사랑'의 표본이라 할 수 있다.
오직 중생의 요구에 따라 살아가는 삶, 자신의 요구는 없는 삶,
다른 사람의 짐을 덜어주기 위해 자신을 희생하는 행위가 '화작化作'이다.
중생을 불쌍히 여겨서가 아니라 중생이 요구하면 그 필요에 따라 살아가며 '중생의 집착과 업을 덜어주는 삶'을 목적으로 사는 것이 '화작化作의 삶'이나.
보살은 이미 고해바다를 넘었고 정토淨土에 살지만
아직 죄와 업의 세계에 사는 중생의 요구가 있기 때문에 화작하고 산다는 것이다.
부활하여 새로이 태어난 삶을 살고 있는 사람들이 곧 보살인 것이다.

사람들은 자신의 욕구와 생각이 다르다는 것을 받아들이지 못할 때
마음의 상처를 입게 된다.
또 스스로 자기 자신이 소중하다고 느끼지 못하는 사람은

필요이상으로 상대방의 반응에 민감하고 피해의식적인 생각을 하기 때문에 마음이 아프고 고통스럽게 된다.
최근 들어 부쩍 마음이 아픈 것을 느낀다.
그래서 크고 작은 일에 화를 잘 내고, 내 생각과 같지 않으면 배척하고, 내 마음을 몰라준다고 미워하고, 나보다 상대가 좀더 나아 보이면 시기하고 질투하고,
감사할 줄 모르고, 내 뜻에 안 따라주면 증오하는 태도를 보인다.
주제 넘게도 이웃사랑에 메말라 있는 교우를 볼 때에는 더욱 더 안타까움을 느낀다.

고통을 겪을 때마다 예수님이
아무 죄 없이 십자가의 고통을 받으신 것을 생각하고 위로를 받았던 것이 생각난다.
오늘은 내가 아프다고 해서 작은 일에도 화를 내고,
내 맘에 들지 않는다고 배척하고 미워하고,
내 뜻대로 안 된다고 슬퍼하는 나의 모습을
하느님이 보시고 나를 어떻게 생각하실까 하고 자문해 본다.
아직도 고난을 덜 겪었느냐?
아직도 깨닫지 못했느냐고 꾸짖으시며 크게 실망하시는 것 같다.
하느님의 마음을 아프게 하면 안 된다는 뜻을 이제야 알 것 같다.
또 나의 능력으로는 남을 변화시킬 수 없다는 것을 알았다.
변화되도록 기도할 수밖에 없다.
가난한 채로 하느님을 사랑한다는 자긍심을 갖고
언젠가는 가까운 이웃을 반드시 도울 것이며
항상 하느님과 함께 하면서 실패해도 기쁨을 잃지 않겠다고 다짐해 본다.

내 뜻대로 안 되는 것이 고통이다

인도 사람들은 우리가 사는 곳을 사바세계娑婆世界; sah-loka-dhtu라 하고, 중국 사람들은 '참다sah'라는 어근에서 출발하여 감인대堪忍待 즉 우리가 사는 이 세상을 '참고 견디면서 기다려야만 하는 세상'으로 번역했다.
'내 뜻대로 안 되고 내 맘에 들지 않는 세상'을 말한다.
뜻대로 안 되고 내 맘에 들지 않기에 사바세계의 인생은 참고 견디면서 기다릴 수밖에 없고, 그런 상태가 바로 고통이라는 것이다.

불교에서는 참사랑을 제외한 모든 갈애渴愛는 번뇌의 원인이 된다고 말한다.

'내 뜻대로 안 되고 내 맘에 들지 않는다는 것'은
어디까지나 주관적인 생각으로 보편타당성이 없을 수 있다.
주관적인 불만은 내 스스로 만든 것이다.
참사랑은 아무것도 바라지 않는 이타적인 사랑이다.

나 자신을 생각해본다.
정이 많으니 참사랑의 소양素養은 갖고 있는 것 같다.
요즘 들어 부쩍 참사랑이 없고 믿음이 약한 교우들에게 실망을 많이 한다.
남에게 정을 많이 쏟아 붓고는 나와 같은 사람이 되기를 바라지만
그런 경우가 거의 없으므로 실망을 한다.
그리하여 사람을 기피하고 혼자 있으려고 한다.
천성이 정이 많아 '주고 잡이'였고,
참사랑을 갖고 옳은 믿음을 가지면 함께 구원 받게 된다는 생각에서

남에게 정을 쏟았으나 무시 당하는 수가 많았기 때문이다.
혹시 남을 구속하고 무언가를 바라는 것이 있지는 않았는가 반성도 해 본다.

"사랑"을 화두로 삼아 묵상해 오던 터에
『법화경法華經』〈방편품方便品〉에 있는
"자비희사慈悲喜捨의 마음을 갖지 않으면 지혜 수행을 할 수 없다."
즉 "**자비희사의 마음이 없으면 결코 깨달을 수 없다.**"는 구절을 보고
그 동안 풀리지 않았던 의문이 해소되었다.

그리스도교 식으로 풀이하면
"**참사랑이 없으면 진리에 도달하지 못하여 결코 옳은 믿음을 가질 수 없다**"는 것이다.
성경에서는 "성경을 달달 외우고 있어도
진리를 실천하지 않으면 이는 죽은 믿음이다."고 말하고 있다.
참사랑을 해야 한다는 것이 성경의 제1명제이다.
그러나 물질문명에 병들어 있는 우리는 참사랑을 실천하지 못하면서
교회에 나가서 미사를 모시거나 예배를 드리고 있다.
"내가 사람들의 언어와 심지어 천사의 언어를 말한다 할지라도
내게 사랑이 없다면,
나는 소리 나는 징이나 요란한 꽹과리에 지나지 않을 것입니다."(1고린토 13:1)

자비희사의 마음이란 사무량심四無量心이라고 하는데,
자심慈心이란 남을 깊이 사랑하는 마음이고,
비심悲心이란 남을 가엾게 여기는 마음이다.
그리고 희심喜心이란 남의 기쁨을 함께 기뻐해주는 마음이다.
가엾을 때 도와주고 행복하게 되었을 때 시기한다면 자비가 아니다.
사심捨心이란 자기가 노력한 일을 잊어버리는 것이다.
자비를 베푼 대가를 바란다면 자비가 아니라는 말이다.

그리스도교에서의 참사랑을 뜻한다.

현장스님이 인도여행 중 달라이라마와 가진 대화에서 자비희사를 잘 이해할 수 있다.
"산다는 것은 무엇입니까?"
"우리가 산다는 것은 완전한 평화를 위해서입니다.
그 목표에 도달하기 위해서 우리는
누구나 **삶의 갈등과 고苦를 충분히 극복하고 정화할 수 있는 과정을 거쳐야 합니다.**
지금까지 이 인생의 진정한 목표, 완전한 평화를 성취하신 분은 부처님 한 분뿐입니다."
"종교란 무엇입니까?"
"종교의 핵심은 친절입니다.
지금 당신 주변에 있는 사람들에게 따뜻한 마음을 베푸십시오.
그것이 종교입니다.
깨달음에 너무 집착하지 마십시오.
깨달음이 너무 강조되어서는 안 됩니다.
먼저 필요한 것은 자비입니다.
자비를 실천하며 살아간다면 깨달음은 약속되어 있습니다."

신앙의 길은 외롭고 험난한 가시밭길이다.
인간이 우매하고 참사랑이 오염되어 있고 재물에 눈이 어두워있기에,
십자가의 고통을 통하여 정화시키고,
모든 것을 비우는 고통을 통하여 사랑을 완성시키려고 하시는
하느님의 깊은 뜻을 십자가의 고통을 겪어봐야 알기 때문이다.

최근에 공개된 마더 데레사 수녀가 고해 신부에게 보낸 40여 통의 편지에서
"보려 해도 보이지 않고 들으려 해도 들리지 않는다."며
신의 존재를 느끼지 못하는 고통을 호소하여 세간에 말들이 많다.

데레사 수녀 같은 분도**“깨어있지 못할 때”가 있었던 것이다.**

나는 예수님이 십자가에서 마지막으로

“저의 하느님, 저의 하느님, 어찌하여 저를 버리셨습니까?”하고(마르코 15:34)

울부짖으셨던 것은 “신”이 아니라

“사람의 아들”이었기 때문에 그렇게 약한 말씀을 하셨던 것이 아닐까 하고 생각한다.

인간의 한계를 보여주신 것으로 생각한다.

인간은 항상 깨어있을 수가 없기 때문이다.

맑은 영혼의 십자가

나이 들어 하릴없이 지내는 일상日常이란
그저 시간을 죽여가는 그리하여 죽음을 맞이하러 가고 있는,
오직 무의식의 습관과 본능에 나를 맡겨 놓은 식물인간의 삶인 것 같다.
무심하게도 세월이 가고 계절이 바뀌고 있지만
마치 내가 살아있다는 것을 실감하려는 듯
짧은 단상과 묵상을 하면서 뒤를 돌아보고 뒤늦게 철이 들려고 발버둥치고 산다.
그리하여 얻은 결론은"**배고프면 밥 먹고 잠 오면 잠자는 것이다.**"

돌이켜 보면 타인을 믿지 못하여 또는 타인을 너무 믿었기 때문에 나의 맑은(?) 영혼이 상처 받고 비틀거렸던 적이 많았다.
그리하여 사람을 무서워하고 한편으로는 외로움을 느끼기도 한다.
괴롭힘 중에는 확실히 증거가 있는 것도 있지만 그 사람을 믿지 못하여 생긴 예단豫斷으로 인한 괴롭힘도 있다.
이웃을 판단하지 마라는 예수님의 가르침을 거스른 탓이다.
이웃을 믿지 못함으로써 괴로워한다는 것은 나를 자해自害하는 것임을 모르는 바 아니지만, 너무 믿었기 때문에 낭패를 본 과거의 경험을 떠올리게 한다.

김운태 시인은

"강물이 흐른다 것을 알고 사는 사람들과
바람이 흔적 없이 간다는 것을 알고 사는 사람들은 그 영혼이 맑다.
보이지 않는 형상을 알고, 있는 형상을 그대로 믿고 살기 때문이다.
이런 이치를 모르고 자신과 남의 인생을 비틀면서 사는 사람이 많다.

믿음이 없기 때문이다."고 말한다.
눈에 보이는 것만 믿는 것은 믿음이 아니기 때문이리라.

다른 사람이 나를 믿게 만들려면
내가 그 사람들을 믿고 있다는 것을 느끼도록 만들어 주어야 한다고 말하지만
남에게 믿음을 준다는 것이 보통 어려운 일이 아니다.
세상이 워낙 험악하기 때문이다.
그리고 그 사람이 나를 믿는가를 아는 것도 쉽지 않다.
그래서 먼저 믿고 결과를 기다리는 수가 많다.
그러나 그 결과가 나에게 유익인가 아닌가를 판단하기 어려운 때도 많다.
또 천길 물속은 알아도 사람은 알 수 없기 때문에 의심을 하면 끝이 없다는 것도 잘 안다.

하느님을 믿는 것도 그렇다.
'진리'를 알면서도 '믿음'이 없는 것은 진리를 실천하지 않기 때문이기도 하지만
'진리'가 세속의 삶과 상반되기 때문이기도 하다.
또 믿지 않는 것보다 믿는 것이 더 나은 것은 미리 걱정해도 아무 소용이 없기 때문이다. 마음속에 참 평화를 얻으려면 자아를 버려야 한다.
자아는 욕심 덩어리이기 때문이다.
불교에서는 진정으로 참 평화를 얻은 사람은 '붓다' 밖에 없다고 말한다.
성경에서도 욕심은 죄를 낳고 죄는 죽음을 낳는다고 했다.
죄를 짓고도 마음이 편한 사람은 악마이지 사람은 아닐 것이다.

자식은 부모의 깊은 뜻을 모른다.
그래서 배신감을 느끼고 무시 당한다고 느낄 때가 종종 있다.
자식이 잘못을 저질러도 아무에게도 토로하지 못하고 속으로만 끙끙 앓는다.
오로지 사랑의 힘으로 그 뜻을 알기를 참고 기다린다.

살아 생전에 자식이 느끼면 다행이다.

희생 없는 사랑이 있을 수 없듯 사랑했으면 반드시 십자가를 져야 함을 새삼 느낀다.

인간은 인간 그 자체를 믿기 때문에 동물과 다르다는 말은
'역설의 진리'에도 불구하고 믿는 수밖에 없기 때문이 아닐까?
아무 조건 없는 예수님의 사랑이 십자가의 죽음으로 끝맺음 했음을 묵상한다.
우리들이 사랑의 대가로 지는 십자가를 보자.

"당신이 착한 일을 하면 사람들은 다른 속셈이 있을 거라고 의심할 것이다.
그래도 착한 일을 해라.
정직하고 솔직하면 공격 당하기 쉽다. 그래도 정직하고 솔직해져라.
세상은 결국 힘 있는 사람 편에 선다. 그래도 소수의 약자를 위해 분투하라.
공들여 쌓은 탑이 하루 아침에 무너질 수도 있다. 그래도 탑을 쌓으라.
물에 빠진 사람을 구해주면 보따리 내놓으라고 덤빌 수도 있다.
그래도 도움이 필요한 사람을 도우라.
젖 먹던 힘까지 다해 헌신해도 칭찬을 듣기는커녕 경을 칠 수도 있다.
그래도 헌신하라.
사람들은 논리적이지도 않고 이성적이지도 않다. 게다가 자기중심적이다. 그래도 사랑하라."

나는 전생에불교식으로 표현하면 너무 많은 죄를 지은 것 같다.
그렇지 않다면 나에게 맑은(?) 영혼을 주어
이토록 괴로워하도록 태어나게 하지 않았을 것이다.
마음이 가난한 채로 하느님을 사랑하며 위안을 받는다.
하느님과 함께 있으면 실망하는 일이 있어도 참고 용서함을 일러주시기 때문이다.

철듦과 깨달음

사람들은 나이가 듦에 따라 앞만 보고 달렸던 과거를 뒤돌아 보고
인생에 대하여 생각하게 된다.
인디언이 말을 타고 빠르게 달리다가 갑자기 서서 뒤를 돌아보는 것은
자신의 영혼이 따라오지 못하여 기다리는 것이라 하였다.
현대인들은 워낙 바쁘게 살기 때문에 미처 자신의 영혼을 추스르지도 못
하고 살게 된다.
도법스님은 담담하게 우리의 인생을 그리며 깨달음이 무엇인지,
왜 깨달아야 하는지, 무엇을 깨달을 것인지를 설법하였다.

사람들은 일에서 떠나 시간이 많아지게 되면 "인생이란 무엇인가,
왜 태어나고 죽어야 하는가, 도대체 어디서 왔다가 어디로 가는 것인가,
행복이란 무엇인가?"하는 등의 질문을 하게 된다.
그 존재 이유를 알 길이 없다.
왜 살아야 하는지도 알지 못한다.
본인의 자유의지와는 상관없이
그 이유도 알지 못하는 상태에서 맹목적으로 살고 있음을 발견한다.
이렇게 사는 것이 자신의 삶이라는 것을 알고는 크게 실망을 한다.
삶 자체가 정지되어 있는 듯 질식할 것 같은 답답함을 느낀다.
본능에만 이끌려 사는 형이하학적인 자신의 모습에 동물적인 자신의 모습
이 중첩된다.
그리고 과거에도 그랬듯이 인생살이가 고달프기 짝이 없다.
어느 한 순간도 불안과 공포로부터 자유롭지 못하다.
불만과 고통의 짐을 내려놓고 홀가분하게 산 적이 거의 없다.
마음에 드는 사람하고만 살고 싶지만 이 역시 부질없는 기대일 뿐이다.

사람 속에 살면서 나와 같은 사람, 또 바르게 살려는 사람이 없는 것 같아 우주에 혼자만 덩그렇게 내버려진 것 같이 외롭기 짝이 없다.
원하는 것들이 이루어지길 간절하게 바라지만 그것은 허망한 꿈이라는 것을 발견한다.
기쁨도 행복도 있는 듯 하지만 봄날의 아지랑이처럼 덧없다.

이렇게 온통 불안과 고통으로 점철되고 있는 것이 우리의 삶이다.
삶이 무엇인지, 왜 살아야 하는 것인지도 모르는 채
모순과 혼란과 고통에 시달리는 불행한 우리의 삶을
부처님은 **전도몽상顚倒夢想의 삶이라 했다.**
미혹과 고통을 뜻하는 전도몽상의 삶을 청산하는 길은
존재의 실상에 대한 깨달음, 미혹의 꿈에서 깨어남을 통해서만 가능하다고 했다.
불행한 인생의 감옥살이를 벗어나 행복한 인생살이를 기약하기 위해선
반드시 깨달음의 길을 가야 한다.
자타 모두가 함께 영원과 무한의 자유자재의 삶을 실현하기 위해서는
유일하고도 확실한 큰길인 깨달음의 길을 가야 한다.
희망의 길은 깨달음의 길 하나밖에 없다.
이 길만이 참다운 희망의 큰길이다.
깨달아야 하는 이유가 바로 여기에 있는 것이다.

그리고 깨달음이란 "존재의 진실 즉 직면하고 있는 현실에 대한
무지와 집착을 타파하는 것 그 자체가 깨달음"이라고 했다.

구약성서 〈코헬렛(8:11-17)〉에서 말하고 있다.
"아무리 죄를 지어도 당장 벌을 받지 않기 때문에 사람들은 나쁜 일을 할 생각밖에 없다.
백 번 죄를 짓고도 버젓하게 살아 있더구나.
하느님 두려운 줄 알아 하느님 앞에서 조심하며 살아가는 사람은
잘 되어야 하고 하느님 두려운 줄 몰라

하느님 앞에서 함부로 사는 악인은 하루살이처럼 사라져야 될 줄은 나도 확신하지만
땅 위에서 되어가는 꼴을 보면 모두가 헛된 일이다.
나쁜 사람이 받아야 할 벌을 착한 사람이 받는가 하면
착한 사람이 받아야 할 보상을 나쁜 사람이 받는다.
그래서 나는 이 또한 헛되다고 한 것이다.

그러므로 즐겁게 사는 것이 좋은 것이다.
하늘 아래서 먹고 마시며 즐기는 일밖에 사람에게 무슨 좋은 일이 있겠는가?
그것이 없다면 하늘 아래서 하느님께 허락 받은 짧은 인생을 무슨 맛으로 수고하며 살 것인가?

나는 지혜를 통해 사람들이 땅 위에서 밤낮 눈도 못 붙이고 수고하는 까닭을
알려고 무던히 애써보았지만,
하느님께서 하늘 아래서 하시는 일은 아무도 알 수 없음을 깨달았다.
아무리 찾아도 그것을 알 사람은 없다.
이런 일을 안다고 장담할 현자가 있을지는 몰라도 그것을 참으로 아는 사람은 아무도 없다."

인생에 대하여 알 수는 없다고 말하고 있다. "너무 많은 것을 알려고 하지 말아라.
오로지 매사 하느님 말씀에 귀 기울이고 살고 즐겁게 살도록 애쓰라."는 말로 들린다.

신앙이 없는 사람들에게는 "철 좀 들고 죽어라."고 하는 말이 적절할 것 같다.
신앙인들의 **깨달음 또는 믿음은**
비 신앙인에게는"**철이 들어 세상의 진리를 아는 것이다.**"

신앙이 아무리 깊다 해도 인생을 알 수는 없다.
불교에서는 깨달은 자의 눈으로 본 세계의 실상은
존재 자체가 원만구족圓滿具足이요, 무애자재無碍自在요,
구경열반究竟涅槃임을 다음과 같이 표현하고 있다.

"배고프면 밥 먹고, 잠 오면 잠잔다."
"산은 산이요, 물은 물이다."
"신통묘용神通妙用이 무엇인가, 밥하고 물 길어 오고 나무 나르는 것이다."
"눈으로 보고 귀로 듣고 손으로 붙잡고 발로 걷는다.
이밖에 또 무엇이 더 필요한가?" 하는 말은
동물인 이상 또 성인聖人이 되지 못하는 한, 본능에 따라 살되
가급적이면 죄를 짓고 살지 말라는 뜻으로 해석된다.

유신견有身見

불교에서는 아가페적인 사랑을 제외한 모든 욕망이 고통의 원인이 된다고 말한다.
붓다는 이 갈애渴愛의 원인이 '잘못된 견해邪見'에서 비롯됨을 발견했다.

나의 몸과 마음이 내 것이라고 생각하는 것을
유신견 또는 사견邪見이라고 하는데 이는 '잘못된 생각'을 말한다.
몸과 마음은 단지 몸과 마음일 뿐이지 내가 아니며 나의 소유가 아니라는 것이다.
유신견이 강하면 남의 말을 듣지 못하며,
사회적으로 성공할 수도 있지만, 실패할 가능성도 많다.
자신의 정체성을 찾는데 도움이 되지만
유신견이 강해지면 우월감이 생겨서 스스로를 고립시키고,
우월감이 많으면 많은 만큼 좌절을 견디지 못하게 된다.

사람들은 대부분 자기 속 마음을 드러내지 않으려고 한다.
자기만의 것을 가지고 있고 싶기 때문이다.
그래서 자기의 현재의 마음 상태를 정확히 알려고 하지도 않는다.
또 자신의 마음에 대하여 올바른 지적을 하여도 아니라고 부정한다.
몰라서 아니라고 말하는 경우도 있지만
알아도 남에게 밝혀지는 것이 싫어서 아니라고 말한다.
이를 알지 못하거나 감추게 되면 그릇된 내가 있다고 생각하게 되고,
이러한 잘못된 견해를 갖고 있는 한
영원히 번뇌에서 벗어나지 못하게 된다는 것이 불교의 가르침이다.

어느 개신교 목사님이 오늘날 개신교의 잘못에 대하여 통탄하는 글을 보

았다.
"교회는 성직자들이 장사하는 집이 아니다.
시장 바닥의 상도덕에도 미치지 못하는 신도 쟁탈전,
치부의 수단으로 전락한 십일조의 강요,
그것도 모자라 헌금자 명단까지 주보에 올리는 파렴치한 행위가 공공연히 벌어진다.
또한 한국교회는 죄인을 양산하는 위선과 기만의 장소이다.
교회는 신도들에게 죄의식만을 심어주고 있다.
그 원죄론은 결국 교인들의 돈을 뜯어내는 목회자의 협박무기로 전락하였다.
개인기업을 상속시키듯 교회의 목회직을 자기의 왕국처럼 혈통으로 세습시키는 자는
그리스도의 제자가 아니라 사탄의 자식이라 지탄받아 마땅하다."

이 목사님은 어떻게 보면 사랑이라는 하느님의 첫째 계명을 무시하고
하느님을 팔아 자신의 이득을 차리고,
십계명을 어기고, 직무유기를 하면서
마치 중세 때 면죄부를 판매하듯,
믿기만 하면 구원을 받는다고 외치면서 면죄부를 남발하고 있는
일부 개신교의 작태를 통탄하고 있다.
이들은 교세를 확장하기 위하여
아니 돈을 많이 끌어 모으기 위해 심지어는 다른 종교를 비방하기도 한다.

불교에서는 불자佛子들에게 잠잖게 말한다.
"자신이 아는 진리라고 해서 이 진리를 부정하는 사람과 다투어서는 안 된다.
진리를 모르는 사람과 다투게 되면 내가 아는 진리도 지혜로 알고 있는 것이 아니라

지식으로 알고 있는 것이다.
지혜가 있는 자는 진리가 옳다는 것을 확신하지만
옳지 않다고 부정하는 일에 마음을 빼앗기지 않는다."

지극히 작은 일이라도 사랑으로 하는 것이
온 세상에 전교하는 것보다 더 큰 일이라고 예수 성심은 말씀하셨다.
사랑은 거들떠 보지도 않고 십자가를 질 생각은 하지도 않고
오로지 교세확장에만 눈이 어두운 목회자들이 가까운 이웃과 가족들에게
칼을 주고 있다.
예수님이 우리에게 주신 칼은 분명히 이렇게 쓰라고 주신 칼은 아닐 것이다.

"그 때에 예수님께서 말씀하셨다.
'불행하여라, 너희 율법학자들과 바리사이들아!
너희가 사람들 앞에서 하늘나라의 문을 잠가버리기 때문이다.
그러고는 자기들도 들어가지 않을 뿐만 아니라
들어가려는 이들마저 들어가게 놓아두지 않는다.

불행하여라, 너희 위선자 율법학자들과 바리사이들아!
너희가 개종자 한 사람을 얻으려고 바다와 뭍을 돌아다니다가
한 사람이 생기면 너희보다 갑절이나 못된 지옥의 자식으로 만들어 버리기 때문이다.

불행하여라, 너희 눈먼 인도자들아!
'성전을 두고 한 맹세는 아무것도 아니지만
성전의 금을 두고 맹세한 맹세는 지켜야 한다.'고 너희는 말한다.
어리석고 눈먼 자들아!
무엇이 더 중요하냐?
금이냐, 아니면 금을 거룩하게 하는 성전이냐?
너희는 또 '제단을 두고 한 맹세는 아무것도 아니지만

제단 위에 놓인 예물을 두고 한 맹세는 지켜야 한다.'고 말한다.

눈먼 자들아! 무엇이 더 중요하냐?
예물이냐, 아니면 예물을 거룩하게 하는 제단이냐?
사실 제단을 두고 맹세하는 이는 제단과 그 위에 있는 모든 것을 맹세하는 것이고,
성전을 두고 맹세하는 이는 성전과 그 안에 사시는 분을 두고 맹세하는 것이며,
하늘을 두고 맹세하는 이는
하느님의 옥좌와 그 위에 앉아 계신 분을 두고 맹세하는 것이다."(마태오 23:13-22)

"이스라엘 백성들아, 야훼의 말씀을 들어라.
야훼께서 이 땅 주민들을 걸어 논고를 펴신다.
'이 땅에는 사랑하는 자도, 신실한 자도 없고 이 하느님을 알아주는 자 또한 없어
맹세하고도 지키지 않고 살인과 강도질은 꼬리를 물고, 가는 데마다 간음과 강간이요,
유혈 참극이 그치지 않는다.
그래서 땅은 메마르고 주민은 모두 찌들어간다.
들짐승과 공중의 새도 함께 야위고 바다의 고기는 씨가 말라간다.
그렇다고 서로 탓하지는 마라. 서로 따지지도 마라.
사제야, 내 백성이 다 너희와 같은 꼴이 되었구나.
너희 사제란 것들은 대낮에 거꾸러지고 밤에는 예언자도 거꾸러지리라.
이 백성은 너희 때문에 망한다.
내 백성은 나를 알지 못해서 망한다.
너희 사제라는 것들이 나를 알려고 하지 않으니 나도 너희를 사제직에서 몰아낸다.
이 하느님의 가르침을 마음에 두지 않으니 나도 너희 자녀를 마음에 두지

않으리라.
이런 사제들이 많으면 많을수록 그만큼 나에게 짓는 죄가 많아진다.
그 자랑스런 직책을 부끄럽게도 밥벌이로 만드는 것들.
내 백성의 허물 덕분에 먹고 살며 내 백성이 짓는 죄에 침을 삼킨다.
백성은 사제를 닮기 마련, 그래서 나는 사제들을 그 행실을 따라 벌하고
그 행위를 따라 갚으리라.
나 야훼를 저버리고 음란을 조장하는 것들,
아무리 먹어도 배부르지 아니하고
아무리 음란을 피워도 자손이 불어나지 않으리라.'"(호세아 4:1-10)

걱정도 팔자다

캐나다의 상담사며 전문강사인 어니 젤린스키Ernie J. Zeljnski는
걱정의 40%는 절대 현실로 나타나지 않고, 30%는 이미 일어난 것에 대한 것,
걱정의 22%는 사소한 고민이고,
걱정의 4%는 우리 힘으로는 어쩔 도리가 없는 일에 대한 것이고,
오직 4%만이 우리가 바꿔 놓을 수 있는 일에 대한 것이라고 분석하였다.
96%의 걱정이 쓸데없는 것이다. 이렇게 보면 우리 대부분은 걱정도 팔자인 사람들이다.

인간의 행위는 마음의 의식에서부터 나온다.
마음의 의식은 느낌을 만들고 생각을 만들어 행동하게 한다.
그러나 생각은 억제할 수 있을지 몰라도 느낌이나 의식 자체를 어찌 하지는 못한다.
걱정은 생각의 일종이다.
이런 쓸데없는 걱정들을 하면서 한 평생을 살고 있는 것이 우리들이다.
이것이 생각을 하기 때문에 만물의 영장이라고 하는
인간의 참 모습이라 생각하니 부끄러울 따름이다.

이렇게 걱정만 하고 있으니 이성적인 생각을 하지 못하게 된다.
주일되면 열심히 교회에 나가거나 봉사하고 살면서도
정작 생각해야 할 하느님은 생각하지 않는다.
하느님을 생각하지 않으니 하느님을 사랑하지 못한다.
무사유無思惟의 신앙, 무사유無思惟의 사랑은 위선에 불과할 것이다.

사람들은 죽는 시기를 알면 누구나 미리 전 재산을 팔아

죽을 때까지 보람 있는 일을 하고 죽을 것 같다는 생각이 들었다.
설마 하느님을 믿으면 영생을 얻어 죽지 않을 것이라고 했다고
자신은 죽지 않을 것이라 생각하고 있지는 않겠지….

바오로 사도가 로마서에서 말한 대로
우리들은 늘 생각도 모자라고 늘 깨어있지도 않다.
깨어있다는 것은 하느님의 말씀 안에서 사는 것이다.
"인간이 하느님을 알아보려고도 하지 않았기 때문에
하느님께서는 그들이 올바른 판단력을 잃고,
해서는 안 될 일들을 하게 내버려 두었습니다.
그래서 인간은 온갖 부정과 부패와 탐욕과 악독으로 가득차 있으며
시기와 살의와 분쟁과 사기와 악의에 싸여서 없는 말을 지어내고
서로 헐뜯고 하느님의 미움을 사고 난폭하고 거만하며
제 자랑만 하고 악한 일을 꾀하고 부모를 거역할 뿐더러
분별력도, 신의도, 온정도, 자비도 없습니다.
그런 모양으로 사는 자는 마땅히 죽어야 한다는 하느님의 법을 알면서도
그들은 자기들만 그런 짓들을 행하는 게 아니라
그런 짓들을 행하는 남들을 두둔하기까지 합니다."(로마 1:28-32)

믿음은 인간의 지혜가 아니다

"당신이 인생에서 무엇을 하든, 인생은 당신에게 그대로 갚아준다.
아무도 미워하지 말아라.
당신으로부터 비롯된 미움은 언젠가는 당신에게 돌아온다.
다른 사람들을 사랑하여라.
그러면 사랑이 되돌아 올 것이다.

당신이 놓쳤던 모든 것 하나마다, 당신은 다른 어떤 것을 얻었다.
그리고 당신이 얻는 모든 것 하나마다, 당신은 다른 어떤 것을 잃게 된다.
모든 것은 당신이 인생을 어떻게 보느냐에 달려 있다.
후회할 수도 기뻐할 수도 있다.

화살은 시위를 뒤로 당긴 다음에야 앞으로 나아간다.
총알은 방아쇠를 뒤로 당긴 다음에야 앞으로 나아간다.
모든 인간은 인생길에서 어려움을 맞닥뜨린 다음에야 행복해지게 된다.
그러니까 어려움에 맞서기를 두려워하지 말아라.
그것이 당신을 앞으로 나아가게 해 줄 것이다.

오늘의 우리는 우리가 한 지난 날의 행동의 산물이다.
미래에 되고 싶은 것이 무엇이든 우리의 현재 행동에 달려있다.
당신이 어떻게 행동해야 하는가를 지금 결정하라.
우리가 무엇인지, 우리가 되고 싶은 것이 무엇인지는 우리의 책임이다.
우리를 만들 수 있는 힘은 우리 자신에게 있다.

인생에 있어 가장 어려운 기간은 다른 이들이 당신을 이해하지 못할 때가 아니다.
그것은 당신이 당신 자신을 이해하지 못할 때이다.

멀리 있는 것과 다가가기 어려운 것의 매력은 현혹적이다.
위대한 기회는 당신이 있는 바로 그곳에 있다."

미국의 자연주의자이자 수필가인 존 버로우John Burroughs, 1837-1921가 한 말이다.
삭막한 오늘날 우리들이 명심해야 할 명언인 것 같다.
성경말씀도 듣지 않는 우리들이지만 살아가면서 겪는 고통,
버리지 못하는 욕심, 증오 그리고 사랑에 대해서 다시 한 번 생각하게 한다.
나 자신을 알지 못할 때가 가장 어려운 시기이다.
곧 자신의 내면을 보지 못하고 '거짓 나'로 살아가면 구원은 요원하다는 말일 것이다.
자기 스스로를 속이고 살면 항상 불안하고 두렵고 허전하고 양심의 가책을 느끼게 된다.

중세기 때 사제들이 신자들에게 죄의식을 너무나 강조한 나머지
주눅이 들었던 적이 있지만, 우리 모두는 죄인임에 틀림이 없다.
겸손을 가장한 위선자이고 회개할 줄 모르는 철면피 인간이다.
그러면서도 자신은 죄가 없다고 주장하지만
끊임없이 죄를 지으면서 겉으로는 의인인 척하며
자기 모순에 빠져 있는 영락없이 뻔뻔스러운 죄인이다.
믿음이 있으면 모든 것을 하느님께 맡기어 불안할 턱이 없는데도
불안하게 느끼는 것은 믿음이 없다는 증거이다.

세간에서 우리들이 흔히 쓰는 지혜란 말은
지식의 범주를 넘어선 정신적인 영리함을 연상케 한다.
그러나 불교에선 "지혜"는 "깨달음"을 말하며 기독교에서는 "믿음"을 가리킨다.
"믿음"은 그대로 몸이 되어 자연이 우러나오는 몸짓을 뜻한다.
"믿음은 인간의 지혜가 아니라 하느님의 힘 즉 성령에 바탕을 둔 것"으로

"어떠한 눈도 본 적이 없고 어떠한 귀도 들은 적이 없으며 사람의 마음에 떠오른 적이 없는 바로 이 성령의 힘"이라는 성경말씀(1고린토 2:5-10 참조)은 이제까지 머리로만 믿는 체 하고 성경말씀에 의혹을 갖고 있던 우리들 필부필부匹夫匹婦를 두고 한 말씀이다.

솔직히 고백하건대 이기심으로 많은 사람들에게 상처를 주면서도
오히려 그들이 나에게 내린 십자가라고 덮어씌우고,
위선으로 자신을 속이고 주님을 속이는 비참한 삶을 살았다.
다시 태어나지 않으면 옳은 믿음을 가질 수 없음을 뼈저리게 느낀다.
성령이 먼저 임하지 않으면 참된 믿음을 얻기가 어려운데
인간의 어설픈 지혜로 믿음을 얻으려고 했던 무지함을 통감한다.
견디지 못할 정도의 아픈 시련을 겪고 철저하게 꺾여야 하는
고통의 신비를 느껴야 옳은 믿음을 가질 수 있음을 이제야 알 것 같다.
세례자 요한 같이 처음부터 믿음을 받은 사람은 드문 것 같다.
사욕을 버리고 교만을 버리고 남을 먼저 배려하고 남에게 봉사하고
남에게 친절하고 진리를 보고 기뻐하며
진리를 목말라하고 모든 것을 인내하고
가진 것을 나누는 굳건한 믿음으로 새로이 태어나기를 간절히 바랄 뿐이다.

"여러분은 착각하지 마십시오.
하느님은 우롱당하실 분이 아닙니다.
사람은 자기가 뿌린 것을 거두는 법입니다.
자기의 육에 뿌리는 사람은 육에서 멸망을 거두고,
성령에게 뿌리는 사람은 성령에게서 영원한 생명을 거둘 것입니다."(갈라 6:7-8)

말씀이 사람이 되셨다

성경은 예수님을 증언하고 있다.
"너희는 성경에서 영원한 생명을 찾아 얻겠다는 생각으로 성경을 연구한다.
바로 그 성경이 나를 위하여 증언한다."(요한 5:39)
예수님은 우리의 "구세주"이고, 우리의 "왕"이고, 우리의 "주인"이다.

그러나 그리스도인이라 해서 다 그렇게 믿는 것은 아니다.
어떤 사람들은 살을 가진 "하느님"이라 하고, 어떤 사람들은 사람이 된 "천사"라고 하고,
어떤 사람들은 스스로 태어나서 지금까지 현존해 계시는 "사람"이라고 생각한다.
마지막 견해가 "**그리스도의 형제들**Christadelphians*"이 갖고 있는 견해로, 그들에게는 예수님이 하느님으로 존재하지 않고 처음으로 스스로 태어난 한 "사람"이다.
성경을 아는 그리스도인이면 이들의 잘못을 금방 알 수 있을 것이다.
성경에서는 "예수 그리스도께서 사람의 몸으로 오셨다고 고백하는 영은 모두 하느님께 속한 영입니다."하고 말하고 있다.(1요한 4:2)
물론 이들은 예수님께서 육화하여 이 세상에 오셨다는 것은 인정하지만 "예수님이 육화된 하느님"이라는 사실은 부정하고 있다.

또 요한 복음(1:1,14)에는 이렇게 씌어 있다.
"한 처음에 말씀이 계셨다.

* **그리스도의 형제들** : 콜로새 1:2를 토대로 19세기에 영국과 북미에서 만든 공동체

말씀은 하느님과 함께 계셨는데 말씀은 하느님이셨다.
말씀이 사람이 되시어 우리 가운데 사셨다.
우리는 그분의 영광을 보았다.
은총과 진리가 충만하신 아버지의 외 아드님으로서 지니신 영광을 보았다."

이를 보면 요한복음 저자는 예수님이 역사적인 인물이라는 것을 믿으라는 것이 아니라,
말씀이 사람이 되고, 말씀이 하느님이므로
예수님은 육화된 하느님이라는 것을 믿어야 한다고 말하고 있다.
어떻게 보면 이 삼단 논법은 지극히 간단하다.

그러나 "그리스도의 형제들"은
"예수 그리스도는 누구인가?"라는 제목의 팜플렛에서 "말씀"에 대하여 논하고 있다.
그 12페이지에 요한 복음 1장 1절의 말씀에 대해
"그리스어의 '말씀'은 '로고스logos'이다.
로고스는 내적인 생각이나 논리의 외적 표현이며,
생각이나 지혜 그리고 신념을 설명하기 위하여 하는 '말'을 일컫는다.
성경의 가르침은, 태초에 하느님의 목적, 지혜 그리고 계시가
하느님의 "말씀"으로 선언되었다는 것이다.
이 "말씀"은 "하느님과 함께" "하느님으로부터 나온 것"이다.
신神을 인간에게 드러내 보이기 위하여 등장시킨 "하느님"을 가리키는 말이었다."

"말씀이 사람이 되셨다."는 뜻이 처음엔 나에게 와 닿지 않았다.
그런데 갑자기 이 말씀의 뜻이 생각났다.
나는 이렇게 해석해 보았다.
가톨릭 교리에 어긋나지 않았으면 한다.

태초부터 하느님이 계셨다.
그러나 아무도 하느님을 본 사람은 없었다.
심지어는 하느님을 본 사람은 살아남지 못한다고 말씀하셨다.
그래서 하느님에 대한 말만 무성하였다.
그리고 많은 신神이 등장했다.
당연히 아무도 그 신神들을 보지 못했다.
여전히 말만 무성하였다.
"말씀"보다 율법이 위에 있었다.
돌아가는 꼬락서니가 말 그대로 꼴불견이었다.
예언자들을 보내시고, 홍수를 일으켜도 보시고 재앙을 일으켜 보시는 등 율법보다 하느님이 무섭다는 것을 가르쳐 주시려고 무던히 애를 많이 쓰셨다.
그래도 안 되었다.
구제 불능이었다.
어여삐 여기던 백성들을 구원해야겠다고 결심하시고
"살을 가진 하느님 즉 예수님"을 파견하셨다.

"예수님을 본받아 사는 것"이 태초부터 있었던 "말씀"이었지만
사람들이 제대로 알지 못하기에 처음으로
그 "진리"를 "예수님의 행동"으로 드러내 보이셨다.
말보다 몸으로 표현해야 사람들이 알아들을 수 있을 것 같았기 때문이다.
그래서 "살을 취한 '말씀'"을 우리들에게 보내셨다.
그분은 하느님께서 가장 사랑하시는 외 아드님이셨다.
그러나 거의 무위無爲로 끝날 판이다.
최후의 심판 날을 아직 정하시지 못했을 뿐이다.

"아버지께서는 아들이 아버지께서 주신 모든 이에게 영원한 생명을 주도록
아들에게 모든 사람에 대한 권한을 주셨습니다."(요한 17:2)

“영원한 생명”이란 영원히 사는 시간적인 개념이 아니다.
하느님은 한 분뿐이라는 것을 알고,
하느님 아버지가 보내신 예수 그리스도의 삶을 본 받아 살다가
죽고 난 뒤라도 영원히 이름이 기억되는 추상적인 개념이다.
우리들의 생명이 영원히 지속된다는 것이 아니라
우리들이 죽고 난 뒤에도 하느님은 영원히 계시며,
우리들이 예수님의 삶을 본받고 살면 우리들의 이름이 영원히 기억될 것이라는 뜻이다.

하느님께 무슨 말씀을 드릴 것인가?

천주교회 모임에서 가장 많이 듣는 불평은
마치 공연公演을 하는듯한 개신교 예배와는 달리
가톨릭의 전례예절이 너무나 지루하고 감동이 없다는 것이다.
보통 미사 집행 사제는 죄인처럼 앞으로 불려나와서 정식으로 신자들의 심판을 받아야 한다.

착 깔아 앉은 목소리로 아무 감동도 주지 않고
재미도 없고 지루하기 짝이 없는 강론을 한다는 비난을 많이 받기 때문이다.
사제로서 나는 이 비난을 가끔 반박하기도 한다.
그러나 사실을 부정하지는 않는다.
하늘은 대부분의 전례시간이 미지근하고 감동을 주지 못하고 지루하다는 것을 잘 안다.
신자들은 특권이라는 생각을 갖고 전례의식에 참례하는 것이 아니라
엄격한 의무 때문에 마지못해 미사에 참례하는 것이 보통이다.

그러나 잘못이 있다면 사제들만의 책임은 아니다.
미사에 참례하면서 비현실적인 기대를 하는 신자들의 잘못도 있다.
전례의식이 항상 흥분되고 활기가 있어야 하고
열정적인 의식이 되어야 한다는 근거는 어디에 있는가?
미사 집전 사제는 열정적이고 흥분되는 예식을 집전해야 하는 책임이 있는 것인가?

이 질문에 대한 명쾌한 답변은 없다.
먼저 모든 전례의식이 열정적이고 활기 있고 차원이 높을 수는 없다.

또 그래서는 안 된다.
훌륭한 전례의식은 사람의 마음을 잘 읽고 집전하는 것이다.
참례하는 사람들의 심리적인 리듬에 따라야 하기 때문이다.
마찬가지로 고전적인 정의대로라면
훌륭한 기도는 "하느님에게로 생각과 마음을 받들어 올려 바치는 것"을 뜻한다.

이러한 것들을 생각하면 문제가 갑자기 복잡해진다.
사람들의 기분은 좋다가도 갑자기 나빠지는 등 종잡을 수가 없다.
열정적이고 쾌활하고 기쁨이 넘칠 때가 있는가 하면,
때로는 노래하고 춤추는 것 같은 느낌을 갖기도 하고,
때로는 발걸음이 무척 가볍게 느껴지기도 한다.
그러나 차갑고 무미건조하고 피곤하고 고통스럽고 지루하게 느껴질 때도 있다.
성공적으로 첫걸음을 내딛고 싶어하지 않는 사람은 없다.
기도가 하느님께 생각과 마음을 받들어 올려 바치는 것이라면
최소한 그 시간 동안에는 노래하고 춤추고 싶어야 한다.

우리는 하느님의 말씀을 듣고 감동을 받고
하느님의 몸으로 자양을 섭취하기 위하여 전례의식에 모인다.
공동체에서 하느님의 말씀이 구체화되고 성체성사로 하느님의 몸을 받게 되기 때문이다.
그러나 우리도 무언가를 가져간다.
미사집전 사제의 역할은 하느님께 바칠 것을 지시하는 것이 아니다.
사제의 역할은 우리들이 하느님께 바치는 것을 함께 모아
향香이 하늘로 올라가듯 위로 향하게 하여 하느님께 바치는 것이다.
따라서 가장 훌륭한 미사 집전 사제는
반드시 가장 활기 있고 정열적인 의식을 집행하는 신부도 아니고
가장 훌륭한 강론을 하는 신부도 아니다.

그렇게 하려고 노력하는 것이 오히려 미사참례를 방해할 수도 있다.
정열적인 분위기를 좋아하지 않는,
너무나 지쳐 녹초가 되어 있고 기분이 좋지 않고 지루하게 생각하는 사람에게는
속죄의 기쁨을 전하지 못하기 때문에 오히려 존경을 받지 못할 수가 있다.

가장 훌륭한 미사 집전 신부는 레이더 화면처럼 행동할 수 있는 사람
즉 빵과 포도주만 들어 올리는 것이 아니라
사람들이 가져온 모든 것
즉 피곤함, 숙취宿醉, 상처,
감정적 성性적인 문제들, 지루함도 들어올려 바치는 사람이다.
결국 미사집전 사제는 신자들이 미사에 가져 온 것에 따라 제한을 받을 수밖에 없다.

어떤 사람을 중심으로 의식을 집전해야 하는가?
행복한 사람? 지쳐있는 사람? 쾌활한 사람? 초조해 하는 사람?
지루해 하는 사람? 숙취한 사람? 불안한 사람? 기도하듯 주의 깊은 사람?
감정적인 문제를 가진 사람?
어떤 사람의 마음과 생각을 하느님께 바쳐야 한다고 생각하는가?

나의 생각으로는 모두 함께 모아서 바쳐야 한다는 것이다.
신자들이 가져온 것을 그대로 바쳐야지 사제가 좋아하는 것을 바치면 안 된다.

미사에 참례하면 다음과 같은 말을 듣게 된다.
"당신의 모습 그대로 오십시오. 당신이 진정으로 원하는 것을 기도하십시오.
그것을 말씀드리십시오.

다른 사람의 것이 아니라 당신의 마음과 생각을 하느님께 바치십시오. 당신의 기쁨, 절망, 상처, 피곤함, 지루함 등 모든 것을 말씀 드리십시오."

어느 안식일 날에 하루 종일 밭에서 일하다가
그만 깜박 잊고 해가 지기 전에 집으로 돌아오지 못한 한 유대인 농부가 있었다.
그는 다음 날도 해가 질 때까지 집에 돌아 오지 못했다.
그가 집에 돌아오자 마자 불안해 하던 랍비가 그의 부주의를 꾸짖었다.
랍비가 그 농부에게 물었다.
"하루 종일 밭에서 무엇을 했소? 기도라도 한 거요?"
농부가 대답했다.
"랍비여, 나는 현명한 사람이 아니오.
나는 제대로 기도할 줄을 모르오.
나는 하루 종일 알파베트만 암송하고 하느님께서 손수 단어를 만드시도록 했소."

우리는 미사에 참례할 때 우리 삶의 알파베트를 가져간다.
우리들의 마음과 생각이 따뜻함과 사랑, 열정, 노래와 춤으로 가득 차 있으면,
그것이 바로 우리들이 하느님께 가져가는 편지이다.
반면에 우리들의 마음과 생각이 피곤함,
절망, 무미건조함, 고통과 지루함으로 가득 차 있으면 그것이 우리의 편지이다.
그것을 가져가야 한다.
그것에 시간을 보내야 한다.
그것을 말씀 드려야 한다.
단어를 만드는 것이 하느님의 일이다.

롤하이저 신부님의 묵상글을 편집

인순고식因循姑息

인순고식이란 세상이 바뀌었는데도 생각이 바뀌지 않는 것을 말하며,
예전에 해오던 대로 그대로 따라 하고,
잠시 제 몸 편안한 것만 생각하여
바꿀 생각이 전혀 없고 자신을 더욱더 향상시킬 욕구도 없는 상태이다.
그저 세 끼 밥만 축내고 살면서
등 따습고 배부르면 그만이지 뭘 더 바라겠느냐 하는 마음이다.
마치 산 송장 같은 삶이다.
또 구차미봉苟且彌縫이란 인순고식하다가
일이 생기면 정면으로 돌파할 생각은 않고 잔꾀를 부려 얼렁뚱땅 넘어갈 궁리만 하고,
임시변통으로 대충 없었던 일로 하고 넘어가는 태도다.

지금 내가 하고 있는 짓거리다.
귀를 틀어막고 서로 제 변명만 늘어놓아 소음이 판치는 세상,
어쩌다 친구들을 만나도
의미 없는 피곤한 말들만 뱉어내어 거의 두문불출하고 있기 때문이다.
사람에게 들볶이고 사람에게 다치고 사람에게 절망한다.
매일 또 같은 일만 반복된다.
아직도 정열은 남아있는데 이 용솟음치는 에너지를 주체할 방법을 못 찾고 있다.
아니 알고도 실행하지 못하고 있다.

——— ♪ ———

《남유용(南有容, 1698-1773)의
『임계백시발臨溪百詩跋』에 나오는 〈종경鐘磬〉의 심사이다.

夫我何器也, 鐘磬也. 鐘磬也者, 叩之則鳴, 不叩則雖終歲不鳴可也. 昔者太華叩之, 月谷叩之則鳴. 二子者亡, 而吾之不鳴久矣.

쇠북과 경쇠는 저 혼자 우는 법이 없다.
공이가 몸을 세게 두드리면 그제서야 울림을 맞받아 운다.
혼자서는 못 운다.
예전 내 형님이 나를 두드리고, 오원이 나를 두드리면
나는 서슴없이 우렁우렁한 큰 소리를 허공에 울리었다.
그런데 이제는 더 이상 울 수가 없구나.
나를 두드려 줄 공이가 없어졌으니.

누가 나를 좀 두드려 다오.
젓가락으로 냄비 두드리듯 하지 말고.
한번 울리면 좀체 여운이 가라앉지 않는 큰 공이로 나를 두드려다오.
꽝꽝 두드려 다오.
엉엉 울게 해다오.
안으로만 머금는 침묵은 너무 외롭다.》

정민교수의『죽비소리』중에서

변화를 앉아서 기다릴 것이 아니라
변화를 일으켜 새로운 활력소를 찾아야 하는데도 구차하게 살고 있다.
가끔 술에 취해 고함을 질러본다.
노래방에 가서 목이 터져라 고성방가를 해본다.
뒷날 잠에서 깨어나면 허탈만 남는다.
부질없는 짓인 줄 알면서도 하는 짓거리는 변함이 없다.
안으로 안으로만 기어들어 간다.
유택幽宅과 같은 칠흑 속으로.
오늘따라 비가 오니 더욱더 마음이 우울해진다.

살아 있기 때문에

이정하

흔들리고 아프고 외로운 것은
살아 있음의 특권이었네.

살아 있기 때문에 흔들리고,
살아 있기 때문에 아프고,
살아 있기 때문에 외로운 것.

오늘 내가 괴로워하는 이 시간은
어제 세상을 떠난 사람에겐
간절히 소망했던 내일.

지금 내가 비록 힘들고 쓸쓸해도
살아 있음은 무한한 축복.

살아 있으므로 그대를 만날 수 있다는
소망 또한 가질 수 있네.

만약 지금 당신이 흔들리고 아프고 외롭다면,
아아 아직까지 내가 살아있구나 느끼라.

그 느낌에 감사하라.

성령

권태, 깨달음의 시작 | 불 같은 성령 | 교회 안의 별 세계 | 진실로부터 도망칠 수 있는 사람은 아무도 없다 | 변 신 | 치료와 치유 | 누룩의 조화 | 세례는 받았지만 성령은 받지 못했다 | 성체는 우리를 변화시킨다 | 지는 법 | 너는 그 소리를 들어도 어디에서 와 어디로 가는지 모른다 | 나는 이 세상을 심판하러 왔다 | 명 상 | 너 자신을 아프게 하지 말라

권태, 깨달음의 시작

최근 친구들 모임에서 어느 한 친구가 나에게 "자네는 신부나 목사가 되려고 성경을 그리 파고드느냐?"고 물었다.

평소에 사람들을 만나면 나 자신에게 실망하거나 상대방에게 실망하기 때문에 사람들을 기피하고 살던 터에 그런 말을 들으니 무척 당황스러웠다.

그런데 네팔의 한 사찰寺刹에 알베르 까뮈가 한 말이 적혀 있었다.

"Don't walk in front of me, I may not follow.
Don't walk behind me, I may not lead.
Just walk beside me and be my friend."

나 보다 앞서 걸어가지 마라. 나는 따라가지 않을 것이다.
내 뒤를 따라오지 마라.
나는 이끌지 않을 것이다. 단지 내 옆에서 걸으면서 친구가 되어다오.

참 의미심장한 말인 것 같다.
누구나 자신의 길을 가야 한다.
그 길은 남이 대신 가 줄 수 없다.
또 사랑을 핑계로 또는 다른 사람에게 발목을 잡혀
다른 길로 가는 것은 자신의 길이 아니다.
하느님도 그 길을 가르쳐 주시기만 하지 손을 잡고 이끌고 가주시지는 않는다.

그런데 어차피 외롭게 가야 할 길을 우리는 남과 동행同行하기를 바란다.
많은 군중들 속에서 외로움을 맛보면서도 또 실망하면서도 동행을 바란다.
하느님과의 동행은 생각하지 않고 인간에게 기대니까 외로울 수 밖에 없는데도 말이다.
예수님께서 말씀하신 대로 서로 사랑하면서도,
외롭지만 각자의 길을 갈 수밖에 없다는 생각이 든다.
내 길을 가면서 어느 누구도 구속해서는 안되기 때문이다.
또 바른 길을 간다면 어느 누구도 그 길을 방해해서는 안 될 것이다.
진정한 친구는 말없이 내 옆에 있어주는 것이지 내 길을 간섭하지는 않는다.

내게 신부가 되려고 성경을 그리 열심히 공부하느냐고 말했던 친구에 대한 대답으로
까뮈는 『시지푸스의 신화』에 다음과 같이 말하고 있다.

《사람들은 그저 똑같은 나날들을 언제까지고 반복하며 살아간다.
그런데 어느 날 갑자기 '왜?'라는 물음이 고개를 든다.
그러면 주변의 모든 것은 권태로 변해버리며 그 속에서 모든 것이 시작된다.
기계적인 생활 끝에 권태가 있다.
하지만 권태의 인식은 곧 의식운동의 시작이 된다.
동기야 어떻든 의식 없이는 어떤 것도 인식할 수 없다.

의식을 차린 순간, 인간의 정신은 깨어나고 싶어한다.
정신은 하늘의 구름을 알고 별빛을 바라보며 바람의 촉감을 느낀다.
하지만 세계와는, 자연과는 달리 몸 안에 갇혀있는 자신을 발견하고
세상과의 단절을 경험하기 시작한다.
때론 알고 싶은 세계는커녕, 자기 자신조차도 알 수 없어,
자신에게 조차 이방인이 되고 만다.
바로 이 시점부터 부조리는 시작된다.
혼란과 단절, 불일치와 모순이 시작되는 것이다.

이런 모순과 애매함 속에 답답한 가슴이 터질 듯 억눌리며 구토하지만,

실제 생활은 별반 변하지 않는다.
그저 의식을 갖게 된 순간 정신은 무언가를 애타게 갈구하는데,
도무지 그것이 무엇인지 알 수도 없고, 해결할 길도 없다.

무엇이 문제일까?
신체가 내리는 판단은 같은 값어치를 지니고 있다.
우리들은 사고하기 전에 행동하는 습관을 지니고 있는 것이다.
그래서 사람들은 이를 계기로
이 같은 모든 문제의 명쾌한 해답을 얻기 위해 사고하기 시작한다.
인간의 기준을 가지고, 즉 이성을 가지고
이 모든 답답함과 애매함과 부조리를 설명해 줄 무언가를 기대하며 수없이 생각한다.

그러나 세상의 수많은 존재의 불가능성만이 증명되어 왔다.
우리들은 궁극적으로 좌절만 맛보게 된다.
모든 답답함을 명쾌히, 후련히 설명해 줄 어떤 통일체를 간절히 원하지만 찾을 길이 없다. 세상의 실타래를 풀어보려고 지혜를 짜내어 사고思考한다.
그러나 사고한다는 것은 이제는 통일하는 것이 아니다.
다양한 세계를 보기 시작하며 이성理性의 초월적인 힘을 부정한다.
이후 정신의 우주는 풍부해진다.
비로소 장미의 꽃잎도 이정표도 인간의 손도
각기 사랑이나 욕망이나 중력의 법칙과 같은 중요성을 지닌다.
사고한다는 것은 마주치는 모든 것에 주의 깊게 대하는 태도를 배우는 일인 동시에,
그것을 의식하는 것이다. 이미지 하나하나가 모두 고유하게 된다.
사람의 사고뿐만이 아니라 모든 것을 고유하게 생각한다.
그렇게 되면 인식의 폭이 넓어지기 시작하는 것이다.
앞서 말했듯이 부조리란

인간이 의식하고 느끼는 두 세상 사이에서 오는 단절과 모순, 불일치에 기인한다.
그렇다면 부조리에서 벗어날 방법은 간단하다.
어느 한 세계의 균형을 깨뜨리면 되는 것이다.
이것은 대부분의 이성적인 인간이 내리는 최종결정이기도 하다.
그러나 이러한 논증은 어느 점으로 보나 비약으로 볼 수 있다.
인간은 언제나 자신의 진리에 사로잡혀 있기 때문이다.
뭔가를 진리라고 판단해버리면 비약해 버리고 여간 해선 거기서 빠져 나오지 못한다.
이 같은 비약은 도피라고 보아도 좋다.

그러나 이와는 반대로 부조리한 인간은 이러한 평균화, 통일화의 노력을 하지 않는다.
그는 투쟁을 합리화하고, 이성을 절대로 경멸하지 않으며 비합리적인 것의 존재를 인정한다. 이리하여 그는 경험의 모든 요건을 샅샅이 살피고 인식하며,
알기 전에 비약하려는 생각을 아예 하지 않는다.
다만 이렇게 주의 깊은 의식 가운데서
희망을 위한 장소인간의 이성에 의한가 없다는 것을 알고 있을 뿐이다.

인간이 드디어 세계를 인식하려 할 때 그가 느끼는 것은,
세계가 온통 맑게 개어서 인간의 마음과 깊이 맺어진
영원성과 친밀한 관계에 들어가려고 하는 본능적 욕구,
그리고 세계는 인간의 이성을 초월하고 있다는 것, 이 두 가지이다.
여기서 인간은 한계가 있는 자유, 미래가 없는 반항,
언젠가는 사라질 것이라는 자기에 대한 의식 안에서 괴로워한다.
이성은 세계를 통일하여 명석한 논리로 깨닫고 싶어하지만,
이러한 이성의 추상적인 명증성明證性은
감정에 격렬히 호소하는 여러 가지 형태와 색채 앞에서 사라지고 만다.

인간은 영원을 동경하지만, 결론에 이르는 것은
플라톤이 말한 것과 같이 '나는 아무것도 모른다.'는 것이다.
그리고 막연하게나마 세상의 모든 이미지는 똑같이 특권적인 본질을 가진다고 예상한다.

——— ♪ ———

역사에는 여러 가지 종교나 예언자들이 존재한다.
그 중에는 신이 없는 종교나 예언자들도 적지 않다.
그곳에서는 비약하라는 그들의 명령을 받는다.
그러나 인간에게는 잘 이해되지 않는 말뿐이다.
아무것도 명백한 것이 없다는 것뿐이다.
부조리한 인간은 오직 자기에게 잘 이해되는 것만 하려고 한다.
그러면 그는 오만한 죄를 범했다는 단언을 듣게 되는데
그에게는 죄라는 관념이 무엇인지조차 이해되지 않는다.
'너는 아마도 지옥에 갈 것이야.' 라는 말을 들어도,
지옥이라는 이 해괴한 미래를 자기 눈 앞에 그려낼 만큼의 상상력이 그에게는 없다.
영생永生을 잃게 된다고 말해줘도
그에게는 영생 같은 것이 하찮은 것으로 밖에 생각되지 않는다.
상대방은 그의 유죄를 인지시키려고 안달이 날 지경인데도
그는 태연하게 자기는 무죄라고 느낀다.
그렇다.
그는 단지 그것밖에는 느끼지 못하는 것이다.
조금도 죄를 짓지 않고 있기 때문에 그는 용서 받을 일이 없다고 생각한다.
이리하여 그는 자기에게 요구하는 소명을 알고 있다고 착각하고 살면서,
존재하는 것에 만족하고 확실치 않은 것은 아무것도 하지 않는다.
하지만 적어도 '확실한 것이란 아무것도 없다.'라고 하는 것, 그것만은 확

실하다.》

누구나 나이가 들면 삶에 대하여 '왜?'라는 물음을 하게 마련이다.
그래서 늙으면 누구나 철학자가 된다고 말한다.
인생에 대하여 생각을 많이 한 결과
대다수가 욕심을 가져서는 안 된다는 것을 뼈저리게 느낀다.
그렇다면 노탐老貪이나 옹고집壅固執은
왜 생겨서 친구 관계가 오히려 더 소원해지게 되는 것일까?
알 수 없는 일이다.
옳은 친구 하나만 있으면 좋겠다면서도 친구를 이해하려 들지 않는다.
그러면서 외롭다고 아우성친다.
그리스 말로 '회개'는 '뒤를 돌아보다.'는 뜻이라고 한다.
뒤를 돌아보고도 알지 못하면 회개하지 못한 탓이 분명하다.

혼돈 속에 사는 우리들에게 확실한 것은 '하느님의 말씀'밖에 없다.
그 속에 모든 '진리'가 들어있기 때문이다.
성령을 모시어 하느님과 동행을 하면 외롭지도 두렵지도 않을 것이다.

불 같은 성령

"하늘 나라는 어떤 사람이 여행을 떠나면서 종들을 불러 재산을 맡기는 것과 같다.
그는 각자의 능력에 따라 한 사람에게는 다섯 탈렌트, 다른 사람에게는 두 탈렌트, 또 다른 사람에게는 한 탈렌트를 주고 여행을 떠났다."(마태오 25:14-15)

탈렌트는 이스라엘의 화폐 단위로 은 30Kg에 해당되는
노동자 한 사람이 이십 년을 벌어야 되는 큰돈이었다.
오늘의 복음(마태오 25:14-30)에서는
사람이 태어날 때 누구나 하느님으로부터 탈렌트를 받는데
이를 잘 못 쓰는 경우가 많음을 말하고 있다.

하느님께서는 자기 자신을 위해 쓰라고 탈렌트를 주신 것이 아니라 이웃을 사랑하고 섬김은 물론 우리에게 주신 소명을 완수하라고 주신 것이다.
홀로코스트에서 살아 남고
1986년에 노벨 평화상을 받은 유대인 작가, 교수, 정치가인
엘리 위젤Ellie Wiesel, 1928~은 그의 책 『불 같은 성령Souls on Fire』에서
우리들이 흔히 알고 있는 탈렌트와 다르게 말하고 있다.
"우리들이 마지막 날에 창조주를 만나면
'너희에게 내 백성을 사랑하고 섬기라고 준 탈렌트를 땅에서 어떻게 사용하였느냐?'는 질문을 받지 않고
'너희는 내가 너희를 창조할 때 바랐던 사람이 되기 위하여 그 탈렌트를 썼느냐?'는 질문을 받을 것이다."
과연 하느님께서 우리에게 주신 소명을 알고 탈렌트를 사용했느냐는 질

문이다.

이웃을 사랑하고 섬기는 것은 당연하며 우리에게 준 더 큰 소명을 완수했느냐는 질문이다. 그런데 우리는 자신을 세상의 중심에 두고 살고 있기 때문에
이 탈렌트를 엉뚱한 데에 사용하고 있는 수가 많다.
그래서 로마 시대의 정치가, 웅변가, 문학가, 철학자였던 키케로Marcus Tullius Cicero, BC 106-BC 43는 사람들이 가장 범하기 쉬운 여섯 가지 잘못을 지적하였다.

첫째, 남을 깎아 내리면 자기가 올라간다고 착각한다.
둘째, 바꾸거나 고칠 수 없는 일로 걱정한다.
셋째, 어떤 일을, 자기가 이룰 수 없으니까 불가능한 일이라고 주장한다.
넷째, 대중의 편견을 생각 없이 따른다.
다섯째, 생각의 발전과 진보를 무시하여 독서하고 공부하는 습관을 들이지 않는다.
여섯째, 다른 사람에게 자신처럼 생각하고 행동하라고 강요한다.

심리학자이며 가톨릭 신부인 **존 포웰**John Powell*은 인생에는 단지 두 가지 비극밖에 없지만 젊어서 죽는 것은 아니라고 말했다.

"세파에 시달리고 살면서 **진심으로 사랑하지 않는 것과**
풍파에 시달리며 살면서도 **사랑하는 사람에게 사랑한다고 말하지 않는 것**, 이 두 가지 비극이다."

성령이 강림하면 천상적인 지혜를 얻게 된다.

* **존 포웰** : 우리나라에서는 〈왜 사랑하기를 두려워하는가?〉, 〈내 영혼을 울린 이야기〉, 〈그분의 손길〉, 〈행복의 조건〉 등 많은 저서가 번역되어 있다.

교회 안의 별 세계

"예수님께서 제자들에게 숨을 불어 넣으시며 말씀하셨다.
'성령을 받아라. 너희가 누구의 죄든지 용서해주면 그가 용서를 받을 것이고,
그대로 두면 그대로 남아 있을 것이다.'"(요한 20:19-23).

누구든 무덤 안을 본 적이 있는 사람은 주검을 보고 그것이 모든 희망의 끝이고,
그 사람의 역사의 끝이라는 것을 논리적으로 알게 된다.
그러나 우리의 믿음은 논리보다 더 심오하여
그리스도의 빈 무덤을 보고 희망의 끝이 아니라 희망의 시작으로 보고 기뻐하게 만든다.
새로운 역사가 시작되기 때문이다.
그리스도인들에게 빈 무덤은 역사의 끝이 아니기 때문이다.

제자들은 유다인들이 무서워서 문을 꽁꽁 잠그고 있었다.
그들은 예수님에 대한 기억을 그들이 있던 골방에 가두어 놓고 있었던 것이다.
그러나 갑자기 예수님께서 무덤 같은 골방으로 가셔서 그들 가운데 나타나셨다.
전설에 의하면 예수님께서 죽은 자들을 과거로부터 해방시키고
부활의 빛 속으로 데려 나오기 위해
히브리 사람들이 말하는 저승Sheol에 내려 가셨던 것으로 되어 있다.
예수님께서는 제자들을 너무 일찍 저승에 들여 보내실 수가 없었다.
그래서 예수님께서는 그들에게 성령을 통하여 힘을 주셨다.
하느님께서 아담에게 생명의 숨을 불어넣으셨듯이

예수님께서도 제자들에게 성령의 숨을 불어넣어 주시어 새로운 사람으로 만드셨다.
그들은 성령의 힘으로 좁은 골방을 떠나 온 세상에 복음을 전파했던 것이다.
그들은 회당에만 머물러 있지 않고 세상 사람들을 만나려고 떠났다.
이는 오늘 날 사해四海 동포주의 정신으로 나타나고 있다.
그러나 제자들에게는 한 시간 전만 해도 공포에 떨게 했던 생각이었다.
그 당시의 종교 문화가 그들을 떨게 만들었고
이방인들을 경멸하고 이방인들을 타락의 근원지로 생각하게 했던 것이다.
그러나 그들이 받은 성령은 겁내고 도망치는 성령이 아니었다.

그리스도인들은 누구나 교회에 머물러 있고 싶은 유혹을 많이 받는다.
정신적으로 영적으로 우리는 스스로 교회에 자신을 감금하고
그렇게 하는 것이 믿음을 유지하는 것이라고 생각한다.
그러나 교회에서 나와 위협과 반대의 문을 부수고 들어 가야 한다.
믿지 않는 사람을 믿게 하는 것은 투쟁이기 때문이다.
우리는 이들 이방인들에게 "신세대", "무사안일주의자",
"해방운동자"라는 별명을 붙이기도 한다.
그러나 우리들은 하느님의 성령으로 가득 찬 예언자들의 말을 귀담아 들어야 한다.

토마스 머튼Thomas Merton은 말했다.
"교회는 한 '신성한 세계' 안에 또 하나의 '별 세계'
즉 '가능한 모든 이권과 특권을 몰래 누리는 세상'을 만들었다."

"우리는 매일 하느님께서 교회에 대하여 무슨 말씀을 하시는지를 들어야 한다."

아일랜드 도미니크 수도원 사이트 http://goodnews.ie에서 퍼옴

진실로부터 도망칠 수 있는 사람은 아무도 없다

『너무 일찍 나이 들어버린, 너무 늦게 깨달아 버린Too Soon Old, Too Late Smart, 2004』의 저자
고든 리빙스턴Gordon Livingston은 웨스트포인트1960년와
존스홉킨스 의과대학1967년을 졸업했다.
베트남 전쟁에 참전해서 1968-1969년 사이에
제11기갑연대 군의관으로 복무한 후에 미국으로 돌아와
정신과의사로 일하기 시작했으며
〈워싱턴 포스트〉, 〈샌프란시스코 크로니클〉, 〈볼티모어 선〉 등에 글을 기고하고 있다.

지난 30여 년간 사람들의 내밀한 비밀과 고민에 귀를 기울여온 지은이는
평범한 사람들이 살아가면서 흔히 겪는 다양한 인생사들 속에서
고통과 행복, 절망과 희망 등에 대해 신랄하고 예리하게 설득력 있는 조언을 해주고 있다.

저자는 1991년에 **양극성 장애**bipolar disorder*에
시달리던 22살이던 첫아들 앤드류가 자살로
여섯 살 된 막내 루카스는 백혈병으로, 불과 13개월 사이에
두 아이를 잃는 아픔을 겪기도 했다.

"노인이 된다는 것은 그 동안의 배움과 경험으로 흑백논리로 나뉘어져 있는 어린아이의 생각에서 좀 더 여유를 가지고 세상과 조화를 이루는

* **양극성 장애** : 외부자극에 변화하지 않는 지속적인 마음의 상태인 기분(mood)에 이상이 있는 정동장애의 한 종류. 정동장애의 대표적인 질환으로는 외부자극에 관계없이 기분이 우울한 우울증(depression)과 외부자극에 상관없이 지속적으로 들뜨는 조증(mania)이 있다.

사람이 되는 것이다."하고 누군가가 말했지만, 나는 이것을 깨닫지 못하고 그 동안 내가 알던 지식과 경험을 진리라 생각하고 남을 평가하고는 자칫하면 토라지고 오해했던 나의 어리석음을 뼈저리게 느꼈다.
만약 하느님께서 나에게 다른 사람보다 더 많은 지혜를 주셨다면 이를 감사하면서 더 받지 못한 사람들을 도우라고 주셨을 것이다.
이것이 하느님의 은혜에 보답하는 길인데 나는 너무나도 늦게 철드는 것 같다.

첫 번째 진실;
이 세상에 진실로부터 도망칠 수 있는 사람은 없다.
살면서 때로는 피하고 싶은 진실과 맞닥뜨려야 할 때가 있다.
그냥 모른 채 살면 좋겠지만 진실은 너무 끈질겨서
우리의 발목을 잡고 놓아주지 않는다.

두 번째 진실;
비상한 용기 없이는 불행의 늪을 건널 수 없다.
누구나 불행을 피해갈 수는 없지만,
그렇다고 이겨내지 못할 불행도 없다.
세상에 대한 원망과 자기연민을 이겨낼 용기만 있다면
우리는 모든 고통으로부터 구원받을 수 있다.

세 번째 진실;
가장 견고한 감옥은 우리 스스로 만드는 것이다.
어떤 일을 망치는 가장 큰 원인은 두려움이다.
이 두려움이 갖가지 변명거리를 만들어내며
우리를 뒷걸음치게 만든다.
그리고 이 두려움은 누가 우리에게 준 것이 아니라
우리 스스로 만들어낸 것이다.

네 번째 진실;

완벽주의가 좋은 인간성을 의미하지는 않는다.

일에서는 완벽주의가 빛을 발할 수 있지만
인간관계에서는 오히려 해가 된다.
그래서 완벽주의자는 함께 일하는
동료로서는 좋지만 친구로서는 꺼려지는 법이다.

다섯 번째 진실;

사랑은 인생에 처방하는 가장 강력한 진통제다.

고통으로 가득 찬 이 세상을 순간
살아볼 만한 곳으로 만들어주는
신비로운 존재가 바로 사랑이다.
인간이 견뎌야 할 모든 시련에 대한
보상으로 주어지는 것도 바로 사랑이다.

여섯 번째 진실;

좋은 일이 일어나는 데에는 시간과 인내가 필요하다.

나쁜 일에 빠져드는 데에는 시간이 걸리지 않지만,
거기에서 벗어나는 데에는 상당한 인내가 필요하다.
좋은 것일수록 그것을 얻는 데에는 긴 시간이 필요한 법이다.

일곱 번째 진실;

방황하는 영혼이라고 해서 모두 길을 잃은 것이 아니다.

인생에는 미처 다 가볼 수 없는 여러 갈래길이 있다.
그 여러 갈래길 사이에서 잠시 이탈하거나 행로를 변경하는
것은 방황이 아니라 오히려 행복한 모험일 수 있다.

여덟 번째 진실;

짝사랑은 고통스러우면서 낭만적이지도 않다.

애정에 대한 과도한 욕구가 때로는 짝사랑으로 나타나기도 한다.

하지만 사랑은 서로 소통될 때 비로소 그 빛을 발한다.
혼자 하는 사랑은 낭만적이지도 행복하지도 않다.

아홉 번째 진실;
같은 행동을 반복하면서 다른 결과를 기대할 수는 없다.
우리는 너무나 많은 것을 체념하며 살고 있다.
하지만 희망이 없는 사람은 변화를 꾀할 수 없다.
불행하다고 느낀다면 지금과는
다른 방식으로 살아보려는 노력이 필요하다.

열 번째 진실;
만일 지도가 지형과 다르다면 지도가 잘못된 것이다.
우리는 많은 것을 시행착오를 겪은 뒤에야 깨닫게 된다.
이 깨달음이 모여 인생의 지도를 만들어나간다.
결국 인생이란 지금 발을 딛고 있는 현실에 맞게
머리 속의 지도를 수정해나가는 과정이다.

열 한 번째 진실;
지금 하는 행동이 미래를 말해준다.
나와 다른 어떤 사람에게 문제가 있다면
먼저 행동을 살펴야 한다.
말이나 생각이 아니라 행동이
그 사람에 대해 가장 정확하게 말해주기 때문이다.

열 두 번째 진실;
감정적인 행동을 이성적으로 멈추게 할 수는 없다.
우리가 스스로 잘못인 줄 알면서도
어리석은 행동을 반복하는 것은
그 행동이 논리적으로는 설명되지 않는,
편견이나 아집에서 출발한 것이기 때문이다.

열 세 번째 진실;

나에게 일어난 일의 대부분은 나에게 책임이 있다.

사람은 자신의 고통을 다른 사람이나
외부 환경 탓으로 돌리려고 한다.
하지만 자신을 고통에 빠뜨리는 것도,
그 속에서 구해내는 것도 결국은 자기 자신임을 알아야 한다.

열 네 번째 진실;

모든 인간관계에서 주도권은 무심한 사람이 쥐고 있다.

어떤 인간관계든 깨어질 때는
어느 한쪽이 먼저 마음이 떠나기 마련이며,
그 사람이 오히려 강자가 되어
원상회복을 위한 약자의 모든 노력을
헛수고로 만들어 버린다.

열 다섯 번째 진실;

함부로 베푸는 친절이 상대를 더 망칠 수 있다.

우울증에 걸린 사람에게 필요한 것은
주위 사람들의 친절이나 보호가 아니라
절망을 이겨내겠다는 본인의 강력한 의지다.

열 여섯 번째 진실;

정말로 바꾸고 싶다면 지금 당장 용기를 내야 한다.

무언가 불만이 있는데도
부딪쳐 싸워낼 의욕이나 용기가 없어 내버려두고 있다면,
그 사람은 아직 충분히 불만스러운 것이 아닐지도 모른다.

열 일곱 번째 진실;

열 번의 변명을 하느니 한 번의 모험을 하는 것이 낫다.

새로운 일에 도전하면서 왜 그 일을 할 수 없는가에 대한

변명거리만 준비하는 사람이 있는가 하면,
스스로 그 일을 하지 못할 이유가 없다는
모험심으로 출발하는 사람도 있다.

열 여덟 번째 진실;
지금 여기에서 좋은 것이 영원히 좋으리란 법은 없다.
뛰어난 두뇌, 유머감각, 완벽주의 등
어떤 사람을 돋보이게 해주던 요소들이
때로는 그 사람을 불리한 처지로 몰아넣을 수 있다.
인생에 절대적 가치가 없듯이 절대적 장점이란 것도 없다.

열 아홉 번째 진실;
남을 속이는 것보다 자신을 속이는 것이 더 나쁘다.
갖가지 핑계로 게으른 자신을
합리화하는 것만큼 어리석은 일은 없다.
자기 합리화가 반복되면 결국은
어떤 판단도 올바로 할 수 없게 된다.

스무 번째 진실;
이혼과 불륜은 완벽한 사랑의 환상에서 비롯된다.
나를 온전히 이해해주는 사람과 영원히 함께 하는
완벽한 사랑이 있다면 얼마나 좋을까.
하지만 그것은 환상이며 헛된 욕망일 뿐이다.
이혼과 불륜이 난무하는 이 현실이 그것을 잘 말해주고 있다.

스물 한 번째 진실;
이별은 사랑의 가치를 더욱 소중하게 만들어 준다.
진실로 사랑했다면 그 사랑은 결코 사라지거나 죽지 않는다.
사랑하는 사람이 떠난 자리에도
사랑은 그대로 남아 더욱 견고하고 아름다워진다.

스물 두 번째 진실;

아무리 좋은 부모라도 훌륭한 스승이 되기는 어렵다.

끊임없이 규칙을 만들고 강요하며 통제해야만
부모로서의 역할을 다하는 것이라고 믿는 사람이 있다.
하지만 그 결과는 오히려 아이를 나약하고
비관적인 사람으로 만들 뿐이다.

스물 세 번째 진실;

어떤 사람은 아프다는 핑계로 책임을 회피한다.

아픈 사람에 대해서는 관대해지는 법이다.
그래서 누군가의 사랑을 갈구하거나
혹은 고통스러운 상황을 회피하고 싶을 때
우리는 몸져눕는 방법을 선택하곤 한다.

스물 네 번째 진실;

불필요한 두려움은 진정한 기쁨을 방해할 뿐이다.

이 사회는 온갖 다양한 것들로 우리를 불안하게 만든다.
전쟁과 테러, 가난, 질병, 사업 실패….
그것들은 단지 일어날 가능성이 있다는 것만으로
우리의 행복을 방해한다.

스물 다섯 번째 진실;

부모가 자식의 모든 문제를 해결해주지는 못한다.

훌륭한 부모가 되고 싶다면 통제하는 대신 따라오게 해야 한다.
가장 중요한 것은 아이들에게 어떤 상황에서도
행복해질 수 있다는 믿음과 용기를 심어주는 일이다.

스물 여섯 번째 진실;

아쉬운 기억일수록 낭만적으로 채색되는 경향이 있다.

과거의 기억은 곧잘 낭만적인 환상으로 부활한다.

과거의 낭만적인 기억에 매달리는 사람들의 문제는
현재에 만족하지 못하고 미래를 불안하게 생각한다는 것이다.

스물 일곱 번째 진실;
인생의 마지막 의무는 아름다운 노년을 준비하는 것이다.
외로운 노년을 자식에게 기대려는 것은 더 이상 환영 받지 못한다.
노년의 상실감을 품위와 의지로 견뎌내는 것이야말로
우리가 마지막으로 용감해질 수 있는 기회다.

스물 여덟 번째 진실;
세상에 실망할 수는 있지만 심각하게 살 필요는 없다.
온갖 부조리와 절망 속에서도 희망을 발견하고 사랑하며 살아가는 것,
어떤 상황에서도 웃을 수 있는 용기를 발휘하는 것이야말로
인간의 가장 위대한 능력이다.

스물 아홉 번째 진실;
시련에 대처하는 방식이 삶의 모습을 결정한다.
우리는 대부분의 상황을 자유의지대로 선택할 수 있다.
시련에 대처하는 방식에 있어서도 마찬가지다.
시련을 대처하는 여러 방식 중에서 어떤 것을 선택하느냐에 따라
우리의 인생은 달라질 수밖에 없다.

서른 번째 진실;
용서는 다른 사람이 아니라 나 자신에게 주는 선물이다.
용서는 포기나 망각이 아니라
변화를 위한 적극적인 의지이다.
원망이나 복수심을 버리기 위해서는
그만큼 내면의 성숙이 필요하고,
내면의 성숙은 그저 얻어지는 것이 아니다.

변 신

"우리는 모두 많은 실수를 저지릅니다.
누가 말을 하면서 실수를 저지르지 않으면,
그는 자기의 온몸을 다스릴 수 있는 완전한 사람입니다."(야고보 3:2)

"예수님께서 베드로와 야고보와 요한만을 따로 데리고 높은 산에 오르셨다.
그리고 그들 앞에서 모습이 변하셨다."(마르코 9:2)

"예수님께서는 제자들에게 사람의 아들이 죽은 이들 가운데에서 다시 살아날 때까지
지금 본 것예수님의 변신을 아무에게도 말하지 말라고 분부하셨다."(마르코 9:9)

알렉산드리아의 **오리겐**Origen*은 성서학자로
예수님의 변모가 우리들의 삶을 어떻게 변화시키는가를 다음과 같이 설명하고 있다.

"예수님께서 변모하실 때 당신의 얼굴도 태양처럼 빛나시면서
빛의 어린이들에게 나타나셔서 어둠의 일을 하지 못하게 하고
빛의 갑옷을 입히시어 더 이상 어둠이나 밤의 어린이가 되지 않게 하시고
낮의 아들이 되게 하시어, 대낮 속에서와 같이 정직하게 걷게 하셨다.
그렇게 모습을 드러내 보이심으로써
어린이들에게 단순히 태양으로서 빛을 비추시는 것이 아니라

* **오리겐** : 그리스어로 Origenes라고 함, 185-254

의로움의 태양이라는 것을 보여주셨다."
주님께서는 부활 후 엠마오로 가시는 길에서도 변신하셨다.
그때에도 제자들은 알아보지 못했다.
주님의 첫 변신 때나 부활 후 변신하셨을 때나
제자들은 아무도 변신의 의미를 몰랐기 때문이다.
오리겐이 설명한 대로 **주님의 변신은 앞으로 의로움을 보여주실 것이라는 예고이다.**
의로움은 행동으로 보여주는 것이지 말만으로는 보여 줄 수 없다.

마르코 복음은 베드로 사도의 경험을 기록한 것이다.
오늘의 복음에서 마르코는 "그는 무슨 말을 하고 있는지 몰랐다."고 말하고 있다.
생각해 보지도 않고 말부터 먼저 하는 베드로의 습성을 그대로 보여준 것이었다.
우리들도 마찬가지이다.
말을 하면서도 또 행동을 하면서도 "무슨 말을 하고 있는지, 무슨 일을 하고 있는지"
모를 때가 많다.
그래서 나는 다른 사람이 나를 모욕하는 말을 하거나 무시하는 말을 할 때
나는 그들의 "무지"를 생각하고 마음을 다스리곤 한다.
돌이켜 생각해보면 그 사람을 통해서 하느님께서 나에게 경고하실 때도 많았던 것 같다.

오늘의 복음에서 예수님께서 "변신"하시는 것은, 역사적인 사건인가
아니면 상징적인 이야기인가, 아니면 영적인 경험인가?
우리들이 살아가면서 만나는 신비스러운 일이나 **데자부**deja vue* 같은 것

* **데자부** : '이미 본 적이 있다' 는 뜻의 프랑스어로 기시감(旣視感)이라고 하며, 한 번도 경험한

을 경험할 때면
그 사건을 정확하게 설명하기가 어려울 때가 많다.
"그 사건이 실제로 일어난 것인가 아니면 상상하고 있는 것인가
아니면 어릴 때의 기억이 되살아 난 것인가, TV에서 본 것인가,
부모로부터 들은 이야기인가?"

말을 참고 조용히 그 사건을 관조觀照하면 그 사건의 진실을 알 수 있게 된다.
제자들은 두 번이나 "진실"을 놓쳤다.

토마스 머튼Thomas Merton은 이렇게 말하고 있다.

"내가 말할 때 다른 사람들은 조용히 있어야 한다.
그래야 나는 들을 수 있게 된다.
내가 침묵을 지키고 있을 때 나는 나의 참 자아의 소리를 들을 수 있고 나의 영혼에 이를 수 있다.
내가 침묵하고 있을 때에는 조심스런 마음으로 들을 수 있게 된다.
고요함 속에서 우리들이 누군가가 한 말을 곰곰이 생각하고 마음을 다스리면
심지어는 경멸하는 말조차도 그 말뜻이 와 닿게 된다.
왜냐하면 고요함은 설령 그 말 속에 더럽혀진 말이 있더라도
그 말을 존경하게 함으로써 진실을 알게 하기 때문이다.
우리들의 삶 속에 쓸데없는 말만 무성하게 되면
우리들이 말하기도 전에 다른 사람들이 이미 모든 것을 말했기 때문에
아무것도 들을 수 없게 된다."

일이 없는 상황이나 장면이 언제, 어디에선가 이미 경험한 것처럼 친숙하게 느껴지는 일

치료와 치유

감독교회를 믿는 미국의 성서학자 마르쿠스 보르그Marcus Borg, 1942-는 "성서에는 유대 전승에 나오는 어떤 사람보다도
예수님께서 많은 사람들을 치유하신 이야기가 나온다."고 말했다.

우리들은 이미 성서에서 예수님의 많은 치유능력을 보았다.
예수님은 믿음의 치유사이기는 하지만
쉽게 우리들 마음으로 들어 오셔서 우리들을 치유해 주시지 않는다.
우리들이 주님을 모시지 않았기 때문이다.

예수님께서는 당신의 아버지 압바Abba와 친밀한 관계를 맺고
아버지 안에 머무르면서 "믿음"으로 사람들을 치유하셨다.

그래서 교황 요한 바오로 2세는 "기도는 하느님 안에서 그리스도와 함께 외딴 곳에 은거하는 것이다.
성령은 이런 외딴 곳에서만 활동을 한다."고 하였다.

그리하여 예수님께서는 손수 치유를 하시지 않고 항상 아버지께 미루셨다.
성서에 나오는 예수님의 치유는 모두 **영육의 치유**였다.
예수님께서는 오늘의 복음(마르코 9:14-29)에 나오는 간질병에 걸린 소년과 같이, 눈먼 사람, 문둥병자, 절름발이, 귀머거리를 육체적으로만 치료해주신 것이 아니라 영혼도 치유해 주시어 **완전한 사람**으로 만들어 주셨다.
이른바 **영육의 치유**를 받았던 것이다.
모든 병이 마음에서 온다고 한다.
따라서 **영혼이 치유되면 자연스럽게 병도 치료되게 마련이다.**

병이 치료되고cured, **영혼이 치유된**healed **것이다.**

예수님께서는 우리들의 두려움과 근심을 진정시켜 주실 뿐만 아니라,
과거에 지은 죄나 사회에서 추방된 부끄러움도 어루만져 주시고
기름을 발라anoint 구원해 주신다.
메시아는 본래 '기름을 바르는 자'라는 뜻이기 때문이다.
예수님께서는 우리들을 아무 조건 없이 사랑하고 용서해 주신다.
오늘의 복음에서도 간질병만 치료해주신 것이 아니라
그 소년을 **완전한 사람**으로 만들어 주셨다.
사람들은 그 소년이 **더러운 영**에 씌어 죽어가고 있다고 생각했다.
그러나 예수님께서는 그 소년을 두 손으로 들어올리신 후에
그를 **완전한 사람**으로 만들어 주셨다.

우리는 그 소년의 부모, 친척 그리고 이웃들이
경험한 안도감, 기쁨, 감사를 상상만 할 수 있을 뿐이다.
그 소년은 육체적으로 치료되었을 뿐만 아니라
완전히 치유되어 더 이상 사람들을 피하고 두려워하지 않게 되었다.
그러나 우리들은 그 소년이 육체적으로 병이 나았다는 데에만 신경을 쓴다.
그래서 우리들의 신앙은 **절름발이 신앙**이 되기 쉽다.

누룩의 조화

누룩을 만드는 데 쓰이는 누룩곰팡이는
녹말을 당화糖化시키는 누룩곰팡이, 강력한 효소를 가진 검은 곰팡이 등
사람에게 유용한 것도 있지만 해로운 것도 많다.
누룩은 발효하여 물질을 변화시키는 역할을 하며 썩이고 분해시키는 과정을 밟게 된다.
한 사람이 많은 사람들에게 영향을 미치는 것과 같이
적은 양의 누룩곰팡이가 밀가루 반죽 전체에 강력한 영향을 미쳐 빵이 된다.
밀가루 반죽을 빵으로 "변신"시킨 것이다.

곰팡이에서 보듯 세상에는 좋은 면만 있는 것은 없다.
좋은 면이 있으면 나쁜 면도 있는 양면성을 가지고 있다.
그 양면성이 그 물질의 존재이유이다.
좋은 면 나쁜 면 중 어느 하나를 빼면 그것은 존재이유를 상실하고 다른 것이 된다.

성경에는 누룩이 많이 인용되고 있다.
그리고 누룩의 양면성을 모두 드러내고 있다.
예수님께서는 자주 "하느님의 나라는 누룩과 같다."고 하시면서
누룩을 긍정적으로 말씀하셨다.

그러나 오늘 복음에서는 **바리사이들***의 누룩을 조심하라고 하시면서 부

* **바리사이들** : 예수가 활동하던 시대에 존재했던 유대교 보수적인 분파)과 헤로데(로마 제국 시대에 유대 지방에 분봉된 왕. 마태오 복음서 제2장에 나오는 동방 박사와 예수 탄생 이야기에서 어린 아이를 죽이라고 명령한 왕. 그는 유대인들이 가장 신성시하는 예루살렘 성전을 다시 세운 일로 유명함.

정적인 요소로 말씀하고 계신다.

누룩은 밀가루 반죽을 부풀리는 발효제로,
하느님 나라가 확장되어 나가는 비유에 쓰일 때엔 긍정적이다.
그러나 오늘 복음 말씀처럼 누룩은 유다인들에게는 악의 표징이었다.
부패를 상징하였다.
요구르트와 같이 적당히 부패하면(?) 좋은 것도 있는데….

당시 유다인들은 빵을 만들 때마다 밀가루 반죽을 조금 떼어내어 두었다가
시간이 지나면서 이 반죽조각에 누룩곰팡이가 피어 부패하면, 누룩으로 사용했다고 한다. 따라서 유다인들은 누룩을 인간성의 부패로 생각했다. 반면에 우리들의 일용하는 양식인 빵은 누룩곰팡이가 유용하게 작용한 결과이다.

착한 양이 죄에 물들면 "검은 양black sheep"이 된다.
"검은 양"은 말썽꾸러기를 일컬을 때 쓰이기도 하는데
어느 집안에도 있게 마련인 "악인"을 가리킨다.
선했던 사람이 악에 물들어 "죄인"이 된 것이다.

나는 푸치니의 오페라 〈토스카〉에 나오는 아리아 "오묘한 조화"를 좋아한다.
탈옥수 안젤로티가 쫓기어 달려 들어 온다.
그는 여동생 아타반티 후작 부인이 숨겨둔 열쇠를 찾아 들고 서둘러 성당 안으로 숨는다. 이어 나타난 화가 카바라도시는 그림에 씌어있던 덮개를 벗기고 그림을 그리기 시작한다. 그는 누구인지도 모르는 어느 금발의 여성을 막달레나 마리아의 모델로 그리고 있다.
사랑하는 갈색 머리의 정열적인 여가수 토스카를 그림과 견주어 보며
카바라도시가 부르는 아리아이다.

"오묘한 조화로다.
아름다움이 서로 같지 않네.
내 사랑 플로리아토스카,
갈색 머리의 그대.

성인聖人을 조롱하지 마오!

누군지 모르는 당신의 머리는 금발이고
푸른 눈을 가졌지만
토스카의 눈은 검은 색!

성인을 제발 조롱하지 마오

신비로운 예술 세계에서는
아름다움은 모두 다 같지만
이 여자를 그릴 동안만은
토스카 당신 생각뿐이오"

세례는 받았지만 성령은 받지 못했다

"그들이 주 예수님의 이름으로 세례를 받았을 뿐,
그들 가운데 아직 아무에게도 성령께서 내리지 않으셨기 때문이다.
그때에 사도들이 그들에게 안수하자 그들이 성령을 받았다."(사도 8:16-17)

뒤에 바오로로 알려진 사울이 찬동하여 스테파노가 돌에 맞아 순교한 직후의 이야기이다. 부제 필리포스가 사마리아의 마을로 내려가 거기서 사람들에게 그리스도를 선포하고
더러운 영들을 쫓아내는 등의 많은 기적을 군중들이 목격하고 그리스도를 믿게 되었다.

필리포스가 그리스도의 말씀을 믿는 사마리아 사람들에게 세례를 주고 있었다.
예루살렘에 있는 사도들은 사마리아 사람들이 하느님의 말씀을 받아들였다는 소식을 듣고, 베드로와 요한을 그들에게 보냈다.
베드로와 요한은 거기로 가서 그들이 성령을 받도록 기도하였다.
사마리아 사람들은 세례는 받았지만 아직 성령은 받지 못하고 있었던 것이다.
그래서 요한이 안수하자 성령께서 내려오셨다.

요즘도 **견진성사**堅振聖事* 식에는 주교님이나 추기경님이 오신다.

* **견진성사** : 성세성사를 받은 신자에게 성령과 그의 선물을 주어 신앙을 성숙시키고 증거케 하는 성사. 칠성사의 하나. 인간은 태어나서 죽을 때까지 성사를 통하여 성장하며 그리스도의 구원행위에 참여하고 하느님을 만나며 구원의 은총을 얻는다. 성세성사는 처음으로 하느님을 만나고 죄의 용서를 받으며 하느님의 새로운 자녀로 탄생시켜 주는 것, 견진성사는 성숙한 하느님의 자녀가 되게 하고 교회의 완전한 구성원이 되게 하는 것이다.)

성령을 받지 못했다는 것은 아직 견진성사를 받지 않았다는 뜻이다.

사마리아 사람들이 성령을 받기 전이나 후에 그들의 삶에 변화가 있었다는 표징은 없었다. 그러나 베드로와 요한이 사마리아 사람들로 하여금 예수님의 이름으로 성령을 받고
그들 안에 계시는 그리스도의 현존을 확신하게 만들었다는 것은 확실하다.

그때에 시몬은 마술을 부려 사마리아 사람들을 놀라게 하면서
자기가 큰 인물이라고 떠들어대고 있었다.
그리하여 남녀노소 할 것 없이 '그를 하느님의 힘'이라고 하면서 그의 말에 귀를 기울였다. 사람들이 그의 말에 귀를 기울인 것은
그가 오랫동안 마술로 사람들을 놀라게 했기 때문이었다.
그러나 사마리아 사람들이
하느님 나라와 예수 그리스도의 이름에 관한 복음을 전파하는 필리포스를 믿게 되면서,
남자 여자 할 것 없이 세례를 받았다. 시몬도 믿게 되었다.
그는 세례를 받고 필리포스 곁을 떠나지 않으면서
여러가지 표징과 큰 기적이 일어나는 것을 보고 놀라워하였다.

시몬이 베드로와 요한을 비롯한 사도들의 안수로
사마리아 사람들에게 성령이 주어지는 것을 보고 사도들에게 돈을 가져다 바치면서
"저에게도 그런 권능을 주시어 제가 안수하는 사람마다 성령을 받을 수 있게 해 주십시오."하고 말했다.

베드로가 그에게 대답하였다.
"그대가 하느님의 선물을 돈으로 살 수 있다고 생각했으니,
그대는 그 돈과 함께 망할 것이오.
하느님 앞에서 그대의 마음이 바르지 못하니, 이 일에 그대가 차지할 몫도

자리도 없소.
그러니 그대는 그 악을 버리고 회개하여 주님께 간구하시오.
혹시 그대가 마음에 품은 그 의도를 용서받을 수 있을지도 모르오.
내가 보기에 그대는 쓴 쓸개즙과 불의의 포승 속에 갇혀 있소."(사도 8:19-23)

교회에서는 신자들에게 "물과 성령"으로 세례를 준다.
성령은 하느님의 **육화**肉化, incarnation*와 관계가 있다.
성령은 혼돈caos 중에 있는 사람을 새롭게 만든다.
성령은 물로써 세례를 받는 사람들을 깨끗하게 하여 성령을 볼 수 있게 만든다.
그러나 많은 신자들이 성령을 만나지 못하고 있다.

시몬과 같이 마음이 바르지 못했기 때문일까?
시몬과 같이 기적만을 기대하고 살았기 때문일까?
그래도 시몬은 나은 편이다.
성령의 위력을 보고 믿었기 때문이다.

그러나 우리들은 그 많은 기적을 보고도 믿지 않을 뿐 아니라
자신에게 주어진 은총의 기적도 모르고 있다.
그러면서 기적만 기다린다.

"감각격리장애Sensory Deprivation Disorder"라는 병이 있다.
죄수나 포로, 우주비행사와 같이 갇혀 사는 사람들에게 생기는 병이다.
극도로 단조로운 감각체험을 하게 되면 감각자극의 부족으로 사고력이 둔

* **육화** : 하느님과 본질이 같으신 예수 그리스도는 성부로부터 세상을 구원하실 사명을 갖고 세상에 파견되셨다. 성령의 힘으로 동정 마리아에게서 우리와 똑같은 인간으로 태어나시어 인류 구원을 위한 구속 사업을 수행하셨다. 예수께서는 온전히 하느님의 본성, 즉 신성(神性)을 간직하고, 또 온전히 인성(人性)을 간직하여 예수 그리스도의 인격 안에 하나로 일치하여 계신다. 즉, 예수 그리스도 안에서는 신성과 인성이란 두 본성이 하나의 인격 안에 일치를 이루고 있다.

화되고 정돈된 생각을 할 수 없어 어떤 변화를 모색하지만 변화가 없으면, 심리적으로 환각, 착각, 지각장애, 불안감, 공포감, 방향감각 상실, 주의집중 곤란 등의 증상을 보인다고 한다.
구름이 태양을 가리듯 먹구름이 자신의 영혼을 덮고 있는듯한 느낌을 받는다고 한다.

우리는 자신 속에 자신을 가두어 놓고 있기 때문에,
하느님이나 다른 사람이 하는 말을 듣지 못한다.
아니 듣지 않으려고 한다는 표현이 정확할지 모르겠다.
하느님이라는 태양이 밝게 비춰주고 있지만 감옥에 갇혀 있어 어둡게만 느낀다.
고아들은 아무리 잘 돌보아주고 사랑을 듬뿍 주어도 인간의 사랑을 모른다고 한다.
부모의 사랑을 제대로 받아 보지 못했기 때문에 언제나 외롭게 느낀다고 한다.
이 세상에는 자기 혼자밖에 없다고 생각하는 것이다.

오늘의 복음에서 예수님께서
"나는 너희를 고아로 버려두지 않고 너희에게 다시 오겠다."고 말씀하셨다 (요한 14:18).
우리들은 고아가 아닌데도 외롭게 느낀다.
하느님의 은총을 받지 않은 사람은 없다.
이것을 모르니 성령이 임할 리가 없다.
하느님의 은총에 대해서 감사하고 사는 사람은 항상 기쁘게 느낀다.

"다만 여러분의 마음 속에 그리스도를 주님으로 거룩히 모십시오.
여러분이 지닌 희망에 관하여 누가 물어도 대답할 수 있도록
언제나 준비해 두십시오."(1베드로 3:15)

성체는 우리를 변화시킨다

"나는 하늘에서 내려온 살아있는 빵이다.
누구든지 이 빵을 먹으면 영원히 살 것이다.
내가 줄 빵은 세상에 생명을 주는 나의 살이다."(요한 6:51)

엘리자벳 앤 세톤Elizabeth Ann Seton, 1774-1821은
평범한 미국시민으로 처음으로 성인聖人이 되었다.
그녀는 남편이 파산하고 죽고 난 후 다섯 명의 자녀를 양육해야만 했다.
그녀는 감독교회에 다니고 있었다.
그녀가 이태리를 방문했을 때 사람들이 미사 봉헌하는 것을 보고
감동을 받고 다음과 같이 술회하였다.

"그들이 믿고 있는 것을 믿으면 얼마나 행복할까?
그들은 성체 안에 계시는 하느님을 모시고 있었고
하느님께서는 그들의 교회에 계시면서 그들이 아플 때 성체를 주셨다.
며칠 전에 신부님이 병자에게 성체를 배분하고 지나가실 때
나는 아무 생각 없이 무릎을 꿇고,
'하느님께서 여기에 계신다면 저를 축복해 주십시오.'하고 울면서 하느님께 기도하였다."
그리고 오래지 않아 가톨릭으로 개종하였다.
그녀의 개종 때문에 친구들과 친척들이 등을 돌렸다.
그 당시에는 반 가톨릭의 편협한 신앙이 보편적이어서 아이들을 학교에 보낼 수도 없었다. 몇 년간 어렵게 지낸 후 가난한 어린이들을 위하여 학교를 세웠다.
이것이 미국에 처음으로 설립된 수녀 공동체였다.
나머지 여생을 그녀가 설립한

〈The Sisters of Charity of St. Joseph's〉를 이끌고 발전시키는 데 보냈다.

내가 예수님을 믿는다는 것은
"이는 너에게 주는 내 살로 된 빵이라는 것"을 믿는다는 뜻인가?

교황으로서는 처음 "막뉴스Magnus, 대(大)"로 불리게 된
45대 교황 성 대 레오 1세St. Leo Magnus Ⅰ, 교황 재위 기간 440-461가 말했다.

"성체는 우리가 받아들이는 대로 우리를 변화시킨다."

지는 법

《지는 것을 배우는 과정은 영혼에 깊은 상처를 남긴다.
스스로를 부정하지 않으면 강요당한 자기상실을 감내해야 하기 때문이다.
자기 부정만이 자기 긍정의 유일한 길인 셈이다.
그 길이 어둡고 외롭다고 회피할 때 남은 선택은 비굴한 변절 아니면 죽음뿐이다.
성공한 사람들의 자살이나
한때 정의를 외쳤던 사람들의 변절은 어쩌면 쉽게 이해할 수 있다.
지는 것을 배우지 못해서다.

모든 비극은 가장 소중한 사람이 받은 상처조차도
함께 할 수 없는 인간의 한계에서 비롯된다.
기억과 연상을 통해 머리나 심장으로 타인의 고통을 이해할 수는 있다.
그러나 몸으로 해야 하는 체험은 불가능하다.
다른 사람과 한 몸이 될 수 없는 한, 상처는 온전히 나만의 것이다.
더구나 진정한 상처는 누구에게도 말할 수 없는 것이다.

오직 상흔을 껴안고 자기 부정을 감행한 사람만이 타인과 몸으로 만날 수 있다.
모든 상처는 사람과의 관계에서 생긴다. 관계가 깊어지면 상처도 깊어진다.
그래서인가 나이가 많을수록
얇은 형식적 관계에 만족하는 것을 삶의 지혜로 여기는 사람이 많다.
몸으로 함께하는 만남과 소통을 처음부터 포기한 이들에게 사랑이 찾아올 수 없으며 그 덕에 상처도 없을 것이다.

남은 것은 꽉 짜인 기능적 연관관계뿐이다.

부모와 자식, 선생과 학생, 남편과 아내, 선배와 후배,

상사와 부하, 자본가와 노동자만 있고 사람은 없다.

각자의 역할과 기능만 있을 뿐 삶의 의미와 자유는 없다.

상처받지 않으려 한 쪽은 권위를 앞세우고, 다른 쪽은 생각을 멈춘다.

지는 것을 모르는 사회에서 진정한 사랑이 불가능한 이유다.》(박용구)

평소에도 자기 잘못을 스스로 인정하는 사람이 가장 용기 있는 사람이라고

믿고 있던 터에 박용구 선생님의 글을 읽고 인간관계와 사랑에 대하여 많은 공감이 갔다. 불교에서는 우리들이 겪는 고통이 전생의 업에서 비롯된다고 말하지만,

나 자신이 저지른 죄와 무지 그리고 부모 형제 또는 이웃이 지은 죄와 무지 때문에

고통을 받는 수가 많다는 것을 느끼고 있다.

물론 설명할 수 없는 고통이 많아 그리스도교에서는 '고통의 신비'라고 말하지만

착하디 착한 사람이 비록 죄를 짓지 않아도

고통을 받게 되는 것 때문에 하는 말이 아닌가 생각한다.

우리 인간이 '완전한 사람'이야 될 수는 없지만

그래도 성인聖人에 가깝게 인도하려는 것이 모든 종교의 목적이다.

그래서 우리 자신이 부족하기 때문에 시련을 주어 완전한 인간으로 만들려고 하는

성인들의 의지가 우리들에게 고통으로 나타난다고 믿고 있다.

이른바 십자가인 셈이다.

그래서 고통에는 반드시 이유가 있게 마련이다.

이 고통은 피하려 한다고 피해지지 않는다.

그러나 우리들은 고통을 피하려고만 한다.
좀처럼 자기 부정을 하지 못하기 때문이다.
무지無知와 용기勇氣 부족 때문이리라.

성령聖靈 외에 다른 영靈이란 사탄의 영靈을 말한다.
사탄의 영이 내게 있다는 것은 세상에 속한 것에 대한 생각을 가지고 있음을 말한다.
자기의 부정없이 모든 것을 하느님께 의지하지 않는 삶 속에서
자기의 의지에 따라 하는 생각은 모두 내 속에 사탄이 사주使嗾하기 때문이다.

너는 그 소리를 들어도 어디에서 와 어디로 가는지 모른다

"그때에 예수님께서 니코데모에게 말씀하셨다.
'너희는 위로부터 태어나야 한다. 바람은 불고 싶은 데로 분다.
너는 그 소리를 들어도 어디에서 와 어디로 가는지 모른다.
영靈에서 태어난 이는 이와 같다.'"(요한 7:8)

히브리어와 아람어에서는 "영spirit", "숨breath", "바람wind"은 모두 똑 같은 것을 의미한다고 한다.
우리들은 이를 잘 알고 있다고 생각하지만 실체는 모른다.
불, 공기, 흙, 물의 네 원소 중에서 유일하게 흙만 고정된 형체를 갖고 있다.
그러나 세월이 많이 지나면 이마저도 변하고 만다.
그러나 이 중에서 가장 변화가 심한 것이 공기이다.

세상은 영원히 변화하며 고정固定되지 못한다.
그런데 우리들이 이 세상을 살아가려면 이 세상을 고정시켜야 하는가?
절대로 그렇지 않다.
우리들은 세상이 고정이 안된 채로 또 세상을 모르는 채 살고 있다.
우리 마음 속이 아니면 고정된 곳은 아무 데도 없다.
"바람의 길을 네가 알 수 없고 임산부의 배 속에 든 몸이 어떻게 되는지 알 수 없듯 그렇게 모든 것을 하시는 하느님의 일을 너는 알 수 없다." (코헬렛 11:5)
오늘의 복음에서 예수님께서 하신 말씀의 뜻은 "바람은 불고 싶은 대로 분다.
이는 성령聖靈에서 태어나는 모든 사람과 같다."는 것이다.
성경 말씀대로 해석하면 성령聖靈은 바람, 영靈, 숨과 같은 것이다.

영국의 철학자, 작가, 연설가였던 알란 왓트Alan Watts, 1915-1973는 "마음은 변덕이 워낙 심해서 침묵으로 바뀌기도 하고, 형용하기 어려운 마음으로 바뀌기도 하고, 삶의 신비에 대한 생각으로 바뀌기도 하며, 충동적인 행동과 놀라움과 신비와 같은 혼란스러운 생각을 없앰으로써 영원히 계속되는 평화와 확고한 믿음이 깔려있는 구원救援의 생각으로 바뀌기도 한다."고 술회하였다.

친구는 동질성同質性을 갖고 있을 때 친구로 여길 수 있으나,
그와 내가 바라보는 눈높이가 다르면 동질성을 못 느끼고
친구라는 개념의 친교를 누리지 못한다.
나의 눈높이로 남을 나에게 맞추려고 하는 데서
오만과 거드름이 생겨나고 남을 깔보는 잘못을 저지르지 않았던가?
나의 수준이 기준이 아니라 남의 수준에 맞춰 가면서
즉 사람들의 다양성을 인정하면서 여러 사람과 공존의 기쁨을 맛보아야 하는데,
이것이 그리 쉽지 않다.
이렇게 틈이 벌어진 것은 순전히 나의 눈높이 탓이다.
그리고 무엇을 바라느냐에 따라 눈에 보이는 것이 다르기 마련이다.
욕심이 많은 친구일수록 재물에만 눈이 팔려 살지만, 그가 바라는 대로 잘사는 것을 본다. 베풀면서 사는 친구일수록 자기를 드러내지 않고 안빈낙도安貧樂道를 즐기고 사는 것을 본다.
말이 많은 친구일수록 자신을 위장하려고 노력하는 것이 보인다.
왁자지껄한 소음 속에서 고독을 느끼며 먼저 자리를 박차고 일어섰다.
혼자서 중얼거리며 집으로 돌아온다.
부질없이 아내에게 모든 것을 털어 놓는다.
그래도 마음 한 구석에는 오늘 있었던 대화들이 각인되어 사라지지 않고 남아 있다.
내가 옹졸한 것일까?
내가 그들과 같지 않다는 것인가?

나를 탓하고 있는 것일까?
다들 왜 자기자신을 속이려 들까?
계속하여 내가 이들의 청중聽衆이 되어야 하는가?

'**희망 고문**'이라는 말이 있다.
어떤 사람을 좋아하지도 않으면서 좋아하는 것처럼 행동하면
그 사람에게 희망을 던져주어 다른 인연을 찾아가지 못하게 하는 괴로움이 된다는 뜻이다. 우리 모두 가식假飾으로 살고 있으니 서로에게 희망 고문을 하면서 사는 것은 아닐까?

『채근담菜根譚』의 한 구절이 생각이 난다.

風來疎竹, 風過而竹不留聲, 雁度寒潭, 雁去而潭不留影
故君子, 事來而心始現, 事去而心隨空

성긴 대나무 숲에 바람이 불어와도 바람은 그 소리를 남기지 않으며,
기러기가 차가운 연못을 지나가도 그 그림자를 남기지 않는다.
군자 또한 일이 생기면 마음을 쓰기 시작하다가 일이 끝나면 마음을 비운다.

대나무 숲에는 언제나 소리가 있다.
이 소리는 바람의 소리가 아니라 대나무 이파리들이 부딪치면서 내는 소리이다.
바람이 바다 위를 지나가도 아무 소리를 내지 않고 잔잔한 파도의 흔적만 남긴다.
이 파도 역시 바다의 움직임이지 바람의 움직임은 아니다.
군자君子는 일이 끝나면 마음을 비워 아무것도 괘념하지 않아야 함을 말하고 있다.

사람들은 무엇이든 소유하려고 한다.
눈을 즐겁게 해주는 것, 귀를 즐겁게 해주는 것,

입을 즐겁게 해주는 것, 마음을 즐겁게 해주는 것이면
무엇이든 자기의 것으로 만들려고 한다.
소유한다는 것은 머물러 있음을 뜻한다.
아니 억지로 머물게 함을 뜻한다.
모든 사물이 어느 한 사람만의 소유가 아닐 때
그것이 살아 숨쉬는 것을 느끼게 되고 그것의 아름다움을 알 수 있게 된다.
그렇다. 이 친구들도 인연 따라 바뀔 것이다.
내 안에 머무르게 해서는 안 된다.
인연을 붙들고 있는 것이 내 힘에 겨움을 느낀다.
내 스스로 다짐해 본다. 하찮은 일에 집착하지 말아야겠다.
지나간 일들에 미련을 두지 말아야지.
그냥 순리대로 물 흐르듯이…
"이 또한 지나가리라." 솔로몬왕의 전설 중 지혜로운 명언
나를 스치고 지나가는 것들을 놓아주고 나를 비워나가기로 하자.
대나무 숲이 말하는 소리만 듣지 말고
숲을 몸져눕게 하고 이를 악물고 일어서게 하는 바람의 모습을 보기로 하자.

가벼운 걸음으로

묵연스님

다 바람 같은 거야.
뭘 그렇게 고민하는 거니.
만남의 기쁨이건 이별의 슬픔이건 다 한 순간이야.
사랑이 아무리 깊어도 산들바람이고
오해가 아무리 커도 비바람이야.
외로움이 아무리 지독해도 눈보라일 뿐이야.
폭풍이 아무리 세도 지난 뒤엔 고요하듯

아무리 지독한 사연도 지난 뒤엔 쓸쓸한 바람만 맴돌지.

다 바람이야.
이 세상에 온 것도 바람처럼 온 거고
이 육신을 버리는 것도 바람처럼 사라지는 거야.
가을 바람 불어 곱게 물든 잎들을 떨어뜨리듯
덧없는 바람 불어 모든 사연을 공허하게 하지.
어차피 바람일 뿐인 걸
굳이 무얼 아파하며 번민하리.
결국 잡히지 않는 게 삶인 걸
애써 무얼 집착하리.

다 바람인 거야.
그러나 바람자체는 늘 신선하지.
상큼하고 새큼한 새벽바람 맞으며
바람처럼 가벼운 걸음으로
바람처럼 살다 가는 게 좋아.

나는 이 세상을 심판하러 왔다

"나는 이 세상을 심판하러 왔다.
보지 못하는 이들은 보고, 보는 이들은 눈먼 자가 되게 하려는 것이다."(요한 9:39)

누구나 하느님을 보고 싶어한다.
그러나 하느님의 지혜, 훌륭함, 선함, 진리를 보지 못하게 하고
이해하지 못하게 하는 것은 딱 하나이다.
그것은 죄이다.

죄는 마음에 구름을 덮어 도덕적으로 혼란스럽게 하고
하느님의 사랑과 진리를 갈구하는 마음을 닫아버린다.
죄는 어둠 속에서 자라며 하느님의 진리의 빛이 들어오지 못하게 한다.
우리는 실제로 어떤 죄를 지었는지, 하느님을 거부하는 것이 무엇인지,
하느님의 말씀을 듣지 않고 하느님의 뜻에 순종하지 않는 것이 무엇인지를
하느님의 빛 속에서만 알 수 있게 된다.

눈이 먼다든지 육체적으로 아픈 것은 죄로 인한 것이라고 유대인들은 생각했다.
성서에서는 죄가 육체와 마음을 병들게 할 뿐만 아니라
영혼도 병들게 한다고 되어있지만
모든 병이 죄의 결과로 생기는 것은 아니다.
병은 여러 가지 이유로 생길 수 있다.

바오로 사도는 "하느님을 사랑하는 이들,
그분의 계획에 따라 부르심을 받은 이들에게는

모든 것이 함께 작용하여 선善을 이룬다." (로마 8:28)는 것을 일깨워 주었다.

예수님이 태어날 때부터 소경이었던 사람을 만나셨을 때,
예수님이 세상의 빛이라는 것을 선언함으로써 소경에게 희망을 주셨다.
다음에는 이 사람의 비참함을 알고 믿음과 자신감을 끌어내기 위해 놀라운 일을 하셨다.
예수님은 진흙을 그의 침으로 섞어 소경의 눈에 갖다 대신 후
실로암 못으로 가서 씻으라고 말씀하셨다.
그 당시에도 이 못은 예루살렘의 명소 중의 하나였다.

히즈키야는 기혼 샘에서 물을 끌어오기 위해
언덕에 있는 단단한 바위를 583야드나 뚫어
예루살렘 시市 외곽에서
시내로 이어지는 터널을 만들었다(2역대 32:2-8, 30; 이사야 22:9-11; 2열왕 20:20).

수확을 축하하고 이집트를 탈출한 후 유대인이 황야를 헤매며
천막생활을 했던 것을 기념하는 초막절Sukkoth 축제에
우렁찬 트럼펫 소리와 함께
한 사제가 이 샘에서 물을 길러 사원으로 운반하였다.
운반하는 동안 사람들은
"너희는 기뻐하며 구원의 샘에서 물을 길으리라."는 말씀을 암송하였다(이사야 12:3).
이 물을 포도주와 함께 제단 옆에 부으면 결국에는 키드론 계곡으로 흘러갔다.
이 축제는 일주일 동안 계속되었으며 천막에서 지내면서 여름 수확에 감사하고,
다음 수확을 위하여 새로이 뿌린 씨앗에 물을 공급하여
그 씨앗이 잘 자라도록 하느님께 청원하는 것이었다.

이 축제 중에 사람들은 예수님을 생명을 주시는 원천으로 기억하였다(요한 7:37).

예수님은 그 소경에게 육체적인 빛을 주었을 뿐만 아니라 영적인 비전도 주셨다.
예수님은 당신을 "세상의 빛"(요한 9:4)이라고 공포했기 때문이다.

실로암 못에서의 이 기적은 무엇을 뜻하는가?
이는 기적적인 사건 이상이다.
이는 기적적인 생명을 주는 물의 원천과
예수님이 성령의 선물과 작업으로 제공하신 빛의 "표징"이다(요한 7:38).
우리들은 누구나 하느님의 사랑과 진리 안에서 걸을 수 있도록,
성령께서 우리들에게 비전과 믿음을 주기를 기도한다.

바리사이인들은 예수님의 기적을 보고 두 가지 점에서 놀랐다.

첫째, 바리사이인들이 아주 중요시하며 쉬어야 하는 안식일에 소경을 치유하셨고,
둘째로 죄인과 안식일을 지키지 않는 사람이
어떻게 하느님의 기적과 같은 일을 할 수 있었을까 하는 것이었다.
치료를 받은 사람은 당연히 눈이 나았다.
그리하여 소경은 "그분이 제 눈을 뜨게 해주셨는데
여러분은 그분이 어디에서 오셨는지 모르신다니, 그것은 정말 놀라운 일입니다.
그분이 하느님께서 오지 않으셨다면
아무것도 하실 수 없었을 것입니다."하고 말하였다(요한 9:30, 33).
많은 사람들이 이 소경을 잘 알고 있었지만
그의 부모는 태어날 때부터 그가 소경이었다는 진술을 해야만 했다.
바리사이인들은 그들의 편견 때문에 안식일을 만든 하느님의 뜻을 몰랐고

하늘에 계신 아버지로부터 한 사람이 파견되어
사람들에게 자유와 빛을 가져다 줄 것이라는 예수님의 말씀을 듣지 못하였다.
그들은 오히려 이 치료를 받은 사람과
그의 부모를 회당에 발을 붙이지 못하게 하겠다고 협박하여 겁을 주었다.
그리고는 이 사람이 예수님이 메시아라고 믿었기 때문에
바리사이인들이 이 사람을 회당에서 쫓아 내어 버렸다.

요한 크리소스토모는 이 장면을 다음과 같이 설명했다.
"유대인들바리사이인들이 그를 교회 밖으로 쫓아내어 버렸지만
주님께서는 그를 알아 보셨다."
만약 우리들의 삶에서 우리들의 예수님에 대한 증언과 권능을
우리들의 이웃에게 보여주지 못한다면
우리들은 결코 예수님 가까이로 가지 못할 것이다.

사도 바오로는 그리스도의 빛 속에서 걷지 못하도록 하는 죄의
어두움을 피하라고 당부하고 있다(에페소 5:8-12).

그러나 우리들은 하느님께서 주시고 바라시는 비전을
우리 자신의 맹점盲点으로 덮어버리고 있다.

예수님은 언제나 우리들을 치료하고
죄와 속임수의 어둠으로 부터 벗어나게 하려고 애쓰신다.
육체적이든 정신적이든 감정적이든 영적이든 주님인 예수님이 모르시는
병은 없다.

이사야는"**고통 받는 종**Suffering Servant"은
우리들의 악행 때문에 상처를 받을 것이고
이 상처 때문에 우리가 낫게 될 것이라고 예언하였다.(이사야 53:5).

주님께서는 우리들로 하여금 죄로 인한 영적인 소경에서 벗어나게 하시고
우리들이 온전한 육체, 마음, 영혼, 애정을 갖도록 해주신다.

히포의 아우구스띠노 성인은 성경의 이 대목을 다음과 같이 해석하였다.
"이 복음을 제대로 묵상한다면 소경은 인류를 가르치는 것이라는 것을 알 것이다….
물론 여러분들은 하느님께서 보내신 한 사람이 누구인지 잘 알 것이다.
그가 보내어지지 않았다면 우리들은 아무도 죄로부터 자유롭지 못했을 것이다."

"예수님, 당신의 이름으로 소경이 보게 되고, 절름발이가 걷게 되고 죽은 자가 살게 됩니다. 부디 우리들에게 오셔서 우리들의 상처 받은 마음을 낫게 해 주소서.
당신의 영광을 볼 수 있게 믿음의 눈을 주시고,
우리의 모든 말과 모든 행동에서 당신께 영광을 돌릴 수 있게
용기勇氣 있는 가슴을 주소서."

이태리에서 새로운 유아교육방법을 내어 놓았는데
그냥 어떤 물건을 보고 그림을 그리지 않고,
음악을 듣고 나서 그 느낌을 그림으로,
냄새를 맡아보고 그 느낌을 그림으로,
맛을 보고 그 맛을 그림으로 표현하도록 하는 등
어린아이들이 본래 가지고 있는 무수한 가능성을 열어주려는 것이 그 목적이라고 한다.

눈을 뜨고도 '진실'을 보지 못하고
보았더라도 남이 믿어주지 않아 '사실'만 남아
혼란스러운 현실을 맞고 있는 현대인들에게 무언가를 생각하게 한다.

명 상

몇 년 전에 인도의 한 영적 지도자guru가 말했다.

"서양사람들은 고통suffering을 겪으려고 하지 않기 때문에 자아自我를 발견하지 못한다. 지혜를 찾으려 하지 않고 진정제만 찾고 있다.

명상법을 찾고 있다고 말하면서도 스스로를 마취시키는 새로운 방법만 찾고 있다.

명상을 하려면 고통을 겪어야 한다. 명상은 기분전환이 아니다."

그리스도교를 믿는 서양사람들이 비非 크리스천으로부터 이런 말을 들었으니 이상한 생각이 들었을 것이다.

그리스도교 신앙을 접했던 사람, 그리스도를 닮으려고 하는 사람,

그리스도의 십자가를 지고 가는 사람들의 영혼 깊은 곳에는

그리스도의 수난 역사가 자리 잡고 있다.

그런데 우리의 내적 깊숙한 곳에 자리 잡고 있는 이 수난사건을

어떻게 잊어버릴 수가 있겠는가?

많은 사람들이 고통을 이내 감지하지만 그 의미를 아는 데에는 많은 시간이 걸린다.

대중문화는 고통의 의미를 알 수가 없게 한다.

오히려 더 알지 못하게 방해한다.

실제 살아가는데 별로 도움이 되지 않는 안락함, 만족, 무사안일의 꿈만 키워준다.

미디어가 인간 고통의 끔찍한 장면을 보여줄 때에도 바로 이어서 스포츠 의류, 자동차, 술 광고를 보여 준다.

고통의 이미지는 설득력을 잃고 고통은 거저 지나가는 것이라는 느낌만 준다.

뉴스도 점점 더 오락물의 형태로 방영되고 있다.
미디어가 우리들을 가끔씩 깨운다고 말하는 것이 옳을지 모르겠다.
TV가 전쟁을 끝나게 하는데 도움을 주었던 것은 사실이다.
그러나 일반적인 효과는 인도의 구루가 말한 바와 같이
고통을 '진정시키는' 데 그칠 뿐이다.
특히 TV는 결과만 보여주기 때문에 시청자는 즐거움 외에 아무 것도 느끼지 못한다.

그러면 고통은 왜 있는 것인가?
고통이 나에게 유익하다고 생각하는가?
그리고 왜 우리는 그리스도의 수난을 슬퍼하지 않고 영광스럽게 생각하는가?
그것은 무엇을 뜻하는가?
아무도 이에 대한 만족스러운 답을 듣지 못했을 것이다.
책에서는 고통이 우리들에게서 떠나지 않는다고 말한다.
고통은 다른 종류의 '앎'이다.

14세기에 어느 누구보다도 혹독한 고통을 겪었던 **헨리 수소**Henry Suso*는
"고통을 겪어 보지 않은 사람들이 무엇을 알겠느냐?"고 말했다.

이는 다음과 같은 뜻이었다.
"고통보다 더 괴로운 것은 없다. 또 고통을 겪는 것보다 더 즐거운 것은 없다.
고통은 짧은 아픔을 안겨주고 긴 즐거움을 선사한다.

* **헨리 수소** : 유명한 도미니코 회원인 마이스터 에크하르트의 뛰어난 제자. 그의 본명은 폰 베르그. 그의 어머니가 너무나 뛰어난지라 수소라는 별명이 더 알려지게 되었다. 그는 13세 때에 콘스탄스의 도미니코회에 들어갔고, 서원한 후 쾰른으로 가서 수학하였다. 그는 "영원한 지혜"의 종이 되었고, 놀라운 현시를 보았으며, 예수 성령을 특히 공경하고, 천주의 모친께 남다른 신심을 지녔기에 가끔 "신비가"라는 소리를 들으며 생활하였다. 그 후 그는 원장으로 선출되었고 매우 아름다운 신심서적을 저술, "영원한 지혜서"가 가장 유명하다.

고통이 고통을 멈추게 한다고 생각하며,
실제로 몸소 고통을 겪는 사람은 짧은 고통 후에 즐거움을 맛본다.
고통은 사람을 현명하게 만들고 실제적으로 만든다.
고통을 겪어보지 않은 사람이 무엇을 알겠는가?

모든 성인聖人들은 고통을 겪는 사람들의 '포도주 시음자試飮者; cup-bearer' 였다.
왕실 법정에서 왕의 테이블에 있는 포도주를 먼저 맛보는
고위 관료들cup-bearers처럼
성인들은 포도주를 먼저 맛보고 독이 없는 좋은 포도주이면
한 목소리로 마셔도 된다고 외쳤다.

수소Suso는 "고통을 몸소 겪는 사람"이라고 간단히 표현했다.
고통을 몸소 겪는 사람들은 그렇게 괴로워하지 않으며
조금 비참하게 느끼고 조금 괴로워anguish하고 고통을 거부할 뿐이다.
영어의 'to suffer'라는 단어는 'to allow허락하다'라는 뜻이며
라틴어 'anguere'에서 나온 영어의 'anguish'는 'to choke억제하다'는 뜻이다.
수소는 고통을 "아무 탈없이 마실 수 있는 술"이라고 표현하였다.
우리는 **고통을 억제해서는 안 된다.**
성인들은 우리들에게 잔을 건네주기 전에
독이 없다는 것을 증명하려고 먼저 맛을 보았다.

고통을 겪어보지 않은 사람을 본 적이 있는가?
그런 사람은 어떤 사람일까?
아마 그런 사람이 있다면, 그는 아무 깊이도 없고 성장도 없고 아는 것도 없는 사람일 것이다.

자식들을 과잉 보호하는 부모를 생각하면 이를 잘 알 수 있다.
자비의 하느님이시지만 예수님의 수난을 그냥 내버려 두셨고

성모 마리아의 고통이나 어떤 제자의 고통도 감싸려 하시지 않았다.
우리도 보호받을 것이라는 생각을 하면 안 된다.
고통을 겪을 때 우리들의 생명은 보호하시겠지만
자비는 베풀지 않으실 것이라고 생각해야 한다.

책을 통해서나 사실을 통해서 고통의 의미를 '알 수 있는 것'은 아니다.
매일의 끝나지 않는 경험을 통해서만 알 수 있는 것이다.

우리들에게 안전과 절제를 가르치기 위한 것이 아니라
몸소 경험하여 새로운 삶을 사는 방법을 터득하라는 것이다.

너 자신을 아프게 하지 말라

“ ‘우리는 세상에 아무 것도 가져오지 않았다.
또한 우리는 세상으로부터 아무 것도 가져갈 수 없다.’(1디모테오 6:7)
‘우리의 외적 인간이 썩어가더라도 우리의 내적 인간은 나날이 새로워진다.’(2코린토 4:16)

상처를 입는 사람은 다른 사람들로부터 상처를 받는 것이 아니라 스스로 상처를 내는 것이다.

자기 자신에게 상처를 내지 않는 사람은
끝없이 많은 고통을 당해도 강해진 채 고통에서 걸어 나온다.

자기 스스로 배반하는 사람은 자신으로부터 고통을 당하고,
아무도 그를 반대하지 않아도 그는 무너져 나락으로 떨어지고 만다.

비록 아주 많은 사람들이 그에게 상처를 내고 부당하게 다룰지라도,
그는 **항상 다른 사람을 통해서가 아니라 자기 자신을 통해 고통을 받는다.**

우리는 우리자신을 위하여 깨어있고 분별력을 갖도록 하자!
그리고 모든 씁쓸한 일을 고귀한 마음으로 참아 견디어 내자!”

요한 크리소스토모 성인의 말씀이다.
성인의 말씀을 묵상해 본다.
불교에서는 악마를 다음과 같이 해석하고 있다.
악마란 외재外在하는 실재가 아니라 우리들 마음속에서 일어나는 번뇌와 욕망을 말한다.
이 번뇌와 욕망을 통제하지 못하고 방치하면

그것이 악마로 변하여 우리 자신을 근본적으로 파괴한다고 말한다.
악마가 내 마음속에 있다는 말이다.

크리소스토모 성인의 말씀도
내 마음속에 있는 악마를 두고 말한 것이 아닌가 하고 생각해 본다.
항상 진리에 따라 살지 못하면 곧 깨어있지 못하면
악마가 나를 갖고 놀게 된다는 뜻일 것이다.

회개

50원짜리 동전 | 화 해 | 재의 수요일 | 믿음치유 피정후기 | 자신을 미워하면 교만해지고, 자신을 지나치게 사랑하면 사악해진다 | 삶은 우리에게 계속 반복해서 상처를 준다 | 철들자 망령妄靈 든다 | 내적 평화와 갈등 | 지나친 친절의 고통 | 더욱더 놀랐던 것은… | 여 행 | 산과 물 | 교만과 겸손에 대하여 | 과거라는 양파껍질-집착의 흉터 | 하느님께서 가장 좋아하시는 선물 | 신부님 같이 발한다 | 자기 사랑과 자기의 뜻을 십자가에 매달아야 한다 | 요셉과의 만남 | 회개와 새로운 삶 | 피보다 더 진한 것 | 서투른 사랑 | 자존심 안에 숨어 있는 것들 | 혼돈의 신이 한 말

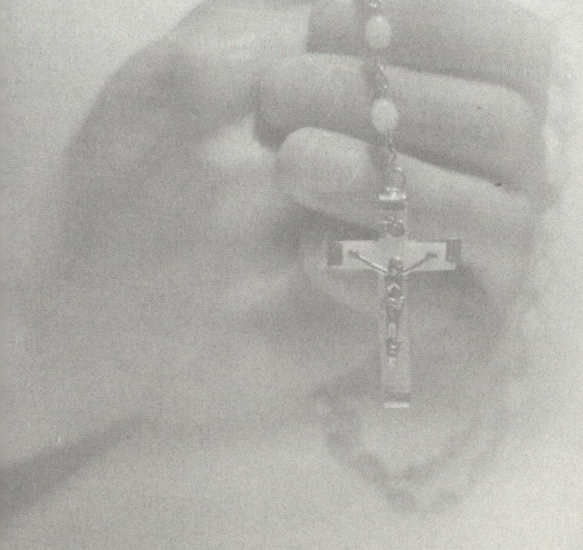

50원짜리 동전

어제 친구 평평과 검단산에 가기 위해 버스를 타면서
교통카드로 결제하니 운전수가 50원 거스름돈을 받아가라고 하였다.
요금이 600원으로 인하되어 교통카드 요금 650원에서 50원을 거슬러주는 것이라 했다.

얼마 전 전화카드가 없어서 공중전화 부스에 가서
50원짜리 동전을 넣고 전화를 걸려고 하니 도통 되지 않았다.
전화요금이 70원인 걸 몰랐던 것이다.
그리하여 50원짜리 동전의 가치에 대해서 생각해보게 되었다.
50원을 주고 물건을 살 수 있는 것이 거의 없다.
10원짜리, 1원짜리 동전은 더 말할 나위가 없다.
동전으로 치면 나는 지금 얼마짜리 동전일까하고 생각해 보았다.
나이 들어 아무 쓸모없는 인간이 되어버렸음을 새삼 느꼈다.
남편으로, 부모로서의 최소한의 가치만 남아 있는 것 같다.
나의 가치가 이것 밖에 되지 않는 것이다.
그래도 10원짜리, 1원짜리보다는 낫지만 아무튼 서글프다.
그런데 나 자신은 50원짜리 정도는 된다고 생각하지만
내 가족은 어떻게 생각하는지, 친구들은 이 정도로 나를 호가해주고 있는지 모르겠다.

"하늘나라는 또 이렇게 비유할 수 있다.
어떤 사람이 먼 길을 떠나면서 자기 종들을 불러 재산을 맡겼다.
그는 각자의 능력에 따라 한 사람에게는 돈 다섯 달란트를 주고 한 사람에게는 두 달란트를 주고 또 한 사람에게는 한 달란트를 주고 떠났다."(마태 25:14-15).

주님은 우리들에게 주신 재능에 더 큰 것을 보태어 이웃을 위해 쓰라고 하신다.

나에게 남은 이 50원짜리 동전을 어떻게 써야 하느님께서 만족하실까?

아내는 나에게 100원짜리 동전 정도는 된다고 하면서 이를 사회 봉사에 쓰라고 한다.

글쎄, 나는 그만한 가치가 있다고 생각하지 않는데…

화 해

성경에 나오는 "화해"란 말은 영어로 "reconciliation"이며
"화해, 일치, 조화, 조정"의 뜻을 가지고 있다.

우리는 곧잘 남의 잘못을 보고 분개한다.
남에게 잔소리를 할 때가 대개 그렇다.
잘못한 것은 내가 아니라 남인데 왜 내가 화를 내는 것일까?
아마 남이 나의 뜻대로 해주지 않았기 때문일 것이다.
겉으로는 남이 잘 되기를 바라는 척 했지만
사실은 나의 요구가 관철되기를 바라고 있었던 것이다.
또는 그 사람을 사랑하기 때문에 안타까워서 화를 내기도 했을 것이다.
어쨌든 나와 남이 같기를 바랐던 것이다.

자기 본분도 모르고 잘못한(?) 남을 용서해달라고 하느님에게 청하기도 한다.
이와 꼭 같은 심사를 하느님께도 적용시키고 있는 것이 우리들이다.
하느님께서는 하늘나라의 삶을 살라고 말씀하시지만,
우리들은 기적만을 바라고
하느님의 말씀을 아전인수 식으로 해석하면서 이 세상의 삶을 살고 있다.
기적을 내려주시지는 않고
바보처럼 살라고 하시는 하느님의 처사가 야속하기만 할 것이다.
내가 하느님의 마음에 들어야 하는가, 아니면 하느님이 나의 마음에 들어야 하는가?
나는 하느님의 주인인가 아니면 종인가?
나는 믿는 척하면서, 구약시대와 같은 징벌을 무서워하면서 살고 있지는 않은가?

누구나 천국에 가기를 원하면서 죽기를 원치 않는 것은
하느님을 만나 뵐 자신이 없는 것이 아닐까?

화해하는 것은 용서하는 것이 아니다.
용서는 하느님만이 하실 수 있기 때문이다.

용서는 가당치도 않다.
우선 자기 자신을 바로 알고 남에게 내가 무엇을 바랬던가를 생각해보아야 한다.
그 사람을 진정으로 사랑하고 있는가?
혹시 그 사람을 나와 같은 사람으로 만들려고 구속하고 있지는 않는가?
화해는 서로의 이해타산을 조정하여 하나의 마음으로 일치시키는 것이다.
하나의 마음으로 일치시키는 유일한 방법이 "사랑"이다.

"여러분은 한때 악행에 마음을 사로잡혀 하느님에게서 멀어지고 그분과 원수로 지냈습니다. 그러나 이제 하느님께서는 당신 아드님의 죽음을 통하여
그분의 육체로 여러분과 화해하시어,
여러분이 거룩하고 흠 없고 나무랄 데 없는 사람으로
당신 앞에 설 수 있게 해 주셨습니다."(콜로새 1:21-22)

예수님께서는 아무 죄도 없이 당신 몸을 내어 놓으시고
우리들과 화해할 만반의 준비를 마치셨다.
그런데 우리는 화해하자고 내민 예수님의 손을 무안하게 하고 있지 않은가?

재의 수요일

사순四旬**시기***는 '재의 수요일'부터
'주님 만찬 성 목요일'의 '주님 만찬 미사' 전까지이다.
재의 수요일에는 교회는 참회의 상징으로 재를 축복하여 머리에 얹는 예식을 거행한다.
사람은 흙에서 왔고 다시 흙으로 돌아갈 것을 상기시키는 것이다.
'재의 수요일'은 이 예식에서 비롯된 명칭이다.
재는 지난 해 '주님 수난 성지 주일'에 축복했던 나뭇가지를 태운 것이다.
재를 머리에 뿌리는 것은 전통적인 참회의 상징이다.

그러나 본래 죄가 확정된 죄인들에게 재를 묻힌 다음 재의 수요일에 지웠다.
비록 교회 밖에 있었지만그들은 영성체를 할 수가 없었다 사순절 동안 깊이 통회하였다. 그리하여 '**주님 만찬 성 목요일**' **에 교회로 와서
사제司祭로부터 **용서의 보속**補贖***을 받고 하느님과 화해하였다.
세월이 감에 따라 일반인들도 회개의 표시로 재를 묻혀 달라고 했다.
재는, 무관심에서 벗어나고 죄에서 해방되어
하느님을 찾는 우리들의 생활을 바꾸고자 하는,
회개를 원하는 표시이다.
그러나 단식 때에는 '얼굴을 씻고 머리에 기름을 바르라.'는 오늘의 복음과

* **사순시기** : 부활 주일 전 40일 동안의 기간. 이 기간 동안 교인들은 광야에서 금식하고 시험 받은 그리스도 수난을 되새기기 위해 단식과 속죄를 행한다.

** **주님 만찬 성 목요일** : 예수께서 최후 만찬에서 제자들의 발을 씻어주신 것을 그대로 재현하고 기념하는 예식

*** **용서의 보속** : 죄의 결과를 적절한 방법으로 보상하거나 대가를 치러야 하는데, 이 갚음을 뜻한다.

재를 묻히는 행위는 상반되는 의미지만 우리들은 사순절인 오늘도 재를 묻히고 있다.
이것은 진정으로 회개하고 있다는 표시인가?
아니면 남의 주의를 끌려는 술책인가?
매년 우리는 이미 회개하지 않았던가?
그러면 그전에 우리가 한 회개는 그저 형식적인 것이었는가?
아니면 회개의 유효기간이 지났는가? 아니면 우리가 새로운 죄를 지었는가?

희랍어 '회개metanoia'는 라틴어 '회개coversio'와는 그 의미가 사뭇 다르다.

라틴어 '회개'는 '죄를 끊어버리고 방향을 바꾸어 하느님에게로 돌아가는 것이다.'
먼저 하느님으로부터 멀어져 간 죄인을 전제로 해서
그 죄인을 돌아오게 하는 적극적인 의미가 있다.
즉 세례를 받고도 주일미사에 참례하지 않고
여러 가지 이유로 신앙생활을 적극적으로 하지 않는
소위 '쉬는 교우'들에게 해당될 수 있는 것이다.

반면에 **희랍어 '회개'는 '마음을 바꾸는 것이다.'**
다른 말로 표현하면 회심回心하는 것이다.
우리가 죄를 지어서 하느님으로부터 멀어졌다고 보지 않고
하느님께서 우리를 버리지도 않으셨으며,
또한 우리도 죄로 인해 하느님을 멀리하여
그분으로부터 떨어져 나가지도 않았다고 보는 것이다.

그러면 왜 회심해야 하는가?
그 이유는 단순하다. 우리가 하느님 안에 살면서도 그것을 잊어버렸기 때문이다.
그래서 회심은 마음을, 생각을 바꾸어서 하느님 안에 우리가 있다는 것을

깨닫는 것이고
눈을 떠서 하느님을 바라보며,
항상 하느님께서 우리와 함께 계시다“임마누엘”는 것을 기억하는 것이다.

사순절 동안 아무도 모르게 자선을 베풀자.
“적선하는 이는 귀신도 어쩌지 못한다.”는 말이 있지 않은가?
그만큼 선행에는 하늘의 힘이 담겨 있다는 말이다.
그리고 우리들의 단식과 자아부정自我否定을 하느님만이 아시도록 하자.

믿음치유 피정후기

2007년 12월 9일 다물 피정의 집에서 열리는 조셉 빌 신부님의 '믿음 치유' 피정에 갔다. 시도 때도 없이 과거의 생각이 나를 괴롭히고 있었고,
사람을 미워하며 기피하고 있었고,
어쩌다 바깥 출입을 하면 죄를 짓게 되는 생활의 연속이었다.
그리하여 집 안에 칩거함에 따라 우울증에 걸린 것 같았다.
다락방 기도모임을 하면서 아네스 자매님에게 하느님을 만나고 싶다고 고백하였다.
12월 7일 자매님에게서 문자 메시지가 왔다.
빌 신부님의 피정에 참석 중인데 나 보고 꼭 참석하라는 것이었다.
비용은 30만원인데 자신이 부담할 테니 반드시 와 달라는 것이었다.
그러나 비용이 문제가 아니라, 연말이라 여기저기 약속된 것도 많고 또 내가 행사를 주관하는 것도 있었기 때문에 주저하고 있었다.
또 다시 간곡한 메시지가 왔다. 모든 세상일은 아내에게 맡기고 피정에 가기로 결심했다.
피정 비용은 자매님의 도움을 받지 않겠다고 말했다.

나는 피정에 가기 직전에 뉴욕 타임스의 기사를 보고 난 뒤,
여태까지 이성理性의 지배하에서 살고 있었고
직업컴퓨터 때문에 완고한 완벽주의자가 되어 있었음을 깨닫고 있었다.
피정의 집에 도착하여 저녁에 기도하는 중에 하느님이 '후고야, 내가 너에게 준 고통보다 은총이 더 많았는데 너는 그것도 모르고 욕심만 내는 구나.'하는 말씀이 생각을 통하여 들려왔다.
걷잡을 수 없는 울음이 터져 나왔다.
영성체 후 항상 '저의 가정에 평화와 건강과 지혜와 성령을 주셔서 감사합

니다.' 하고 말했지만 '입으로만' 감사하고 있었던 것이었다.
그토록 예수님께서 저를 사랑하고 계셨는데도 진심으로 감사하지 못하고 있었음을 알았다.

월요일부터 피정이 시작되었다.
성경을 기초로 한 강론은 너무나 좋았다.
'사람마다 문제가 없는 사람은 없습니다.
이번 피정에서 하느님을 만나고 하느님의 목소리를 듣고 하느님을 경험하십시오.
우리의 병은 모두 우리가 지은 죄 때문에 생긴 것입니다.'하고
신부님이 강론을 시작했을 때만 해도 언뜻 이해가 되지 않았다.
신부님은 강론 중에 병의 근원을 계속하여 성경을 인용하여 말씀하셨다.
수긍이 갔다.
그리고는 태어나서 지금까지의 모든 죄를 찾아 내어
고백성사를 보고 보속을 하면 병이 나을 것이라고 말씀하셔서
매일 죄를 찾아내어 용서를 빌었다.
피정 가기 전 평소에 기도는 자주 하지 못했지만
기도 중에는 항상 예수님의 얼굴은 상본像本에서처럼
근엄한 얼굴을 하고 있는 것을 보았다.
그래서 죄를 모두 고하고 용서를 빌었으니
이제는 기도 중에 예수님이 빙그레 웃으실 것이라고 생각하고
예수님의 얼굴을 떠 올렸으나 여전히 근엄한 얼굴을 하고 계셨다.
내가 지은 죄를 모두 찾아내지 못해서 그런가 하고 또 다시 과거를 되돌아보았다.
그리고 찾아낸 죄에 대하여 용서를 구했다.
그러나 여전히 예수님은 웃지 않으셨다. 왜 그런가 하고 생각해 보았다.
우리 인간이 여태까지 예수님을 기쁘게 해 드리지 않았음을 깨달았다.
그 동안 '내가 용서하지 못했던 것' 때문에 예수님이 웃으실 수 없었다는 것도 알게 되었다. 다시 기도하였다. 이제는 예수님이 빙그레 웃으셨다.

'예수님, 저가 얼마나 어리석었습니까?
저 같이 은총을 많이 받은 사람도 예수님을 기쁘게 해드리지 못했는데 다른 사람은 오죽 했겠습니까? 정말 죄송합니다.
앞으로는 예수님 말씀 안에 살겠습니다. 용서하여 주십시오.'하고 말씀 드렸다.

둘째 날 고혈압으로 목 뒤 부분이 항상 뻐근하였는데
갑자기 풀어지면서 온 몸이 이완되었다. 몸이 아주 가뿐해졌음을 느꼈다.
그리고 진리를 추구한답시고
또 우울증과 용서하지 못하고 남아있는 증오에 관한 해답을 얻는답시고,
많은 종류의 책들을 읽고 불교 사이트, 심리 철학 사이트, 개신교 사이트 등을 부지런히 찾아 다니고 있었는데 기도 중에
'후고야, 너는 내 말을 듣지 않고 너 자신을 합리화시키기 위해서 많은 곳을 기웃거렸지? 그래서 얻은 것이 무엇이더냐?'하는 말씀이 들려왔다. 정말 무서운 생각이 들었다.

다음 날 신부님이 강론을 하시면서 똑같은 말씀을 하시기에
그것이 하느님의 말씀임을 재확인하게 되었다.
아파트 증여 문제로 아들을 의심했던 것에 대하여 용서를 구하였다.
아들의 진심이기도 했지만 그것은 아들의 말이 아니라
하느님이 하신 말씀이었음을 깨달았다.
하느님보다 내 가족을 더 사랑했던 죄를 이렇게 아들의 입을 통하여 죄를 알게 하려고 나에게 고통을 주셨던 것이다.
마지막 날 믿음치유 미사 시에 신부님의 기도 중에 내 머리 어깨를 통하여 강렬한 힘이 가슴, 배, 다리를 타고 내려 가는 것을 느꼈다.
모든 죄를 고하고 보속을 하고 나니 마음이 그렇게 편안할 수가 없었다.
아내나 대부님, 가브리엘 대자 내외의 기도의 힘을 이제야 비로소 느끼게 되었다.
성경에 있는 말씀대로 살기로 마음 먹고 십일조를 충실히 이행해야겠다고

다짐하였다.
물론 작지만 재산은 아내와 함께 일구었으니 아내와 함께 상의하여 재산의 일부분을 하느님께 바쳤으면 한다.

혈압이 떨어진 것 같아 병원을 찾아 혈압을 재어 보았다. 130에 70이 나왔다.
아래 쪽 혈압이 70이 나온 것은 처음이었다.
그리고 그 동안 나를 그렇게 괴롭혔던 과거도 전혀 떠오르지 않았다.
예수님, 감사합니다! 예수님, 찬미합니다!

자신을 미워하면 교만해지고,
자신을 지나치게 사랑하면 사악해진다

"그런데도 여러분은 허세를 부리며 자랑하고 있습니다.
그러한 자랑은 다 악한 것입니다."(야고보 4:16)

우리들이 죄에 빠지면
마귀가 끊임없이 우리들을 고발하고(묵시록 12:10),
자기자신을 미워하게 된다.
우리는 가끔 가다가 놀라운 방법으로 자기증오를 표현한다.
아이러니컬하게도 교만을 드러내는 것이다.
자신을 미워하는 사람이 어떻게 교만을 드러낼 수 있을까?
잘 이해는 가지 않지만 여하튼 우리들은 그렇게 하고 있다.
우리들은 살아가면서 인간 본성인 연약함과 타락성에 어쩔 수 없이 직면하게 된다.
그러나 우리는 주님 없이는 아무 것도 하지 못한다.(요한 15:5)
우리는 "잠깐 나타났다가 사라져버리는 거품과 같은 존재"이다.
우리는 아무도 내일 무슨 일이 벌어질지 모른다.(야고보 4:14)
또 우리들은 스스로를 통제하지 못하고 스스로를 책임지지 못한다.
그래서 우리들에게는 절대적으로 구세주 예수님이 필요하다.
우리들은 하느님 아버지의 자녀이다.
우리들은 그리스도의 지체이며(1코린 6:12-13) 성령의 성전이다.(1코린 6:19)
우리들은 임금께 충성을 다하는 백성이고 임금의 사제단이고 거룩한 백성이다.(1베드로 2:9) 우리들이 아버지를 극진히 섬김으로써 당신의 사랑하는 아들을 우리에게 보내시고
또 우리를 위하여 십자가에서 죽게 하셨다.

아버지의 나라에서는 가장 작은 이라도 이 세상의 가장 위대한 이보다 더 크다.(마태오 11:11) 그리고 우리들은 예수님께서 하신 일보다 훨씬 더 위대한 일을 할 수 있다.(요한 14:12)

그러나 우리들 안에 갇혀 있으면 우리들은 아무것도 아니지만
그리스도 안에 머물러 있으면 당신의 영광과 능력으로 귀중하고
위대한 약속을 우리에게 내려 주시어, 우리들이 그 약속 덕분에,
욕망으로 이 세상에 빚어진 멸망에서 벗어나,
하느님의 본성에 참여할 수 있게 해주신다.(2베드로 1:4)
우리들이 그리스도 안에 머무르지 않으면 아무것도 아니지만
주님 안에 머무르면 영광스럽게 된다는 것을 알면,
우리는 우리 자신을 사랑하게 되고 교만하지 않게 된다.

www.presentationministries.com에서 퍼옴

삶은 우리에게 계속 반복해서 상처를 준다

일상에 아무런 변화가 없는데도 상처를 받고 우울해 하는 수가 많다.
스스로 나 자신이 장벽을 만들어 그 속에 갇히거나 가족과 이웃들을 감금하기 때문이다.
불신과 편견, 아집과 이기심, 성聖과 속俗의 갈등 등으로
자신의 장벽을 만든 결과로 인한 응보應報이다.

1세기 스토아 철학자인 에픽테토스는
"자기 자신 외에 자신에게 상처를 입히는 이는 없다."는 주장을 폈다.
안셀름 그륀 신부님은 그의 책 『너 자신을 아프게 하지 말라!』에서
"다른 사람이 자신에게 상처 입히는 것을 허용하는 것은 그 사람 자신의 책임이다.
왜냐하면 온전히 자기 자신으로 있으면 즉 자기 중심을 가지고 서 있으면, 어느 누구로부터도 상처 받지 않기 때문이다. 그럴 때 어느 누구도 그를 지배하지 못한다."고 말하면서 4세기의 주교 요한 크리소스토모의 말을 인용하고 있다.

《우리가 우리의 요구를 충족시키고 괴로운 상황에서 벗어나고자 하는 한 우리는 반복해서 자기에게 상처를 입히게 된다.

믿음은 우리가 그리스도를 통하여 신적인 생명을 나눠 받았으며,
하느님께서 실제로 우리 삶의 근본이시고 우리의 온 존재는,
하느님으로 가득 채워졌다는 인식으로 이해되어야 한다.

**우리가 원하든 원하지 않든 삶은 우리에게 계속 반복해서 상처를 준다.
고통은 분명히 우리 삶의 본질적인 것이다.
우리가 자신에게 스스로 상처를 입히지 않으면 어느 누구도 우리에게 상**

처를 입힐 수 없다.

고통은 값진 것으로 우리의 일부가 된다.
이 고통을 통하여 우리는 더 성숙하고 더 진실하게 된다.
고통이 우리를 파괴하거나 우리에게 상처를 입히지는 않는다.
이 고통은 우리에게 그리스도의 고통에 참여하는 것을 선사하고
우리가 예수 그리스도와 하나가 되게 한다.
그리고 예수 그리스도 안에서 우리의 고통, 아니 상처는 구원의 원천이 된다.》

십자가의 성 요한은
"**나는 나에게 일어나는 사건에 의해 만들어지는 것이 아니라
그에 대한 나의 반응으로 만들어진다.**"고 말했다.
즉 상대방에 대한 자신의 반응으로 상처를 받게 되면 고통을 느끼게 되고
이러한 과정을 통하여 성숙해진다는 뜻이다.
상대방은 아무런 변화도 반응도 보이지 않았는데도
스스로 자신의 장벽 안으로 억지로 사건을 지어내어 자신을 괴롭히는 수가 많기 때문이다. 자신의 독방에 앉아 소설을 쓰고, 이렇게 만들어진 픽션을 보고 괴로워하고 있는 것이다. 욕심과 이기심이 발동하여 멀쩡한 사람을 오해하고 나쁜 사람으로 만들었는지도 모른다.
주님은 이렇게 교묘하게 믿음이 약한 사람에게 수행修行의 십자가를 지게 하신다.
그 사람이 우리에게 상처를 주지 않았는데도 그 사람을 미워하고 증오하면서 아파한다.
나의 욕구대로 변하지 않았기 때문이다.
인내심을 갖고 기다려야 하는데 포기하는 쪽에 무게를 두는 수가 많다.
"우리는 고통을 줄이거나 고통과 싸울 수는 있지만 고통을 없앨 수는 없습니다.

상처받을 것 같으면 피하고, 진리와 사랑과 선을 행할 때 따라오는 고난과 고통을 모면하려고 할 때 우리는 공허함 속에서 허우적거리게 됩니다.
그런 삶은 고통은 없을지 몰라도 무의미하고 절망스러워 마음은 훨씬 더 어두워질 겁니다.

고통을 비껴가거나 고통에서 도망치면 우리는 치유 받을 수 없습니다.
고통을 받아들일 수 있고 고통 속에서 성장할 수 있을 때,
무한한 사랑으로 고통을 견뎌내신 그리스도와 일치하여 고통의 의미를 발견할 때
우리는 치유 받습니다."

교황 베네딕토 16세의 회칙 〈희망으로 구원을〉 중에서

철들자 망령妄靈 든다

제 아무리 어리석고 미련한 사람이라도 나이가 들면 철이 드는 법이다. 그런데 불행하게도 '철이 들자 망령 든다.'는 말이 있듯이 '철든(?)' 노인들의 주책은 이루 말할 수 없을 정도이다.

어떤 노인들의 일상日常을 보면 헛소리하면서 소일消日한다 해도 과언이 아닐 정도로 망언妄言과 망령된 짓을 많이 한다.
'철'이 들었음에도 불구하고 하는 짓들은 유치하기 짝이 없다.
그래서 늙으면 다시 어린애가 된다고 말한다.
그러나 어린이 같이 천진난만天眞爛漫하지는 않다.

노인들이 스스럼없이 저지르는 망령을 보자.
노인들은 항상 외로워 하고, 세상을 원망하고, 나를 알아주지 않는다고 불평하고,
누군가를 용서하지 못하고 미워하며, 욕심을 버리기는커녕 더욱더 큰 욕심에 힘들어하며, 자신을 학대하고, 주변 사람들을 힘들게 하고, 호기심이라곤 없어 무엇을 봐도 시큰둥하고, 모든 것을 다 아는 양 거만을 떨고, 늙었다는 것이 무슨 벼슬이나 한 것처럼
큰 소리나 치려 하고, 제 자리도 지키지 못하면서 말로만 잘 난척하고, 할 일이 없어 오늘은 무슨 일로 소일할까 걱정하고, 오라는 데 없어 먼 하늘이나 바라보고, 남에 대한 배려는 없이 그저 대접이나 받으려 하는 그래서 걸핏하면 토라져서 심통을 부리는 것이 예사이다.

이런 비비꼬인 심성을 갖고 있으면서도 외로움 때문에
그리고 소일거리로 사람들을 만나 이야기를 하고 싶어 한다.
그러나 젊은 사람들은 노인 냄새만큼이나 이런 망령된 짓을 싫어한다.
심란하여 혼자서 어디론가 훌쩍 떠나서 마음 붙일 데를 찾아보아도 남에

게 폐를 끼친다는 생각을 하지 않고 편안하게 나를 맞아줄 곳은 거의 없는 것이 현실이다.
며칠이건 일주일이건 부담 없이 가서 있을 곳이 어디 있는가?
아무데도 의지할 곳이 없음을 알았을 때의 외로움이란 이루 말할 수 없다.
이 세상에는 나 혼자뿐이라는 생각에 새삼스럽게 허무를 느낀다.
이렇게 아무데도 가지 못하고 갇혀 살면서 허송세월하고 지내기 일쑤다.

허무를 느낄 때에 비로소 "진짜 나"를 찾게 된다고 한다.
"거짓 나"로 살아온 망상妄想이 "허무함"으로 막을 내리고
그동안 끊임없이 받아온 고통의 의미를 다시 되새김질해 본다.
그토록 욕심을 버려야 한다고 스스로 다짐했건만
옹고집壅固執과 노탐老貪이 더 많아졌음을 느낀다.
자기중심의 애착에서 벗어나지 못했던 것이다.
여태까지 내가 내 가족에게 베풀었던 사랑은
욕망의 충족이거나 보답이거나 의무였던 적이 많았으며
애정의 밑바닥에 나 중심적인 생각이 많이 깔려 있었던 것이다.
즉 부모님에 대한 사랑도 다른 사람들의 눈을 의식하고
측은지심에서 보답하려고 했던 조건적인 사랑일 때가 많았다.
아내와 자식에 대한 사랑도 의무적일 때가 많았다.
이기적인 본능을 바탕으로 하여
본능 충족적이거나 보답적이거나 의무적인 사랑을 해왔던 것이었다.

"**생각하는 대로 살지 못하면, 사는 대로 생각하게 된다.**"고 한
스코트 니어링의 말이 생각난다.
본능에 충실한 동물적인 삶을 살고 있지는 않은가 하고 자문해 본다.
참사랑은 무조건적이며, 참사랑만이 변화의 힘을 갖고 있다.
참사랑으로 살면서, 모든 것을 놓아버리고
자신의 운명을 하느님의 뜻에 맡겨야 함에도 불구하고
오히려 이를 거역하고 살고 있었던 것이다.

내적 평화와 갈등

"여러분의 싸움과 다툼은 어디에서 옵니까?
여러분의 지체 안에서 분쟁을 일으키는
여러 가지 욕정에서 오는 것이 아닙니까?"(야고보 4:1)

많은 사람들이 자기 자신에 대하여 선전포고宣戰布告를 하고 있다.
자신이 원하는 것을 얻지 못하고 있기 때문에 내적 갈등을 일으키고 있기 때문이다.
우리들이 원하는 것이 하느님께서 원하시는 것이 아니면
그것은 우리들이 진정으로 필요로 하는 것이 아닐 수가 있다.
이럴 때에는 잘못된 욕정을 회개하고 예수님과 함께
"제가 원하는 대로 하지 마시고 아버지께서 원하시는 대로 하십시오."(마태오 26:39)
하고 기도해야 한다.
때로는 우리들이 원하는 것이 하느님의 뜻일 수도 있지만
우리들이 청하지 않았기 때문에 얻지 못하는 수가 많다.
"아무것도 걱정하지 말고,
어떤 경우에든 감사하는 마음으로 기도하고 간구하여
하느님께 소원을 아뢰어야 한다."(필리피 4:6)
갈등 대신에 내적 평화를 얻는 방법은 회개하고 하느님께 청하는 것이다.
내적 평화는 환경에 의존하는 것이 아니며 우리들이 통제할 수 있는 것도 아니다.
예수님께서 우리들에게 주신 평화는 이 세상의 평화 같은 것이 아니며
이 세상이 빼앗아 갈 수도 없는 것이다.(요한 14:27, 16:22)
아무도 우리들의 평화를 빼앗아갈 수 없다.

평화는 주님께서 우리들에게 주신 영원한 상속이므로
내적 갈등이 있으면 회개하고 주님께 청할 기회이다.
우리들은 언제나 어떤 환경에서도 내적 평화를 누릴 수 있다.

만약 내적 갈등이 생기면 먼저 회개하고 고해성사를 해야 한다.
이렇게 하면 대부분의 갈등은 가라앉는다.
그래도 갈등이 멈추지 않으면 계속해서 청하면 평화를 얻게 된다.
(마태오 7:7)

지나친 친절의 고통

논어에 교언영색선의인巧言令色鮮矣仁이란 말이 나온다.
살다 보면 달콤한 말과 고운 웃음으로 나에게 다가오는 사람들의 마음 한 구석에는
엉큼한 욕심이 숨겨져 있는 경우가 많은 것을 발견하는 수가 많다.
그래서 이런 사람들에게는 어진 마음이 적다고 말했는지도 모르겠다.
지나친 친절로 환심을 사려고 하거나 절을 해도 지나치게 구부리는 경우 그 배후에는 아부가 도사리고 있는 경우가 많기 때문이다.
상대방을 존중하고 배려한다고 하지만 순수한 참사랑에서 나온 행동이 아닌 것이다.
이러한 '거짓'의 과잉친절은 끝내는 진실이 밝혀지고 불행으로 끝나게 마련이다.
받는 사람의 기분을 헤아리지 않고 베푸는 것은 이기심의 발로發露로 엉큼한 기대심리가 감추어져 있기 때문이다. 이른바 생색을 내는 것이다.

그러나 드물기는 하지만 참사랑으로 친절을 베푸는 사람도 있게 마련이다.
참사랑으로 친절을 베풀었건만 받는 사람에게 어진 마음이 없으면
동기가 불순한 것으로 받아 들여지게 된다.
또 험악한 세상에 살다 보니 아무도 믿지 못하는 것도 한 원인일 것이다.

과過가 화禍를 불러들이는 연緣을 만들게 된다.
지나치다는 것은 욕심에서 비롯되므로 걱정과 괴로움을 받게 될 빌미를 제공한다는 뜻이다.
나는 정이 많아 과잉친절을 베풀 때가 많았다.
그러나 무엇을 바라고 그렇게 하는 경우는 거의 없었다.

그러나 친절을 베풀어 놓고 곧 후회하는 수가 많았다.
불신풍조가 만연한 세상에서 순수는 통하지 않았다.
삶을 차분하게 지탱할 수 있는 것은,
그리고 삶을 객관적으로 바라볼 수 있게 만드는 것은
언제나 지나치지 않는 침착함과 냉정함뿐이라는 것을 실감하고 있다.
다른 사람의 감정을 이해하고 조화하는 삶을 살지 못한 것이다.
하늘나라의 삶을 추구하는 나에게 협상이라는 것이 없었기 때문이다.
다른 사람과 조화를 이룬다는 것은 세상과 타협하는 일이었기 때문이다.

더욱더 놀랐던 것은…

"내가 너희를 위하여 자리를 마련하려고 간다."(요한 14:2)

연못 바닥에 있던 애벌레들은 수선화 줄기를 타고 기어 올라가기만 하면 애벌레들이 돌아오지 않는 이유를 도무지 알 수가 없었다.
애벌레들이 모여서 다음에 기어 올라가는 애벌레는 반드시 그가 본 것을 보고하기 위해
되돌아오기로 약속했다.

다음에 기어 올라가기로 되어있던 애벌레가 애벌레들의 우두머리가 되었다.
그는 기어 올라가기 전에 반드시 돌아오겠다고 철석같이 약속을 했다.

그러나 그가 수선화 꼭대기에 올라갔을 때 대경실색을 하였다.
모든 것들이 너무나 아름다웠던 것이다.
더욱더 놀랐던 것은 그가 잠자리로 변해버린 사실이었다.

그가 연못 위를 빙빙 날아 돌면서 물 아래에 있는 동료들을 내려다 보았지만
어떻게 그들에게 돌아갈지 도저히 알 수가 없었다.

그때 그는 깨달았다.
설령 그가 돌아간다 해도 동료들이 그를 알아보지 못하리라는 것을.

실제로 예수님께서 부활하신 후 엠마오로 가는 길에서
제자들을 만나서 한참 동안 이야기를 나누셨지만 제자들은 예수님을 알아보지 못했다.
인간의 부활은 "새 사람"이 되는 것을 뜻한다.

인간은 "새 사람"이 되어도 외양은 변하지 않는다.
그러나 예수님께서는 부활하시면서 외양도 바뀌었던 모양이다.
그래서 제자들은 부활하신 예수님의 행동, 즉 "말씀"을 듣고서야 예수님을 알아 보았다.
만약 인간이 "새 사람"이 된 후 겉모습까지 변한다면
그 사람은 우리가 알고 있던 그 사람이 아닐 것이다.

우리는 이렇게 "외양까지도 바뀌는 새 사람"이 아니라
"과거와 다른 행동을 하는 새 사람"을 원하는 것이 아닐까?

실천이 따르지 않는 믿음은 절대로 부활로 이어지지 않는다.
실천하지 않는 죽은 믿음을 가진 사람은 절대로 "새 사람"이 될 수 없을 것이다.

미국의 세균학자이며 교수였던
『쥐, 이 그리고 역사Rats, Lice and History』를 쓴
한스 진서Hans Zinsser 1878-1940가 말했다.

"사람들은 보통 자기 위주로 생각하기 때문에 하느님에 대한 개념도 각양각색이다.
그리하여 하느님과 관련하여 대부분의 사람들은 자기 자신이 무의미한, 쓸모 없는 존재라는 철딱서니 없는 생각을 하고,
하느님이 나에게 아무 도움도 되지 않으므로
경외심을 가질 필요가 없다는 뻔뻔스러운 생각을 한다."

"때때로 우리들에겐 삶보다 죽음이 더 가깝다."

여 행

인생을 기나긴 나그네의 길에 비유하는 수가 많다.
그런데 그 길은 다양하지 못하여
거의 매일 왔던 길을 반복하여 오가면서 살고 있는 것이 현실이다.
이렇듯 다람쥐 쳇바퀴 돌듯 살다가 삶이 답답하게 여겨지고 고통스럽게 여겨지면 일상에서 벗어나 멀리 여행을 떠난다.
그러나 여행을 가서 자연을 탐닉하면서 답답하고
고통스러운 마음을 털어버렸다고 생각했지만 귀가 길에 고통이 사라지기는커녕 찰거머리 같이 꼭 붙어 따라다니는 것을 경험한 적이 많을 것이다.

나는 프랑스의 심리치료사 기 코르노Guy Corneau의 『마음의 치유』를 보고 나의 여태까지의 여행 목적이 잘못되었음을 깨달았다.

《애정이나 우정으로부터의 치유보다
더 앞서 이루어져야 하는 치유는 자연으로부터의 치유라 생각한다.
과하이 발달하고 생활이 편해질수록 사람들은 치유 받지 못하며 살아간다.
가장 큰 이유는 자연으로부터 치유 받지 못하기 때문이다.
자연은 어머니 같은 포근함과 거대함으로 세상 모든 생물들을 치유하는 능력을 가지고 있다. 사람이든 동물이든 곤충이든 식물이든 미생물이든 자연과 더불어 살며 충분히 치유 받으며 살아야 한다.
하지만 산업이 발달하고 생활이 편해지면서 사람들은 자연을 파괴하고, 자연을 해치고, 자연의 이치를 거스르며, 자연과 떨어져 살고 있다.
심지어 땅에서마저도 떨어져 살고 있으니….
고층빌딩, 고층 아파트로는 더 이상 땅의 기운이 올라가지 못하고 있다.

대지의 기운마저 충분히 받지 못하는 사람들이 무슨 힘이 있고 무슨 즐거움이 있겠는가?

어려서부터 자연 속에서 충분히 뛰놀지 못한 아이들은
자연으로부터 치유 받는 방법을 배우지 못한다.
그렇기 때문에 자연 속에서는 그저 마냥 심심할 뿐이다.
컴퓨터나 오락기가 없으면 세상 모든 것이 무의미한 것이 된다.
그렇게 자란 아이들은 치유의 방법을 영영 배우지 못하고
심지어 치유의 필요성마저 느끼지 못하며 살아가게 될지도 모른다.

자연으로부터 치유 받는 방법은 특별한 것이 아니다.
아주 간단하다. 자연 그대로를 즐기는 것이다.
흙 길을 걷고, 산과 들에 무성하게 자란 들풀과 노닥거리고, 물을 바라보고, 빗소리를 듣고, 바람과 놀고, 습한 흙 냄새를 만끽하고,
풀벌레의 노래를 감상하고, 오래오래 그것들에 집중하는 것이다.
사람들이 바다를 보러 가서 충분히 치유 받지 못하는 이유는
바다를 보러 가서 자신의 내면만 들여다 보느라 바다와 충분히 대화하지 못했기 때문이리라. 왜 바다를 보러 가서 나는 누구인가, 나는 무엇인가,
왜 사는가 하는 답도 나오지 않을 생각들에 사로잡혀 고뇌하는가?
바다의 짠 내음을 맡고, 파도 소리에 귀 기울이고, 조개 껍질을 줍고,
바닷물에 발을 간질이며 놀다 보면 놀라운 자연의 힘을 느끼게 될 것이다.
자신의 마음을 자연마저도 허락 받고 들어가야 하도록 닫아두지는 말자.》

나는 훌륭한 치료법을 두고도 해답도 없는 부질없는 생각들에만 몰두함으로써
시간과 돈을 써서 어렵게 찾아 간 자연을
오히려 외면하고 돌아오는 일을 수없이 반복해 온 것이다.
해답도 없는 부질없는 생각이란 과거의 잘못, 분노, 슬픔, 미래에 대한 불안감 등이다.

모두 과거에서 벗어나지 못함으로써 현재에 살지 못하고 있기 때문이다. 미래에 대한 불안감도 과거의 경험을 거울 삼아 지레 겁을 먹어서 생긴 불안이다.

과거에 이미 꿈은 깨지고 희망도 사라졌다는 것을 수없이 느꼈다.
언제나 고통 속에 후회만 하고 살았다.
과거가 무겁게 느껴지지만 그 과거를 피해 도망갈 수가 없었다.
후회는 제 자리로 돌아가게 한다.
거기서부터 새 출발을 해야 하는데 다시 과거로 또 빠져들기를 얼마나 많이 하였던가?
하느님의 용서도 그 과거를 바꾸어 놓는 것이 아니라
그것에 새로운 의미를 부여하는 것이다.
후회스런 과거는 우리에게 잘못을 되풀이하지 않게 한다.

"지나간 일을 생각하지 말라.
흘러간 일에 마음을 묶어두지 말라.
보아라, 내가 이제 새 일을 시작하였다.
이미 싹이 돋았는데 그것이 보이지 않느냐?
내가 사막에 큰 길을 내리라.
광야에 한길들을 트리라."(이사야 43:18-19)

미국인들이 가장 좋아하는 단어가 'challenge도전'인 것 같다.
과거에 얽매이지 않고 새로운 것을 찾아 나서며, 악전고투하여 이루어내고
어느 정도 개발이 되면 다시 새로운 것에 도전하는
마치 미식축구와 같이 후퇴가 없는 역동적인 삶을 좋아하는 도전정신이다.
도전한다는 것은 과거를 뒤돌아보지 않고 항상 새로운 것을 찾아 나선다는 뜻으로 '**끊임없는 신선한 변화**'를 추구하는 것으로 해석되기도 한다.
과거에 머물러 있으면 기뻤던 추억보다 슬프고 힘들었던 기억이 사람을

괴롭힐 뿐이다.
그렇다. 항상 변화가 필요한 것 같다.
의식주가 아닌 식의주食衣住 순으로 변화를 일으키면서 사는 것이 좋을 것 같다.
옳은 믿음에는 반드시 실천이 있어야 하듯 작은 변화부터 일으키면서 사는 것이 과거에서 탈출하는 유일한 방법이 아닐까?

나이 들면서 누구나 인생의 덧없음을 알고
인생무상人生無常도 안다.
그러나 **인생무상이란 말은 덧없음을 말하는 것이 아니라**
모든 것은 끊임없이 변한다는 것을 의미한다.
덧없음이란 인생을 알려고 깊이 파헤쳐 보아도
진리는 아주 평범한 것에 불과함을 느끼는 것이 아닐까?

『잡아함경』에서는 '덧없음'에 대하여
"덧없는 생각, 부질없는 생각을 끊어야 한다.
그러면 마음이 넉넉하고 안락하리라.
덧없는 생각이란 무엇인가?
육신에 매달리는 것이 덧없는 것이다.
감각적인 판단에 매달리는 것이 덧없는 것이다.
보고 느낀 생각들이 덧없는 것이다.
자기 중심적으로 사물을 판단하는 것이 덧없는 것이다."라고 정의하고 있다.

나는 신앙인으로서 '믿을 것은 하느님밖에 없다는 것을 깨닫는 것'이 최대의 진리임을 느낀다. 무엇을 걱정하는가?
모든 것을 주님께 맡기면 된다는 것을 알면서도….

산과 물

등산가들

오든 W. H. Auden

짧은 머리의 광적인 나리들과
집 주변의 슬프고 얼빠진 얼굴들을 피하여,
나는 나의 두려움의 산에 오른다.
위에는 아찔한 위태로운 바위와 동굴뿐,
고개 마루도 물도 없고 하여
핑계를 꾸며
나는 곧 바로 아래에 있는
목초지牧草地에 헐떡이며 쓰러져,
그들이 훔쳐가고 그들이 완성시킨 내 인생의,
죄로 가득 찬
내 얼굴을 식힌다.

그대와 함께 산에 오르는 것은 맹세만큼이나 쉬웠다.
우리가 산정山頂에 이르러서도
조금도 허기를 느끼지 못했지만,
우리는 경치는 보지 못하고
길 잃은 왼손잡이인 자신의 허상만 보았다.
해변으로 돌아와 보니
풍요한 대륙은 미지인 채,
사랑은 힘을 실어주었지만
의지를 앗아가 버렸다.

> 하찮은 권위에 매달려 사는 부르주아계급의 관료들,
> 도덕적으로 부패한 속물들을 피해서 위험이 가득 찬 산에 올라 잠시 휴식을 취한다.
> 그러나 그 산은 결코 낙원은 아니었다.
> 거기에도 역시 죄가 있고 인간인 이상 버릴 수 없는 필연적인 악이 있었다.
> 그러나 사랑에서는 그 도피가 마치 사랑의 맹세만큼이나 용이하다.
> 그러나 그 도피는 자기 기만이고 일종의 도취여서 눈에 보이는 것은 진실이 아니라 자기들의 모습뿐이다.
> 그것은 마치 거울에 비쳐본 제 모습과 같아서 왼손잡이이고 실체 없는 영상일 뿐이다.
> 애인끼리 서로 마주 쳐다 보았을 때에 그 눈동자에 비친 그들의 영상이 바로 그것이다.

오든에게 있어 거울의 이미지는 자기도취, 이기적 자애의 상징이다.
도덕가로서의 오든은 자기중심적이고 이기적인 자애로 말미암아
온갖 사회의 부도덕이 이루어진다고 말한다.
그러나 그의 시에 언제나 도덕가의 사회의식만이 들어있는 것은 아니다.
적어도 남녀간의 애정에 관한 한 맹목적이고 자기중심적인 사랑일망정 그것이 아름다울 뿐만 아니라 순간의 위안과 행복을 준다는 것도 부인하지 않는다.

'거짓이 없다.'에 해당하는 헬라어는 '위선이 없다.',
'연기하지 않는다.', '가면을 쓰지 않는다.'라는 의미를 갖고 있다고 한다.
세상의 인간관계는 매우 피상적이다.
모두들 자신을 보호하기 위해 겉치레를 하고 다니기 때문이다.
자신이 마음에 들지 않아 다른 사람인 것처럼 가장하고 살기 때문에 우리들은 다른 사람들의 허상을 만나고 다니는 셈이다.

그래서 교회에는 악인이 더 많은 아이러니가 벌어지고 있다.
저마다 의로움과 정의를 알고 구원을 받기 위해 찾아가는 교회에
악인이 우글거리고 있다는 것은 참으로 아이러니하다.
의로움과 정의는 인간관계의 충실함을 뜻한다.
하느님과의 관계에 충실하여 그분의 뜻에 순종하는 것이다.
요셉의 의로움은 먼저 마리아와의 관계에 충실함으로써 마리아를 살리는 것이었다.
그러나 교회에서 만나는 사람들은 '거짓투성이'의 자기합리화만 하는 사람들이 대부분이다.
요셉 성인 같이 말없이 의롭게 사는 사람은 드문 것 같다.

믿음은 바른 마음에서 나오는 청정한 행위이다.
그러나 무조건 믿게 되면 맹신에 빠지게 된다.
맹신은 눈 멀게 하는 어리석음이며 선하지 못한 행위이다.
이런 믿음은 자신의 복을 기원하기 때문에 생긴다.

멀리 가는 물

도종환

어떤 강물이든, 처음엔
맑은 마음, 가벼운 걸음으로
산골짝을 나선다

사람 사는 세상을 향해가는 물줄기는
그러나 세상 속을 지나면서, 흐린 손으로
옆에 사는 물도 만나야 하고, 이미 더럽혀진 물이나
썩을 대로 썩은 물과도 만나야 한다

이 세상, 그런 물과 만나면서

그만 거기 멈추어 버리는 물은, 얼마나 많은가
제 몸도 버리고 마음도 삭은 채
길을 잃은 물들은 얼마나 많은가

그러나 다시
제 모습으로 돌아오는 물을 보라
흐린 것까지 흐리지 않게 만들어
데리고 가는 물을 보라

결국 다시 맑아지며
먼 길을 가지 않는가?

때 묻은 많은 것들과 함께 섞여 흐르지만
본래의 제 심성心性을, 다 이지러뜨리지 않으며
제 얼굴 제 마음을 잃지 않으며
멀리 가는 물이 있지 않은가

교만과 겸손에 대하여

《교만은 흙만 있으면 생겨나는 잡초처럼 타락한 인간에게 아주 자연스러운 것이다.
교만을 제거하기는 논두렁에서 잡초를 제거하는 것만큼이나 어렵다.
자신의 교만과 허영을 뿌리 뽑으려고 노력하며 나는 겸손해졌거니 한다면,
얼핏 보기에 겸손 같으면서도 실상은 진짜 교만인 것이다.

——— ♪ ———

만약에 당신 안에 교만이 보인다면
주님께서는 당신이 낮아져서 주님 발 앞에 엎드릴 때까지 당신을 계속 치실 것이다.

"그러므로 하느님의 강한 손 아래에서 자신을 낮추십시오.
때가 되면 그분께서 여러분을 높이실 것입니다."(1베드로 5:6)

——— ♪ ———

겸손에 대해서 마음으로 깨달아야 할 것은
우리는 아무것도 올바로 할 수 없는 무력한 자임을 자각하는 것이다.
하느님이 크게 쓰시는 사람은 자기 자신을 온전히 내어 맡긴 사람이며,
하느님이 조금이라도 나를 사용하고 계신 것을 알면 깜짝 놀라는 사람이다.
그러면서도 여러 사람의 눈에 뜨이지 않기를 힘쓴다.

하느님은 비어있지 않은 그릇을 채워주지 않으신다.
자기 자신의 말로 가득 차 있는 입에는 하느님의 말씀을 넣어주시지 않는 것이다.

그렇기 때문에 하느님의 능하신 손 아래서 자신을 비워 겸손하라.
예수께서 만물 위에 올라가 만물을 충만케 하기 위해 어디까지 낮아지셨는가?
그를 따라 우리도 가장 낮은 곳까지 내려가야 할 것이다.

나로서는 사람에게는 아무것도 받지 않고,
오직 외로움에 처하는 특권을 즐기며
하느님의 명령대로 일하는 작은 개미와 같이 되었으면 한다.
자신의 몫을 다한 것을 누가 알아주기를 바래 번뇌하는 일이 없도록 하자.
우리는 오직 하느님과의 관계에 있어서 하느님 보시는 데서 하면 되는 것이다.

지혜의 눈으로 보면 현관 앞에 구두의 흙을 털어내는 매트보다 귀한 도구는 없다.
스스로 구두 매트가 되어 남이 당신 위에서 신을 비벼 터는 대로 묵묵히 당한다면
그것이 바로 그리스도의 겸손한 마음에 동참하는 것이다.

——— ♪ ———

'하느님의 능하신 손'의 도우심 없이는 아무것도 할 수 없다.
그러므로 '때가 되면 높이시리라.'는 약속에 매달리기 위해
겸손히 주의 손아래 자신을 맡기는 것이다.
기쁜 마음으로 스스로가 무가치한 자가 된다면 하느님께서는 무슨 일엔가 쓰시게 될 것이다. '누구든지 자기를 높이는 자는 낮아지고
누구든지 자기를 낮추는 자는 높아지리라.'하신 주의 말씀을 기억하라.

맨 꼭대기에 올라가려는 야심을 가진 사람은 머잖아 맨 밑바닥에서 자신이 발견될 것이다. 하느님이 자녀들에게 시련을 내리는 것은 그들을 낮추기 위한 것이다.

당신이 고통을 당하거든 거기 상응하는 교만의 죄가 없었는지 살펴라. 우리의 슬픔의 밑바닥에는 보통 죄가 개재해 있다.

재물 때문에 시련을 당한다면 내가 재물이 있다고 우쭐대거나 이 세상을 사랑하지 않았는지, 건강을 잃었다면 체력을 자랑하거나 어느 지체를 가지고 잘못을 저지르지 않았는지….

——— ♪ ———

그러한 우상들을 끌어내려 없애버리고 하느님만을 의지하라.
그리고 자신이 당하는 고난에 대하여
나는 그 모든 고통을 받아 마땅한 자라는 것을 고백하고 겸손하라.
주님은 우리의 죄를 따라 처치하지 않으시며 우리의 죄악을 따라 갚지 아니하신다.
어떠한 비참한 일을 당하더라도 주의 징계의 손길이 지나치게 가혹한 일이 없다는 것을
고백하고 전적으로 하느님의 뜻에 맡기는 데까지 낮아지라.
낮아질 대로 낮아져 티끌에까지 내려 가라.
하느님은 분명코 당신을 아들로 다루고 계신다.》

찰스 스펄진(Charles Spurgeon) 목사님의 글

교만과 허영은 반드시
창피와 모욕을 불러온다는 것을 실감하고 있던 터에 목사님의 글을 접하게 되었다.
나의 교만은 남을 무시해서가 아니라 스스로 자만에 빠져 자랑하고 떠드는 것이다.

우연히 숫타니파타 4장에 나오는 8편의 시에 다음과 같은 구절을 발견하였다.
"마음으로부터 화를 내고 남을 비방하는 사람이 있다.
또한 마음이 진실한 사람이라도 남을 비방하는 일이 있다.

비방하는 말을 들을지라도 성인은 그것에 동하지 않는다.
성인은 무슨 일에나 마음이 거칠어지지 않는다.
욕심에 끌리고 소망에 붙들린 사람이 어떻게 자기의 견해를 초월할 수 있을까?
그는 자신이 완전하다고 생각한 바를 그대로 행한다.
그는 또 아는 대로 떠들어댈 것이다.
누가 묻지도 않는데 남에게 자기의 계율과 도덕을 선전하는 사람,
스스로 자기 일을 떠들고 다니는 사람은,
거룩한 진리를 갖지 못한 사람이라고, 진리에 도달한 사람은 말한다.
편안하고 마음이 안징해진 수행승이 계율에 대해서,
나는 이렇게 하고 있노라 하면서 뽐내지 않고,
이 세상 어디에 있더라도 번뇌가 불타지 않는다면,
그는 거룩한 진리를 지니고 있는 사람이라고, 진리에 도달한 사람이라고 사람들은 말한다.”

내가 아직도 진리에 도달하지 못한 것은 너무나 당연한 일이지만,
나의 입으로 교만과 허영의 죄를 거듭 짓는 것이 안타까울 뿐이다.
더구나 이를 뉘우치고 반성하고 나서도 다시 꼭 같은 죄를 짓는 것은 참회하지 못한 탓이다. 성경에서 말하는 율법학자와 다름이 없다.
“율법학자들을 조심하여라.
그들은 긴 겉옷을 입고 다니며 장터에서 인사 받기를 즐기고,
회당에서는 높은 자리를, 잔치 때에는 윗자리를 즐긴다.
그들은 과부들의 가산을 등쳐먹으면서 남에게 보이려고 기도는 길게 한다.
이러한 자들은 더욱 엄중히 단죄를 받을 것이다.”(루카 20:46-47; 마태오 23:38-40)

교만과 허영이 아니라 위선이다.
교만과 위선은 동전의 앞뒤와 같다.

과거라는 양파껍질 - 집착의 흉터

사람에게 가장 확실한 명제는 살아있다는 것과 순간순간 죽어가고 있다는 사실이다.
그러기에 왜 사는지, 죽음의 끝자락은 어딘지, 그 의미가 무엇인지를 알고
유일한 실재實在에 대한 자아의식이 깨어나야 새로운 인간으로 태어나게 된다.

사람은 누구나 살아가면서 자신의 내면에 과거를 겹겹이 쌓고 있다.
또 우리의 내면 세계는 복잡다단한 관계들로 꽉 차 있다.
그 속에는 사실 그대로의 과거만 있는 것이 아니라
우리가 원하는 모든 방식으로 각색된 과거가 함께 담겨 있기 때문이다.
대개 사람들은 양파껍질의 가장 바깥쪽에 해당하는
마음의 표면에 가장 큰 저항감을 지니고 있다.
가장 대중적이고 방어적인 반응이 작용하는 곳이기 때문이다.
우리의 사회적인 자아,
즉 남의 기대대로 행동하는 자아는 표면적인 자아로,
남에게 좋은 인상을 준다든지 너무 남의 눈에 띄지 않는 것을
우선적으로 고려하도록 훈련되어 있다.

이보다 더 깊숙한 층은 우리의 가장 은밀한 감정이 간직되어 있는 곳으로,
우리가 사랑 받고 사랑할 수 있는 이유는
이 의식층意識層이 그런 감정을 불러일으키기 때문이다.
인간의 가장 깊은 가치가 인식되는 곳이 바로 이곳이다.
'하느님의 소리'인 '양심'이 가장 깊숙한 곳에 자리 잡고 있는 것이다.

그러나 우리는 살아가면서 좀처럼 '양심'을 꺼내놓지 못한다.

선종한 미국의 풀톤 쉰Fulton J. Sheen 대주교는
『행복에 이르는 7가지 비결』 산문집散文集에서

"사람은 누구나 양파와 같다.
그의 피상적인 자아는 여러 겹의 껍질로 싸여 있고 모든 껍질 그 속에 진정한 자아가 있다. 자아부정은 외부적인 기만을 모두 벗겨내고, 드디어 진정한 우리 성격을 드러낸다.
하느님을 아는 사람이 이토록 희귀한 이유는 사람들이 자기 자신을 모르기 때문이다.
그들은 실재實在가 하나도 없는 임시변통의 세계에 살고,
따라서 모든 실재의 근거를 놓치고 산다.
서양인들은 성격이 외부의 작용으로 형성되고,
개인의 행동과 생각 그리고 내면의 의지작용은 전혀 상관이 없다고 잘못 믿기 시작했다.
그러나 이것은 도피이다."

우리들 마음 가장 깊은 곳에 '하느님의 소리'인 '양심'이 있다.
그러나 우리는 살아가면서 좀처럼 '양심'을 꺼내 놓으려고 하지 않는다.

김홍언 신부님은 〈새벽을 여는 영성의 샘물〉에서 여섯 개의 '나'를 말하고 있다.

"양파를 벗기고 또 벗겨도 알맹이가 아무 것도 없는 그것이 양파입니다.
사람도 여러 겹의 포장으로 싸여 있습니다.

첫째로 남에게 보여주려고 하는 나,
둘째로 내가 되고 싶은 나,
셋째로 내가 되어가는 나,
넷째로 내가 나를 생각하는 나,

다섯째 남이 평가하는 나,
여섯째 있는 그대로의 나.

있는 그대로의 실재인 '나'가 참 자아일 것입니다.
그러나 어렸을 때부터 사회적 요인으로 형성된 거짓 자아로 여러 겹으로 싸여
자기 자신도 착각과 환상으로 참 자아를 대면하기가 매우 어렵습니다.

예수님과 같이 자기 자신을 버리고 자기 십자가를 지고 하느님을 따를 때 비로소 하느님께서 당신 모습으로 빚으신 자신의 참 자아를 대면할 것입니다."

하느님께서 가장 좋아하시는 선물

그때에 군중이 점점 더 모여들자 예수님께서 말씀하셨다.
"이 세대는 악한 세대다.
이 세대가 표징을 요구하지만 요나 예언자의 표징밖에는 어떠한 표징도 받지 못할 것이다. 요나가 니네베 사람들에게 표징이 된 것처럼,
사람의 아들도 이 세대 사람들에게 그러할 것이다.
심판 때에 남방 여왕이 이 세대 사람들과 함께 되살아나 이 세대 사람들을 단죄할 것이다. 그 여왕이 솔로몬의 지혜를 들으려고 땅 끝에서 왔기 때문이다.
그러나 보라, 솔로몬보다 더 큰 이가 여기에 있다.
심판 때에 니네베 사람들이 이 세대와 함께 다시 살아나 이 세대를 단죄할 것이다.
그들이 요나의 설교를 듣고 회개하였기 때문이다.
그러나 보라, 요나보다 더 큰 이가 여기에 있다."(루카 11:29-32)

요나는 〈요나 예언서〉의 주인공이다. 그는 하느님의 부르심을 받지만 외면하였다.
이방인 도시 "니네베로 가서 **회개를 외쳐라.**"는 명령을 거부하고 도망을 쳤다.
그는 하느님을 피하기 위해 세상 끝에 있다는 도시 '타르시스'로 가는 배를 탔지만
가는 도중에 폭풍을 만나 배가 뒤집힐 지경이 되었다.
그러자 함께 타고 있던 사람들이 외쳤다.
"자, 제비를 뽑아서 누구 때문에 이런 재앙이 우리에게 닥쳤는지 알아봅시다."(요나 1:7)

제비를 뽑은 결과 요나가 걸려서 그들은 어쩔 수 없이 요나를 바다에 던졌고,
이후 풍랑은 멈추게 되었다.
하지만 하느님에 의해 요나는 물고기 배 속에서 사흘을 지내다 육지로 나오게 되었다.
이제 요나는 옛날의 요나가 아니었다. 새롭게 부활한 것이었다.
이전의 요나는 바다에 던져질 때 이미 죽었고
그는 물고기 배 속에서 하느님의 사람으로 다시 태어났던 것이다.
오늘의 복음(루카 11:29-32)을 통하여
예수님께서는 그렇게 살고 있지 않는 이스라엘을 꾸짖으셨던 것이다.
니네베 사람들은 요나의 부활을 보고 회개했는데
이스라엘 사람들은 어찌 전능하신 분의 말씀을 듣고도 미적거리고 있느냐는 말씀이다.

죄가 많은 한 여인이 죽어서 천국의 문에 이르렀다.
그녀는 하느님께서 가장 좋아하시는 선물을 갖고 와야만
천국의 문을 통과할 수 있다는 말을 듣고 이를 가지러 땅으로 되돌아갔다.
그녀는 일주일 후에 순교자의 피 한 방울을 들고 다시 천국으로 갔다.
그러니 하느님께서 더 좋아하시는 것이 있다고 퇴짜를 맞았다.
한 달 뒤 늙은 선교사의 이마에 흐르는 땀방울을 들고 다시 천국의 문을 노크하였다.
또 다시 하느님께서 더 좋아하시는 것이 있다고 퇴짜를 맞았다.
일년 후 **회개하는 죄인의 눈물**을 들고 가서 보여주었더니
그제서야 하늘에서 무척 기뻐하였다.
이것이 바로 **하느님께서 가장 좋아하시는 선물**이었던 것이다.

"가장 큰 잘못은 아무것도 모르는 것이다."(토마스 칼라일)

신부님 같이 말한다

어느 날 구역모임에서 내가 묵상한 것을 말하니
한 자매님이 "형제님은 꼭 신부님 같이 말한다."고 하였다.
어안이 벙벙하여 할 말을 잊어버렸다.
일반적으로 사제司祭보다도 평신도가 훨씬 믿음이 약하고
'말씀'대로 살지 않는 세속의 모습을 그대로 솔직하게 토로한 것이었다.

성경 말씀대로 산다는 것이 쉬운 일이 아니라는 것은 잘 알지만,
성경을 자기 나름대로 해석하여 자기 합리화를 하면서
예수님을 닮는 삶을 아예 포기한 것은 아닐까?
베네딕토 성인의 "기도하며 일하라 Ora et Labora.**"는 말은**
실현 불가능한 말을 한 것은 아닐 것이다.
성인聖人이 되기 위한 조건을 말한 것도 아닐 것이다.

오늘의 독서와 복음에
"사무엘은 아직 주님을 알지 못하였다."(1사무엘 3:7)

"다음 날 새벽 아직 캄캄할 때,
예수님께서는 일어나 외딴 곳으로 나가시어
그곳에서 기도하셨다."는 대목이 나온다(마르코 1:35).

주님이 세 번이나 소년 사무엘을 불러도 알지 못하고
결국 아버지인 엘리가 일러주어 알게 된다.

우리들과 함께 계시는 주님은 항상 끊임없이 우리에게 말씀하신다.
사제들에게만 말씀하시는 것은 아니다.
단지 우리들은 자신을 변명하는데 급급하여 하느님의 말씀을 듣지 못하고

있는 것이다.

또 예수님은 "내 아버지께서 여태 일하고 계시니 나도 일하는 것이다….
그분께서 하시는 것을 아들도 그대로 할 따름이다."하시면서
가르치거나 치유의 기적을 보이시고는
바로 외딴 곳으로 가셔서 기도하는 모습을 보여 주셨다(요한 5:17-18).

새해가 되면 누구나 새로운 다짐을 한다.
판에 박힌 듯한 일상에 지쳐서 새로운 삶을 다짐하는 것이다.
내적인 반성과 욕구가 빌미가 된 것이다.
사무엘도 주님의 말씀을 듣고 새로운 삶을 살게 되었다.
말씀을 듣지 못하였으면 달라지지 않았을 것이다.

독일의 평신도 신학자인 크리스타 바이저Christa Weiser, 1946- 는
"우리가 항상 외딴 곳으로 가는 것이 왜 그렇게 중요한가?
이는 자기자신에게 돌아가는 사람이라야 다른 사람에게로 갈 수 있기 때문이다.
자기 자신을 찾고 또 자기를 사랑하는 사람만이
이웃을 찾아가는 길을 발견하고 이웃을 사랑할 수 있게 된다.
이것이 바로 예수께서 규칙적으로
한적한 곳을 찾아가서 제자들과 함께 머물러 계셨던 이유다."고 말했다.

사람들은 자신을 알지 못하고
매일 자신의 얼굴을 거울을 통해 보아도 자신이 악마의 얼굴을 하고 있는지 모른다.
"너희의 잔과 접시에 있는 것을 가난한 사람에게 주어라.
그러면 모든 것이 깨끗해질 것이다."(루카 11:41)
곱게 늙어가지 못하는 것이다.
이기적인 사랑만 해 온 것이다.

사랑만이 악마 같이 변한 얼굴을 평화로운 얼굴로 변화시킬 수 있다.

자기 사랑과 자기의 뜻을 십자가에 매달아야 한다

오늘 중앙일보에 『내려놓음』의 저자 이용규 선교사개신교와의 인터뷰가 실려 있다.
교회에 다니기만 하면 구원은 따 놓은 당상이라고 생각하는
일부 그리스도교 신자들의 잘못된 구원관救援觀에 대해 말하고 있었다.

"구원은 교회에 다니면서가 아니라,
예수그리스도와 하나됨을 통해 이루어지는 것이다."라고 말하면서
하나가 되는 방법을 말하고 있다.

"자기 사랑과 자기의 뜻을 십자가에 매달아야 한다.
그렇게 자아를 못박아야 한다.
그런데 많은 사람들이 자아의 실현, 나의 성공을 위해 교회에 다닌다.
그게 뭔가? 하나님을 믿는다고 하면서도, 실은 나를 믿는 것이다.
그게 자기 사랑이다.
이게 십자가 안에서 해결되지 않고선 온전한 자유도 없고, 온전한 행복도 없다."

〈자아를 십자가에 못박으면 어찌 되나?〉
"내 안에 공간이 생긴다. 하나님께서 들어오실 공간이 생긴다. 예전에는 공간이 없었다.
내 속이 '자아'로만 꽉 차 있어서 하나님께서 들어오실 통로도,
머무실 자리도 없었던 것이다."

〈공간이 생기면 어찌 되나?〉
"공간이 생기면 달라진다. 거기서 예수님이 부활하시기 때문이다.
그때부터 주님과 나, 나와 주님의 동행이 가능해진다.

이게 바로 예수님과의 동행이고, 하나님과의 하나됨이다."

〈그럼 자아와 하나님의 관계는?〉

"우리는 모두 '나'라는 울타리를 가지고 있다.
그 울타리 안은 '자아'로 가득 차 있다.
그래서 예수님께서 오실 자리가 없는 것이다.
우리는 '주님, 오십시오.'라고 기도한다.
그러나 기도만 한다고 오시는 게 아니다.
그 울타리를 거두어야 한다.
'나'라는 자아가 주님과 함께 십자가에 못박혀서 주어져야 한다.
그럴 때 주님이 내 안에서 사시게 된다."

〈가슴에 새기는 성경 구절이 있다면?〉'

"갈라티아서 2장 19-20절이다.
'나는 그리스도와 함께 십자가에 못박혔습니다.
이제는 내가 사는 것이 아니라 그리스도께서 내 안에 사시는 것입니다.'"

그 동안 개신교 신자들의 잘못된 구원관,
이를 북돋우는 듯한 목사님들의 설교를 못마땅하게 생각했었다.
그리고 하느님과 하나가 된다는 것이 얼마나 어려운가를 묵상하였는데
오늘 이용규 선교사의 인터뷰를 보니 속이 후련하다.

돼먹지도 않은 자아를 위하여 성경 말씀을 자기 합리화하는 데
이용하는 사람들의 어리석음을 꿰뚫어보고 있다.
자아가 강하면 뒤틀린 마음을 갖게 된다.
그래서 자신은 옳고 완벽하고 다른 사람은 잘못됐고 불완전한 존재로 보이는 것이다.
그리고 성경 말씀을 자기 편리한 대로 해석한다.
성경에는 직설법은 별로 없고 비유법이 많이 쓰여서 그들에게는 무척 다

행스런 일이다.
자기 자신을 모르면 아무리 훌륭한 스승이 말해도 그 말뜻을 알아 들을 수가 없는 법이다. 그런데 자기 자신을 아는 사람은 아주 드물다.
그래서 사람들은 옳은 신앙을 갖지 못하는지도 모르겠다.

안셀름 그륀 신부님은 말했다.
“하느님 표상을 완벽한 존재로 가진 사람은
자신의 일도 완벽하게 해야 한다고 생각하고
다른 사람 앞에 완벽하게 보이려고 노력한다.
그러면서 다른 사람이 자신에게 어떤 잘못도 발견하지 못하도록 감추는 데에 주안점을 둔다. 이러한 사람은 다른 사람의 판단에 대해 두려움을 가지고,
나아가 하느님께서도 자신을 판단하실까 염려한다.
자신이 자신의 잘못을 용서할 수 없기 때문에
하느님께서도 용서하시지 않는 것으로 여긴다.”

“사제와 수도자들 중에는 날마다 성무일도, 묵상, 묵주기도를 충실히 하면
하느님의 뜻에 따라 살아가는 것으로 여기는 사람들이 있다.
이러한 종교의식들도 물론 나름대로의 고유한 가치를 지니고 있다.
그러나 이러한 종교적 의식들을 채우는 데에만 급급하다 보면
이들은 나를 하느님께로 인도하는 것이 아니라 나 자신에게로만 인도하고 만다.
이렇게 **틀에 박힌 행위는 하느님을 찾기 위해서가 아니라**
자신과 다른 사람 그리고 하느님 앞에,
내가 의로운 사람으로 인정받는 것에 급급한 것일 뿐이다.
많은 사람들이 이러한 행위를 통해 하느님이 아니라
자신의 안전과 가치를 찾으려고 한다.
이러한 행위는 영적으로 생기 있게 하기보다는 경직되게 한다.

이들은 종교적 의무를 수행하는 것으로 자신의 삶으로부터 도피하는 것이다."

"우리 안에 있는 모든 것을 거짓이 아니라,
있는 그대로 인지할 때, 기도 안에서 하느님께로 나아갈 수 있다.
그렇게 할 때, 비로소 영적인 길을 출발할 수 있게 된다.
자신이 살아온 삶의 과정을 진지하게 되돌아 보고 회개하지 않으면 영적 방법은 공중에 떠있게 된다."

"자기 자신의 진면목을 바라보는 사람만이 영적인 길로 나아갈 수 있다.
자신의 몸과 마음 중 일부를 자기 자신과 하느님께 숨겨두는 사람은 앞으로 나아가지 못한다.
자기 자신을 만나지 못하는 사람은 하느님과도 만나지 못한다.
수많은 종교인들이 하느님께서 멀리 계신다고 호소를 하는 것은
그들 자신이 자신으로부터 멀어져 있는 것에 항상 원인이 있다.
이들은 자신의 영혼으로부터 너무 멀어져 있다.
이들은 하느님께 오직 자신의 밝은 면만 보여 드린다.
하느님 앞에 내놓지 않고 감추어 둔 어두운 부분이
이들을 불구가 되게 하고 위축되게 하여 자기 자신과 하느님을 느끼지 못하게 방해한다.
치료therapy는 이러한 숨김을 없애고 진면목을 하느님 앞에 내놓는 데에 도움이 된다.
그렇게 할 때에만 비로소 삶이 다시 피어나고 영적인 길에 대한 흥미를 가질 수 있게 한다."

요셉과의 만남

2년 여 만의 만남이었다.
그 심한 병고를 치르고서도 요셉의 얼굴은 티없이 맑고 건강해 보였다.
기적이 일어난 것임이 분명했다.
짧은 시간이었지만 주님에 대하여 깊은 이야기를 많이 나누었다.
같은 신자끼리도 영성에 대하여 터 놓고 말 못하는 심정을 요셉이 말했다.
매일 미사의 대속에 대하여 말하고
다락방기도를 시작해보라고 권하면서 두툼한 책과 기도서들을 챙겨주었다.

아빌라의 성녀 데레사의 묵상 글을 다시금 곱씹어 보게 하였다.

《주님께서 제게 말씀하셨습니다.
"진실로 나를 사랑하는 사람은 많지 않다.
진심으로 나를 사랑한다면 나를 기쁘게 하지 않는 모든 것이 거짓임을 안다.
그대가 나를 진실로 나를 사랑한다면 나는 그대에게 아무 것도 숨기지 않을 것이다."

저는 이제 진실이 아니거나 주님을 기쁘게 해드리지 않는 것은
그 무엇도 마음에 두지 않는 것이 커다란 축복임을 알게 되었습니다.

하느님을 위해 일하지 못하게 하는 것은 무엇이나 허영이며 거짓입니다.
성서의 가장 작은 내용이라도 마음을 다해 실천할 것을 다짐합니다.
세속적인 지혜를 넘어 우리를 하느님께 이끌어 달라고 청하며
진리 안에서 살려는 소망을 가지면 이겨내지 못할 어려움이 없으리라 믿

습니다.》

수중에 돈이 없으니 안타깝다.
돈이 있다면 무엇을 할 것인가를 생각해 보지만,
친구들과 가까운 사람들을 불러들여 술 마시면서 흥청망청 물쓰듯 돈 쓰려는 허영이
가장 먼저 생각나는 것은 아직도 주님의 길을 따르겠다는 생각이 거짓임을 깨닫는다.
속물근성이 뿌리 깊이 박혀있다.
반성하며 다시 생각해 본다.
어렵게 사는 친척과 이웃들을 가장 먼저 도와야 한다는 것이 생각난다.

강영구 신부님 말대로 나는 허영에 들떠있는 죄인이다.
《시몬 베드로는 나자렛의 목수 예수님을 만나서
자신이 지닌 어부漁夫로서의 전문적인 지식이 얼마나 보잘것없는 것인지를 깨닫습니다.
그 순간 그는 눈이 번쩍 뜨여 적나라한 자신의 모습을 봅니다.
그는 자신이 죄인罪人이라고 고백합니다.
죄인罪人이 따로 없습니다.
윤리적, 도덕적으로 비난 받을 짓을 하는 사람만이 죄인이 되는 것이 아닙니다.

자신이 지닌 학식, 전문지식, 지위와 명예,
돈과 권력 따위에 의지해서 서려고 하는 사람이 죄인罪人입니다.

돈과 권력, 지위와 학식 따위의 소리에 귀를 기울이느라
하늘의 소리를 외면하는 사람이 죄인입니다.

하늘과의 관계가 단절된 가운데 사는 사람이 죄인입니다.

불행하게도 죄인은 자신이 죄인이라는 사실을 모릅니다.

예수님은 스스로 죄인이라 고백하는 베드로를 '사람 낚는 어부'로 불러 제자로 삼습니다.

자신이 죄인이라는 사실을 깨달으면 그는 이미 죄인이 아닙니다.

자신이 죄인이라는 사실을 알면 그때부터 하늘의 소리가 들리기 시작합니다.》

회개와 새로운 삶

마태오 복음(3:2)에서 세례자 요한은
"회개하여라, 하늘나라가 가까이 왔다." 고 말하고 있다.
그러나 영어로 된 성경에는
"Reform your lives, the Kingdom of God is at hand."로 되어 있다.

영어성경에는 "하늘나라가 가까이 왔으니,
세례를 받고 회개하여 새로운 삶을 살아라."고 분명히 말하고 있다.

그러나 **우리들은 세례를 받은 후 전혀 달라지는 모습을 보이지 않는다.**
세례를 받으면 나약한 인간성을 인정하며 겸손해져야 하며,
하느님을 세상의 창조주, 주님으로 겸손하게 고백하고
그분께 의탁하며 찬양을 드려야 한다.
그리하여 그분이 나의 삶의 중심이 되도록 사는 것이 세례의 삶이나.
세례자 요한 같이 태어날 때부터 성령을 받아 주님을 참으로 믿는 사람은 드물고,
온갖 시행착오를 다 거친 후 자신의 무력함을 진심으로 느낄 때
하느님을 찾는 것이 우리들의 모습이다.
그러나 세례자 요한이 말한 대로 세례를 받으면 당연히 '새로운 삶'을 살아야 한다.

십자가의 성 요한은 그렇게 하지 못하는 속물인 우리 인간을 두고 다음과 같이 말했다. "인간의 인격은 하느님과의 합일을 향한 무한한 가능성을 지닌 존재로서 비추어진다.
하지만 **지성과 의지와 기억과 상상이라는 거대한 '동굴들'이**
언뜻 충만감을 보장해 줄 것 같은

인간적 지식과 사랑과 희망과 기억의 내용물들로 가득 차 있는 한,
인간은 자신 안에 내재해 있는 그러한 가능성의 심원深遠을 느끼지 못할 뿐더러 그에 대한 상상조차 할 수 없다.
우리는 이제껏 자신이 목숨 걸어온 대상이나 사람에게서
파손되기 쉬운 연약성을 체험하게 될 때,
우리가 삶의 애착을 두고 추진하던 일이 한계 상황과 실패로 치달을 때,
우리의 희망과 의미의 체계들이 산산이 부서질 때,
그럴 때에야 비로소 우리의 존재 깊숙이 내재하는 목마름과 굶주림의 심원,
즉 하느님과의 합일合一을 향한 무한한 가능성의 세계를 진정으로 감지할 수 있다."

그러나 이렇게 어렵게 얻은 하느님과의 합일도
가까운 사람들과 하나 되지 못함으로써
마음 붙일 데가 없는 외로움에 묻혀버리고 말 때가 많다.
쟁기를 잡고 자꾸만 뒤를 돌아보는 어리석음을 저지르는 것이다.
이 세상에서 오로지 주님에게만 의지한다는 것이 얼마나 어려운가를 실감한다.
김재진 시인의 시가 떠 오른다.

누구나 혼자이지 않은 사람은 없다

믿었던 사람의 등을 보거나
사랑하는 이의 무관심에 다친 마음 펴지지 않을 때
섭섭함 버리고 이 말을 생각해보라.
-누구나 혼자이지 않은 사람은 없다.
두 번이나 세 번, 아니 그 이상으로 몇 번쯤 더 그렇게
마음속으로 중얼거려 보라.
실제로 누구나
혼자이지 않은 사람은 없다.

지금 사랑에 빠져 있거나, 설령
심지 굳은 누군가 함께 있다 해도 다 허상일 뿐
완전한 반려란 없다.
겨울을 뚫고 핀 개나리의 샛노랑이 우리 눈을 끌 듯
한때의 초록이 들판을 물들이듯
그렇듯 순간일 뿐
청춘이 영원하지 않은 것처럼
그 무엇도 완전히 함께 있을 수 있는 것이란 없다.
함께 한다는 건 이해한다는 말
그러나 누가 나를 온전히 이해할 수 있는가
얼마쯤 쓸쓸하거나 아니면 서러운 마음이
짠 소금물처럼 내밀한 가슴 속살을 저며 놓는다 해도
수긍해야 할 일.
어차피 수긍할 수밖에 없는 일.
상투적으로 말해 삶이란 그런 것.
인생이란 다 그런 것.
누구나 혼자이지 않은 사람은 없다.
그러나 혼자가 주는 텅 빔,
텅 빈 것의 그 가득한 여운
그것을 사랑하라.
숭숭 뚫린 천장을 통해 바라뵈는 밤하늘 같은
투명한 슬픔 같은
혼자만의 시간에 길들라.
별들은
멀고 먼 거리,

시간이라 할 수 없는 수많은 세월을 넘어
저 홀로 반짝이고 있지 않은가.
반짝이는 것은 그렇듯 혼자다.

가을날 길을 묻는 나그네처럼, 텅 빈 수숫대처럼
온몸에 바람소릴 챙겨 넣고
떠나라.

———— ♪ ————

"내가 세상에 평화를 주러 왔다고 생각하지 마라.
평화가 아니라 칼을 주러 왔다.
나는 아들이 아버지와, 딸이 어머니와, 며느리가 시어머니와 갈라서게 하려고 왔다.
집안 식구가 바로 원수가 된다.
아버지나 어머니를 나보다 더 사랑하는 사람은 나에게 합당하지 않다.
아들이나 딸을 나보다 더 사랑하는 사람은 나에게 합당하지 않다.
또 제 십자가를 지고 나를 따르지 않는 사람도 나에게 합당하지 않다.
제 목숨을 얻으려는 사람은 목숨을 잃고,
나 때문에 제 목숨을 잃는 사람은 목숨을 얻을 것이다."(마태오 10:34-39)

피보다 더 진한 것

예수님의 어머니와 형제들이 예수님을 찾아 왔지만, 군중 때문에 가까이 갈 수가 없었다. 그래서 누가 예수님께
"스승님의 어머님과 형제들이 스승님을 뵈려고 밖에 서 계십니다."하고 알려 드렸다.
그러자 예수님께서 그들에게 이르셨다.
"내 어머니와 내 형제들은 하느님의 말씀을 듣고 실행하는 이 사람들이다."(루카 8:19-21)

마르코는 "하느님의 뜻을 행하는 사람이면 누구나 형제 자매요 어머니이다."고 말했지만 루카는 "하느님의 말씀을 듣고 행하는 사람들"이라고 말한 차이밖에 없다.
누구나 하느님의 말씀을 듣고 실제로 행동하면 당신의 가족이 될 수 있다고 말씀하신 것이다.

이를 더 직설적으로 표현하신 것은 "선생님을 배었던 모태와 선생님께 젖을 먹인 가슴은 행복합니나."하고 한 여인이 군중 속에서 나와 예수님께 말하자, "하느님의 말씀을 듣고 지키는 이들이 오히려 행복하다."고 답하셨던 대목이다(루카 11:27-28).

성모 마리아와의 관계를 생물학적인 관계로 보시지 않고
성인聖人의 반열에 올려 놓고 하신 말씀이다.
그래서 초기의 순교자들은
"진정한 그리스도인의 친척은 성인밖에 없다."고 말했다.
그리스도의 피로 보속補贖을 받고 하느님의 자녀가 된 성인들만이 그리스도인들의 친척이 될 수 있다는 것이다.

성인들만이 하느님의 말씀을 충실히 따라 행동했기 때문이었다.

역으로 말하면 하느님의 말씀을 충실히 따르지 않고 행동하지도 않은 사람은 그리스도인의 가족이 될 수 없다는 것이다.
그래서 어머니는 “한 여인”이며 아버지는 “한 남자”에 불과하게 된다.

성자聖者는 매일 죽어야 한다.
육체적인 죽음이 아니라 하느님 앞에 또는 부처님 앞에 매일 무릎을 꿇어야 한다는 뜻이다.

그래서 작가 신경숙 씨는
“산다는 일은 바로 어제의 일들과 헤어지는 일인지도 모른다.
그것과 헤어지고는 그것을 잃고는 도저히 견딜 수 없는 일을
도리 없이 견디고 도리 없이 지나오는 동안
견고해진 얼굴은 때로 징그럽다.”고 말했다.

어제의 일이 정당했는지 부당했는지는 우리 인간의 판단을 넘어서는 일이다.
그러나 우리들 범인凡人들은 무리하여 판단하고는 가슴을 치고
또는 기뻐하고 야단법석을 떤다.
조용히 기도하지 않고 오늘도 자신을 죽이지 않아 악마가 설치게 내버려 둔 결과이다.

매일 새로운 사람이 된다는 것은,
어제의 나를 죽이지 않고는 이루어지지 않으며,
매일 부활하여 주님의 삶을 본받아 사는 것이다.

아득한 성자聖者

조오현 스님

하루라는 오늘
오늘이라는 이 하루에
뜨는 해도 다 보고
지는 해도 다 보았다고
더 이상 볼 것 없다고
알 까고 죽는 하루살이 떼
죽을 때가 지났는데도
나는 살아 있지만
그 어느 날 그 하루도 산 것 같지 않고 보면
천 년을 산다고 해도
성자는
아득한 하루살이 떼

예수님의 말씀대로 생각하면,
회개하지 못하고 부활하지 못한 죄인에게는 아버지, 어머니가 계시지 않고
'한 남자'와 '한 여인'이 가까이 있는 것이다.

서투른 사랑

주일 날 두 가지 사건이 있었다.
첫 번째 사건은 성지순례를 갔다가 아끼던 형제교우한테서 충격적인 말을 들었던 것이다. 언제나 그 형제를 위해 동생처럼 많은 배려를 해줬는데 나의 언동이 자신을 무시했기 때문에 이뤄진 것이라는 표현에 충격을 받았다.
참사랑이란 조건 없이 주는 것이다.
평소에 사람들이 그 말뜻을 이해하기도 어려우며 세상일에 길들여져 있으므로
하늘의 계산법에는 무지하다는 것을 느끼고 있던 터에
그 형제가 의외의 말을 하니 깜짝 놀랐다.
아니 내가 한 사랑이 참사랑이 아니라
교만이 들어있는 사랑이 아니었나 하고 반성도 하였다.
그리고 한편으로는 하느님의 말씀에 따라 행동을 하면
박해를 받게 될 것이라는 말씀도 생각이 났다.
분명히 느낀 것은 아직도 하느님으로부터 받아야 할 십자가가 많이 남아있다는 것이었다. 나는 아직도 덜 떨어진 사람이란 뜻이다.
나는 하느님께 답했다.
"주님, 잘 알았습니다. 조심하겠습니다."

두 번째 사건은 지금 하고 있는 신규사업과 관련하여
욕심에만 눈이 어두워 있는 사람들에게 나의 진실된 마음을 열어 보여
이들이 이런 나를 이용한 것이었다. 정말로 울고 싶다.
물론 죽마고우라는 자가 문제를 일으켜 창피하여 쥐구멍이라도 찾고 싶었지만

진실을 밝히는 과정에서 자신의 욕심이 탄로난 결과
나를 팽하여 기어코 자신의 욕심을 채우려는 자들은 더욱 나쁜 사람들이다.
나는 언제나 이렇게 배신으로 끝날 때에는
다시는 남에게 정을 주지 않겠다고 다짐하곤 하였다.
그러나 육화肉化되어 내 안에 계신 하느님은 그러한 다짐을 무의미하게 만드셨다.
아내와 나는 '다정이 병'이 되어도 아낌 없이 자신을 내어주며 이웃을 사랑하였다.
그러나 이런 사랑이 오늘 일어난 사건처럼 배반으로 돌아올 때가 많았다.
우리 부부는 안에 악이 들어오지 않는 한 항상 하느님의 말씀을 듣고 행동하였다.
하느님이 십자가를 주실 때에는 반드시 그 이유가 있다는 것을 믿는 나는,
'아직도 성숙되지 못했구나.'하고 나를 나무란다.

과過가 화禍를 불러들이는 연緣을 만들게 된다.
지나치다는 것은 욕심에서 비롯되므로 걱정과 괴로움을 받게 될 빌미를 제공한다는 뜻이다. 나는 정이 많아 과잉친절을 베풀 때가 많았다.
그러나 무엇을 바라고 그렇게 하는 경우는 거의 없었다.
과도한 친절을 베풀어 놓고 곧 후회하는 때가 많았다.
불신풍조가 만연한 세상에서 순수한 호의는 통하지 않았다.
삶을 차분하게 지탱할 수 있는 것은,
그리고 삶을 객관적으로 바라볼 수 있게 만드는 것은
언제나 지나치지 않는 침착함과 냉정함뿐이라는 것을 실감하고 있다.
다른 사람의 감정을 이해하고 조화하는 삶을 살지 못한 것이다.
하늘나라의 삶을 추구하는 사람에게는 협상이라는 것이 없다.
다른 사람과 조화를 이룬다는 것은 세상과 타협하는 일이기 때문이다.
그러나 주님은 우리가 공동체 속에서 정의롭게 조화를 이루며 더불어 살

기를 바라신다.

그래서 **다정은 병이라고 하지만 낫지 않는 불치의 병**이라고 생각한다.

정情이라고 하는 것은 순수한 사랑이며 남녀 간의 애틋한 사랑이 아니기 때문이다.

그러기에 정을 주지 않으려 해도 그게 잘 안 되는 것이다.

그리스인들은 사랑의 여섯 단면을 보았다.
에로스, 성적인 매력으로 사랑에 빠지는 ludus와,
놀기 좋아하여 유희로 사랑하는 philia와 우정,
배려를 뜻하는 mania와, 지나친 사랑과 홀림,
어두운 에로스를 뜻한 pragma,
지각이 있고 약속을 지키는 사랑과
이타적인 사랑인 agape의 여섯 가지 사랑으로 분류하였다.

우리들이 흔히 말하는 정情은 mania에 해당한다.
그런데 우리들이 흔히 쓰는 매니아라는 단어는 광狂을 말하며
어떤 것에 미쳐 있다는 뜻이다.
아마 그리스인들은 우정, 배려를 가장 많이 하고 살았던 것이 아닌가 싶다.
그러나 모든 것이 과유불급過猶不及; 지나침은 모자람만 못하다. 『논어』〈先進編〉에 나옴이라고,
중용을 지키는 것이 좋지만 중용을 지키는 것이 결코 쉽지 않다.

자존심 안에 숨어 있는 것들

세상은 두 가지 타입의 인간으로 나뉜다.
자기 삶의 주인이 되어 인생을 자기 뜻대로 이끌어 가는 사람과
자기 삶의 노예가 되어 인생에 대한 아무런 대책 없이 마구 휘둘리는 사람이다.
삶의 주인공이 되려면 자존심이라는 든든한 뿌리가 있어야 한다고 혹자는 말한다.

우리들이 흔히 사용하는 "자존심"이라는 말의 사전적 의미는
'남에게 굽히지 않고 제 몸이나 품위를 높게 가지는 마음,
자신을 존중하고 사랑하는 마음'이라고 되어 있다.

그러나 우리는 자존심을 '자기 고집'이나 '아집' 또는 '오기傲氣',
'자기 자랑'으로 잘못 생각하고 있는 수가 많다.

자존심은 결코 쉽게 밖으로 드러내지 않으면서
안으로 키워나가고 스스로 지켜 나가는 마음 가짐이고 성숙된 인격이다.
그래서 참된 자존심을 가진 사람은 자신을 존중하고 사랑할 줄 알기 때문에 타인을 먼저 배려하고 타인을 사랑할 줄 안다.
그래서 타인과의 다툼이 있을 때에는 먼저 마음을 열고
화해의 손길을 내미는 용기를 드러낸다.
자존심은 겉으로 드러나는 개성이나 고집과는 분명히 다르다.
따라서 언제나 갈고 닦아서 알찬 실력과 인격을 쌓는데 노력해야 한다.
진정으로 자존심이 강한 사람은 내적으로 강하고 겸손한 사람으로
남을 사랑하고 위해 주는 사람이다.
그래서 미국의 정신과 의사이며 작가였던

데이비드 시버리David Seabury, 1885-1960는 그의 책 『자존심』에서
"자존심이 강한 사람은 안정감이 있기 때문에 함께 있으면 항상 기분이 좋고 활력이 넘친다. 그것이 호감으로 이어지고, 이런 호감을 무기로 친구가 되며,
그런 친구가 많은 사람일수록 삶이 풍성해진다.
자존심이 강한 사람은 자기 세계를 뚜렷하고 튼튼하게 구축하고 있기 때문에
누구에게도 함부로 휘둘리지 않는다.
세상은 당당하고 자유로운 성공자의 것이다."라고 말하고 있다.

우리는 과연 옳은 자존심을 가지고 있을까?
그렇지는 않은 것 같다.
이기심에 가득 차서 타인은 전혀 배려하지 못하는
메마른 세상을 만들고 있는 현실을 보면 "사랑"은 이미 실종되어 버린 것 같다.

반면에 자존심이 없는 사람은 열등감에 빠져 있거나 비겁하게 보이기 까지 한다.
이를 뒤집어 생각하면 자존심 안에는 우월감이나 비겁함이 숨어 있는 것을 알 수 있다.
그래서 자존심이 강한 사람은 남의 충고를
자신의 자존심을 건드리는 것으로 간주하고 오히려 화를 내는 수가 많다.
자신의 약점을 잘 알고 있는데,
상대방이 그 약점을 알고 지적하니 불쾌한 감정을 표출하는 것이다.
어쩌면 자신이 스스로 고쳐야 하는데 고치지 못하는 자신을 자책하는 것인지도 모른다.
여하튼 이런 감정은 자존심 안에 숨겨져 있는 교만에서 비롯되는 것으로
옳은 자존심이 아닌 불순한 자존심이다.
사람들은 가장 손쉽게 그리고 자신도 모르는 체 교만이라는 죄를 지으며 살면서도

그것을 모르거나 죄의식을 갖지 못한다.
그래서 교만은 인간에게 가장 무서운 죄이다.

"예수님께서는 또 스스로 의롭다고 자신하며
다른 사람들을 업신여기는 자들에게 이 비유를 말씀하셨다.
'두 사람이 기도하러 성전에 올라갔다.
한 사람은 바리사이였고 다른 사람은 세리였다.
바리사이는 꼿꼿이 서서 혼잣말로 이렇게 기도하였다.
'오, 하느님! 제가 다른 사람들,
강도짓을 하는 자나 불의를 저지르는 자나 간음을 하는 자와 같지 않고
저 세리와도 같지 않으니, 하느님께 감사드립니다.
저는 일주일에 두 번 단식하고 모든 소득의 십일조를 바칩니다.'

그러나 세리는 멀찍이 서서 하늘을 향하여 눈을 들 엄두도 내지 못하고
가슴을 치며 말하였다.
'오, 하느님! 이 죄인을 불쌍히 여겨 주십시오.'

내가 너희에게 말한다.
그 바리사이가 아니라 이 세리가 의롭게 되어 집으로 돌아갔다.
누구든지 자신을 높이는 이는 낮아지고 자신을 낮추는 이는 높아질 것이다."(루카 18:9-14)

혼돈의 신이 한 말

어느 사람이 "혼돈混沌"에 대하여 쓴 글인데
역지사지易地思之의 진리를 새삼 느끼게 한다.
이 역지사지는 『맹자孟子』의 〈이루離婁〉에 나오는
역지즉개연易地則皆然*에서 유래한 말인데
'상대편과 처지를 바꾸어 생각하라.'는 말이다.
역지즉개연은 보수補數의 개념과도 통한다.

즉 맥주를 마시다가 1/3이 남았을 때,
2/3를 마셨다고 하는 말이나 1/3이 남았다고 하는 말은 같은 말이다.
같은 말이라도 1/3이나 남았다고 긍정적으로 생각하는 것이 좋다.

이 작자는 '올바른 신'이 아니라 '혼돈의 신'의 입장에서 생각하면서 글을 썼는데
참으로 많은 것을 느끼게 한다.

"들으라, 인간이여! 간섭하지 않는다는 것은 자유를 준다는 것이다.
너희들이 어떤 생각을 하고 어떤 행동을 하든 상관이 없다.
선善을 행하든 악을 행하든 나와는 무관한 일이다.
나는 어느 것에도 구속되지 않고 또한 어느 것에나 구속되는 혼돈!
나는 너희를 구속하지 않는 대신 자유를 주었다.
너희의 삶은 살아가는 그 자체로 혼돈이며 가르침을 따르는 것이다.
허나 자유를 얻는 대신 책임을 지는 것은 너희들이다.
가르침을 따르는 대신 얻는 것은 무한한 가능성이다.

* **역지즉개연** : 처지나 경우를 바꾼다 해도 하는 것이 같다는 뜻

생명은 태어나면서 그 자체로 의미를 가지고 스스로의 의지를 가진다.
그런데 어째서 너희는 얽매이려 하는가! 구속되려 하는가!
자신들에게 주어진 가능성을 팽개치려 하는가!
물론 오래 전 신화시대神話時代에 신神들이 너희들의 삶에 간섭한 적이 있었다.
그러나 알아두라!
그 간섭을 거부하고 자립하길 바란 건 너희들이다.
난 그에 따라 손을 떼고 철저히 외면하는 것이다.
오직 내 가르침을 따르는 세상을 지켜보고 관조할 뿐…"

태초에 이 세상엔 아무것도 없고 '카오스'만이 존재했다.
카오스Chaos, 혼돈는 무질서하고 정형이 없는 덩어리로
모든 물질의 원형과 에너지로 꽉 찬 공간이다.
물질들과 에너지가 아직 서로 분리되어 있지 않고
모든 것이 뒤엉켜 있는 상태가 바로 카오스이다.
태초에 하느님이 이러한 혼돈 속에서 이 세상을 창조하실 때
물질적인 카오스를 반듯하게 잘 정돈하시어 아름나운 자연으로 만들어 보여주시고 있지만, 우리 인간사회에는 줄곧 정신적인 혼돈의 세계가 펼쳐지고 있었음을 잘 알고 있다.

성경의 여러 곳에서 카오스를 기술하고 있다.
"나는 덧없는 세월을 보내면서 세상만사를 다 겪어 보았다.
착한 사람은 착하게 살다가 망하는데 나쁜 사람은 못되게 살면서도 고이 늙어 가더구나.
그러니 너무 착하게 살지 말라.
지나치게 지혜롭게 굴 것도 없다.
어떻게 살든 망할 수가 있다.
그렇다고 너무 악하게 살지도 말라.
어리석게 굴 것도 없다.

그러다가 명대로 못 살고 죽을 까닭이 없지 않은가?
어느 한 쪽을 선택했다고 해서 다른 쪽을 포기하는 것은 좋지 않다.
하느님 두려운 줄을 알아야 치우치지 않고 살아갈 수 있다.
열 성주城主가 한 성城을 지키는 것보다 지혜가 사람을 더 든든히 지켜 준다.
사람이 제아무리 착하다 할지라도 좋은 일만하고 나쁜 일 하지 않는 사람은 이 세상에 없다. 누가 무슨 말을 하더라도 못 들은 체 해두어라.
네 종이 너를 욕하더라도 귀담아 듣지 말라.
너 자신도 남을 얼마나 욕했는지 모르지 않느냐?"(코헬렛 7:15-22)

"나는 이 모든 것을 알려고 애를 썼다.
착한 일을 하며 사는 슬기로운 사람은 하느님의 손 안에 있다는 것을 알지만,
사랑해 주실지 미워해 주실지는 알 길이 없다.
둘 다 헛되기는 마찬가지이다.
너나 나나 할 것 없이 꼭 같은 운명이 기다리고 있다.
죄 없는 사람이나 죄 있는 사람이나, 선한 사람이나 악한 사람이나,
깨끗한 사람이나 더러운 사람이나,
제사를 드리는 사람이나 제사를 드리지 않는 사람이나 마찬가지다.
선한 사람이라고 해서 죄인과 다를 바 없고
하느님 앞에서 맹세를 하는 사람이라고 해서 맹세를 꺼려하는 사람과 다를 바 없다.
모든 사람이 같은 운명을 당하는데
하늘 아래서 벌어지는 일 중에서 잘못되지 않는 것이 무엇이 있겠는가?
그러므로 사람들의 마음은 악으로 차고 넘쳐
얼빠진 생각을 하며 살다가 죽을 수밖에 없다."(코헬렛 9:1-3)

혼돈의 신은 수수방관하면서 세상을 지켜보고 있다.
어리석기만 한 인간을 냉소하면서 바라보고 있다.

혼돈은 보는 사람의 관점에 따라 무한한 자유이고 그만큼 방종이며,
무한한 여백이고 그만큼 방황이고, 무한한 해방이고 그만큼 무질서이다.
코헬렛의 말씀은 하늘 아래서 벌어지는 아비규환을 말하고 있다.
인간의 심판에 따라 이루어지는 것은 무엇이든 부질 없기만 하다는 것을 말하고 있다.
인간들의 일에 전혀 관여하지 않는 것 같다.

영국에 유명한 무덤이 있다고 한다.
그 무덤 앞의 비석에는 "가장 행복한 사람"이라는 글귀가 쓰여 있다.
어느 순례자가 어떤 사람이기에 가장 행복한 사람이었는지
궁금하여 무덤을 파 보았더니 빈 무덤이었다고 한다.
이 세상에 태어나지 않은 사람이 가장 행복한 사람이라는 뜻이라고 한다.

세상을 밝게 보는 사람도 있고, 세상을 어둡게 보는 사람도 있다.
빛과 어둠이 다르듯 서로 다르긴 하지만 둘 다 옳다.
다만 각자의 관점에서 보았다는 사실이 다를 뿐이다.
세상을 밝게 보는 이는 열린 마음으로 천국을 만들어나가며
주위 세상도 따라서 천국이 되어 간다.
세상을 어둡게 보는 사람은 그 어두움으로 어쩔 수 없이 지옥을 만들며,
주위 세상도 그 지옥에 영향을 받는다.

"천국이란 말은 조화를 뜻하고, 지옥이란 말은 주위에 벽을 쌓고 혼자 산다는 뜻이다."
나의 마음이 밝고 조화로울 때 세상과의 올바른 관계가 이루어진다.
조화란 곧 전체와의 진실한 관계를 말하기 때문이다.
어느 신부님이 말했다. **죄가 없다는 것은 사랑이 없다는 것이다.**
사랑이 많으면 죄가 크다."
사람을 사랑하면 할수록 더 사랑하지 못한다는 죄의식을 느끼게 됨을 뜻한다.
사랑이 없으면 조화도 있을 수 없다.

사랑과 죄는 서로 상반되는 것 같이 보이지만 역지즉개연易地則皆然이다.

하느님은 보이지 않게 어디서나 어떤 일에나 모두 역사役事하고 계신다. 이 역시 믿음이 깊은 사람들은 알지만 믿음이 없는 사람들에겐 보이지 않을 뿐이다.
인간들의 판단은 세속적이기 때문에 하느님의 판단과 다를 수밖에 없다.
이런 눈으로 사물을 보면서 하느님을 원망하는 것도 우리 자신의 그릇이고 몫이다.
사람의 눈으로 보고 판단한 것이 어찌 옳을 수 있겠는가?
하느님의 입장에서 세상을 보면 이 세상은 악으로만 가득 차 있을 것이다.

"하느님을 모르는 자들은 모두 태어날 때부터 어리석어서
눈에 보이는 좋은 것을 보고도 존재하시는 분을 알아보지 못했고,
업적을 보고도 그것을 이룩하신 분을 알아보지 못하였다.
그래서 그들은 불이나 바람이나 빠른 공기, 또는 별의 회전,
혹은 도도하게 흐르는 물, 하늘에서 빛나는 것들을 세상을 지배하는 신들로 여겼다.
만일 이런 것들의 아름다움을 보고 그것을 신이라고 생각했다면,
이런 것들의 주님이 얼마나 더 훌륭하신가를 알아야 했을 터이다.
왜냐하면 그것들을 창조하신 분이 바로 아름다움의 주인이시기 때문이다.
또 그들이 이런 것들의 능력과 힘에 놀랐다면
마땅히 이런 것들을 만드신 분의 힘이 얼마나 큰가를 깨달아야 했을 터이다.
피조물의 웅대함과 아름다움으로 미루어 보아
우리는 그것들을 만드신 분을 알 수 있다."(코헬렛 13:1-5)

"너는 들어라, 나의 가르침을 깨우치고 내 말을 네 마음 속에 새겨두어라.
내가 너에게 저울로 재듯이 규율을 가르치고 정확한 지식을 알려주겠다.
만물은 시초부터 주님의 뜻대로 된 것이며 그것을 만드신 후, 각기 제자리를 정해 주셨다. 그리고 모든 피조물에게 영원한 질서를 주시고 시간이

흐름에 따라 다스리신다.
그래서 저들은 굶주리지 않고 수고도 느끼지 않으며 제 구실을 저버리지도 않는다.
그것들은 서로 충돌하거나 주님의 말씀을 거역하지도 않는다."(집회서 16:24-28)

그러나 인류역사 이래로 이러한 혼돈이 계속되고 있다는 사실이 그저 놀라울 뿐이다.

용서

용서에 대한 올바른 이해 | 용서와 포기 | 어리석은 사람 | 그런 말이 있었던가? | 라벤스브룩 유대인 수용소에서 발견된 어느 소년의 노트 | 복음 나누기 단상 | 의로움의 의미 | 십자가 | 적게 용서 받은 사람은 적게 사랑한다

용서에 대한 올바른 이해

세상에서 제일 하기 어려운 것 두 가지를 댄다면
죄를 짓지 않는 것과
내게 상처를 준 사람을 용서하는 일일 것이다.
인간은 육신을 지니고 있는 한 죄를 짓지 않을 수 없다.
이 죄가 자신에게나 남에게 상처를 주기도 한다.
또 우리는 체험을 통하여
죄를 짓지 않는 것만큼이나 어려운 것이
용서하는 일이라는 것을 잘 알고 있다.
가끔 깊은 상처를 받은 사람들이 상처를 준 사람에게 "하느님의 이름으로 용서한다.
그러나 다시는 내 앞에 얼씬도 하지 마라."
또는 "하느님이 용서하라 해서 용서한다."고 말하면서 마지 못해 용서하는 것을 본다.
이런 말들은 "자신은 용서하지 못하지만,
하느님을 믿기 때문에 원수까지도 사랑하면
내 마음 속에 평화가 찾아온다는 하느님의 말씀에 따랐을 뿐이다."라고 들린다.
이것도 과연 용서일까?

오늘의 복음 말씀(마태오 18:21-35)은 용서에 관한 것이다.
국어사전에 '**용서**'는 '**잘못이나 죄를 꾸짖거나 벌하지 않고 끝냄**'으로 되어 있다.
그러나 내가 생각하는 용서의 감정이란
그렇게 간단하게 설명할 성격의 것이 아닌 것 같다.

다른 사람들은 모르지만 나는 상대방이 나에게 지은 잘못이나 죄에 대하여
'아무런 일도 없었던 것처럼 깨끗이 잊어버리지는 못한다.'
만약 죄를 지은 그 사람에 대하여 자신의 마음 속에 전혀 앙금이 없이 예전과 같이 대할 수만 있다면 이는**'참된 용서'**일 것이다.
그리고 이는**'하느님과 같은 용서'**이다.

또 불교에서는 용서容恕라는 말 자체가 없다고 한다.
용서라는 말이 없다고 해서 잘못한 사람과 싸우라는 것이 아닐 것이다.
상대를 용서한다는 것은 상대방은 잘못했고 나는 잘해서
잘한 내가 잘못한 상대방을 용서한다는 이야기인데
그것은 상대방을 근본적으로 무시하는 말로 해석된다.
따라서 상대방이 아무리 죄를 많이 지었고 나쁜 사람이라도
그 사람을 부처님 같이 존경하라고 말하고 있다.

그리스도교에서 말하는 '하느님의 용서'와 같은 뜻이다.
그러나 오늘의 복음에 나오는 용서는 그런 용서가 아니라
〈집회서(27:33-28,9)〉에 나오는 용서가 아닌가 한다.

'용서'란
죄를 짓거나 잘못하거나
상처를 준 상대방에 대하여
미워하거나 원한을 갖지 않고 보복을 하지 않는 것'으로 정의하고 있다.
아무 일도 없었던 것처럼 상대방을 대하지는 못하지만,
미워하거나 원한을 갖지 않고 보복하지는 않되 예전과 같은 관계는 지속되지 못함을 뜻한다. 마음 속에 앙금이 생겨 있다는 말이다.
따라서 그 사람을 경원敬遠한다는 말이다.

바꾸어 말하면 하느님만이 '참된 용서'를 할 수 있고
인간은 '참된 용서'를 할 수 없다는 뜻이 된다.

개신교에서는 하느님께서 '참된 용서'를 해주시기만 하면
모든 죄가 사赦해지므로 고해성사를 하지 않아도 되는 것으로 말하고 있다.
가톨릭에서는 고해성사를 하면
보속補贖으로 나에게 상처를 준 사람을 위하여 열심히 기도하라고 한다.
그 사람을 위해 기도한다는 것은
그 사람을 미워하지 않고 그 사람에 대해 원한을 갖지 않고
보복을 하지 않겠다는 다짐을 하는 것이다.
하늘에는 '참된 용서'가 있지만 인간세계에는 '참된 용서'가 거의 있을 수 없다.
따라서 **죄를 짓지 않고 이웃과 좋은 관계를 계속 맺고 사는 것이 하느님의** 말씀에 따라 산다는 의미가 아닌가 한다.

우리가 살면서 죄를 짓지 않고 잘못하지 않고
상처를 주지도 받지도 않을 수 있다면 좋겠지만 그런 세상은 없다.
그러나 '참된 용서'를 하기 어려우므로 서로 좋은 관계를 맺고 살려면
남에게 죄를 짓거나 잘못하거나 상처를 주지 않고 사는 것이 상책이 아닌가 한다.

『잡아함경雜阿含經』에서도 용서를 해야 함을 다음과 같이 말하고 있다.

"바람을 마주하여 먼지를 털면 그 먼지가 다시 자신에게 돌아오듯이,
미움을 미움으로 대하면 그 미움은 반드시 자기자신에게 되돌아온다.
미움을 미움으로 대하지 않고 원망을 원망으로 갚지 않는 것이
상대를 항복 받을 수 있는 유일한 길이다."

〈사목〉지 2004년 8월~10월 호에
박현민 신부님은 용서에 대하여 명쾌하게 설명하고 있다.
《크든 작든 이 세상에 치유 받아야 할 상처를 지니지 않고 살아가는 사람은 아무도 없다. 우리 모두 크고 작은 나름의 내적 상처를 가슴에 지닌

채 성장해 왔고,
또 앞으로도 상처를 받아가며 살아가야 하는 연약한 인간이다.
또한 우리 각자는 상처를 입은 피해자로서가 아닌
상대에게 상처를 주는 가해자로서 행동하며 살아가기도 한다.

그러나 한번 마음에 새겨진 상처는 육체의 상처와 같이 그 상흔이 남게 되며,
씻을 수 없고 지울 수 없는
자신의 삶의 한 부분으로 안고 살아갈 수 밖에 없다는 데 문제가 있다.

어차피 과거로 돌아갈 수 없는 이상,
한번 겪게 된 부정적인 삶의 경험을
내 인생의 일부로 받아들일 수밖에 없는 것이 인간의 조건이다.

그러므로 어떤 의미에서 용서는
평범한 인간에게는 보편적으로 가능한 영역이 아니라는 사실을 인정할 필요가 있다.

상처 자체를 완전히 되돌릴 수 없는 현실이기에
용서만이 치유를 위한 길이며 해결책이라는 것은 이성적으로 이해할 수 있다.
하지만 **용서는 인간의 영역이 아니고**
하느님의 영역에 있는 은총이므로 그 누구도 강요할 수 없다.

아무리 피해자가 세상을 긍정적으로 생각하고 무한한 이해심을 가지고 있다 하더라도
가해자의 행위가 악의적이고 고의적이며 또한 죄질이 상당히 사악했다면
그 피해자의 내적이며 외적인 고통은 말할 나위 없이 심각할 것이다.
이러한 상황에서는 용서를 이야기한다는 것 자체가
오히려 피해자를 두 번 죽이는 결과가 될 수 있고,
또한 정의의 차원에서도 옳지 않은 것이 될 수 있다.

곧 그 누가 상처를 입은 피해자에게
지난 과거를 모두 잊어버리고 이해하며 용서하라."는 충고의 말을 한다면
그것은 어떤 의미에서는 피해자의 상처를
그만큼 이해하지 못했다는 뜻으로 간주될 수 있으며,
또한 가해자의 행위에 대해 묵시적으로 덮어주고 인정하며,
결과에 대해 방조하는 의미로 인식될 수도 있을 것이다.

진정한 용서는 물론 하느님에게서 나오는 것이지만 그러한 하느님의 은총을 갈망하고
그 은총을 받아들일 수 있게 마음을 준비하는 것은 인간의 몫인 것이다.
상처 입은 신앙인들은 용서를 통해 자신의 내적 치유와 영적 자유를 얻고 싶어한다.
또 이러한 용서를 통해 하느님께서 대신 깨끗하게 치유해 주시기를 간절히 원하고 있으며, 그 은총을 얻으려면 자신들이 무엇을 해야 하는지 알고 싶어한다.》

용서와 포기

우리는 많은 죄를 지으면서 살고 있다.
그리하여 다른 사람에게 미움을 사고 증오를 받으면서 살거나 법적인 제재를 받기도 한다. 다른 사람이 나에게 한 그 죄로 법적인 벌을 받지 않으면 좀처럼 용서하지 못하고 산다.
용서처럼 어려운 것이 없기 때문이다.
그래서 **용서는 하느님만이 할 수 있는 것이라고 말하기도 한다.**

용서란 말의 의미가 참 어려운 것 같다.
성경에서의 "용서"의 어원은
"채권자의 권리를 완전히 포기하고 탕감해준다는 것을 의미하며
이혼하다, 죽는다는 뜻도 포함되어 있다."고 한다.
즉 "나에게 위해와 손해를 입힌 상대의 잘못에 대하여 전혀 개의치 않고 용서해 주며 잘못을 하지 않았을 때처럼 상대를 대하는 것"이 완전한 용서라고 말한다.

그러나 다른 사람이 나에게 입혔다는 그 위해와 손해는 범법행위일 수도 있겠지만
그렇지 않을 경우 나 위주로 생각한 이기심일 수도 있을 것이다.
하느님의 뜻에 따라 판단한 것이 아니라
나의 가치관에 맞는 행위이냐 아니냐에 따라 손익을 계산했을 수도 있기 때문이다.
단지 내 마음에 들지 않아 그렇게 판단했을 수 있다.

사람들은 동질성을 갖고 살고 있는 것 같지만 사실은 각자의 삶을 살고 있다.

또 누구나 혼자 태어나서 혼자서 살다가 혼자서 죽는다.
필요에 의해 모여있을 뿐이지 누구나 제 나름대로의 삶을 살고 있다.
따라서 누구든 다른 사람의 삶을 '탓할' 자격은 없는 것이다.
키에르케고르가 "인간은 신 앞에 선 단독자單獨者"라 했듯이
"구원도 나와 하느님과의 단독관계이고
심판도 나의 삶에 대한 결과를 그 분 앞에서 단독으로 받게 되기 때문이다."
그래서 불교에서는 용서라는 말을 쓰지 않는다.
다른 사람이 모두 나와 같은 마음을 갖기를 바라는 자체가
무지無知이고 탐욕貪慾이기 때문이다.

악한 사람을 사랑으로 바로 잡으려고 애를 써 보지만 바로 잡지 못하는 수가 많다.
이 때에는 경원하면서 먼발치에 두고 산다.
그 사람을 사랑하는 것을 포기한 것이다.
그러나 사람들은 잘못을 하지 않았을 때처럼 대하지 않으면
용서가 아니라고 생각하는 수가 많다.
악마를 이길 수 있는 분은 하느님밖에 없다고 하지 않았는가?
그 사람을 내 나름대로 심판했을지언정 바로 잡으려고 77번 애를 써보고도 안 되면
그 사람을 '놓아 주는 것' 즉 '포기하는 것'이 용서가 아닌가 하고 나는 생각한다.
예수님이 말씀하신 대로 "카이사르의 것은 카이사르에게 돌리고
하느님의 것은 하느님께 돌려야 한다." (마태오 22:21)
용서를 생각하기 전에 각자가 이 세상의 삶을 살고 있느냐
하늘나라의 삶을 살고 있느냐를 먼저 생각해 보아야 할 것 같다.

칼릴 지브란의 『예언자』 중
"결혼에 대하여" 에서 나오는 〈**함께 있되 거리를 두라**〉는 시는

현명한 사람의 처신을 말하는 것 같다.

그래서 하늘 바람이 너희 사이에서 춤추게 하라.
서로 사랑하라.

그러나 사랑으로 구속하지는 마라.
그보다는 너희 혼과 혼의 두 언덕 사이에
출렁이는 바다를 놓아두라.
서로의 잔을 채워 주되
한쪽의 잔만을 마시지 말라.
서로의 빵을 주되
한쪽의 빵만을 먹지 말라.

함께 노래하고 춤추며 즐거워하되
서로는 혼자 있게 하라.
마치 현악기의 줄들이 하나의 음악을 울릴지라도
줄은 서로 혼자이듯이….

서로 가슴을 주라.
그러나 서로의 가슴 속에 묶어 두지는 말라.
오로지 큰 생명의 손길만이
너희의 가슴을 간직할 수 있다.

함께 서 있으라.
그러나 너무 가까이 서 있지는 마라.
사원의 기둥들도 서로 떨어져 있고
참나무와 삼나무는 서로의 그늘 속에선 자랄 수 없다.

우리는 많은 사람들과 인연을 맺음으로써
도움을 받기도 하지만 피해도 많이 보게 되는데,

대부분의 피해는 진실이 없는 사람들에게 진실을 쏟아 부은 대가로 받는 벌이다.

내가 받은 이 벌에 대하여 남을 탓하는 것 자체가 어불성설이다.

어떤 불순한 동기에서 그 사람과 인연을 맺지 않았는가도 생각해 보아야 할 것이다.

이타적인 사랑 외의 모든 갈애渴愛는 고통의 원인이 된다는
불교의 가르침은 만고萬古의 진리인 것 같다.

어리석은 사람

『법구경』〈우암품愚闇品〉에 어리석은 사람에 대한 이야기가 나온다.
"죄를 짓고 아직 결과가 나타나지 않는 동안에는
어리석은 사람은 편안하고 유유자적하게 지내지만
그 잘못의 결과가 밖으로 나타날 때 어리석은 사람은 큰 죄의 대가를 받게 된다."
過罪未熟 愚以恬淡 至其熟處 自受大罪제12장

"행동하는 것을 보면 그의 어리석음을 알 수 있다.
베풀지 않고 널리 구하는 것만 힘쓰고
자신이 있는 곳에서 어떤 지혜도 없이 종종 나쁜 행동을 저지른다."
觀處知其愚 不施而廣求 所墮無道智 往往有惡行제17장

우리들 보통 사람들이 짓는 죄는
그 죄가 크든 작든 관계없이 죄를 지은 후 그 결과가 금방 나타나는 경우는 드물다.

또『법구경』〈우암품〉 제17장을 보면
대부분의 죄는 지혜가 없어 이기적인 행동으로 치달음으로써 비롯됨을 알 수 있으며,
죄의식 없이 죄를 짓는 경우가 고의적으로 죄를 짓는 것보다 더 많은 것을 알 수 있다.
죄를 짓는 것을 보면 크게 나누어, 무지하거나 미련하여
아무 죄의식 없이 죄를 짓는 사람과 고의로 죄를 짓는 사람으로 나눌 수 있다.
전자나 후자나 관계없이 죄에 대한 대가를 치러야 한다.

죄에 대한 대가에는 공짜가 없는 것 같다.
그러면 죄를 짓고 반성하고 회개하는 사람은 죄의 대가를 받게 되지 않는가? 아니다.
죄를 짓고 용서를 구하지 않으면 죄가 없어지지 않으므로 당연히 죄값을 치를 수밖에 없다. 그러나 고의든 무의식 중이었든, 죄를 짓고 용서를 구해도 죄의 대가는 치러야 하지만,
죄의 결과가 나타날 때까지 꼭 같은 죄를 저지르지 않을 수 있다.

가톨릭 교회에서는 고해성사를 하면 보속補贖을 주는데
보속이란 다음과 같은 뜻을 지니고 있다.
죄는 어떤 방식으로든 흔적을 남긴다.
즉 죄는 죄를 범하는 사람 자신에게 내적으로 상처를 입히고 나약해지게 하며
하느님과의 관계, 이웃과의 관계에 해를 끼친다.
그런데 **죄는 용서를 받더라도 이런 죄의 흔적은 사라지지 않고 그대로 남아 있다.**
벽에 잘못 박은 못을 빼더라도 못이 박혔던 자국은 남아있는 것과 같은 이치이다.
따라서 고해성사를 통한 용서는 죄를 없애주지만
죄의 결과로 생긴 모든 폐해를 고쳐주지 못한다.

죄의 사함을 받은 참회자懺悔者는 완전한 영적 건강을 회복해야 하고,
적절한 방법으로 반드시 죄를 '보상하거나, 대가를 치러야 한다'.
이러한 갚음의 행위가 보속이다.

그런데 사람들은 죄를 보상하거나, 대가를 치르지 않고도
보속이 되는 것으로 착각하는 경우가 많다.
고해사제는 고백자의 개인적인 상황을 참작하고
가능한 한 지은 죄의 경중과 특성을 고려해서
그의 영신적인 이익을 도모하는 방향으로 보속을 준다.

보속의 종류는 기도, 자선행위, 이웃을 위한 봉사, 절제, 희생 등이다.
또한 고백자 자신이 누구보다도 자신의 처지를 잘 알기에
자신에게 바람직한 보속을 자발적으로 정해서 고해사제에게 제안하는 것도 가능하다고 한다.

그러나 내가 고집이 세어서 그런지 몰라도
굳을 대로 굳어 있는 완고한 내 마음 속에서는
'기도'만으로는 보속이 되지 않는다고 계속 주장하고 있다.
반드시 심은 대로 그 죄과罪過에 대한 보상을
물리적으로 하지 않으면 안 된다고 믿고 있기 때문이다.
진심으로 참회하지 못하고 입으로만 용서를 구하고
쉽게 용서해주시는 하느님을 이용하는 사람들 때문은 아니다.
나 자신을 포함하여 일반인들이 자주 범하는 어리석음 때문이다.
참회懺悔의 말뜻을 풀이하면, 과거의 잘못을 뉘우치는 것을 참懺이라 하고,
앞으로 꼭 같은 잘못을 저지르지 않겠다고 다짐하는 것을 회悔라고 한다.
또 회개의 말뜻도 깊이 뉘우쳐[悔] 새로운 사람이 되는 것[改]을 말한다.
따라서 꼭 같은 잘못을 다시 또 저지르면 참회나 회개한 것이 아니다.

그런데 우리는 어떤가?
너무나 쉽게 용서를 구하고 있지 않은가?
또 꼭 같은 잘못을 너무나 자주 범하고 있지 않은가?
문제는 잘못을 자주 범하는데 있는 것이 아니라
그 잘못을 반성하지 않고 도리어 자기 합리화하기 급급함에 있는 것이 아닐까?
나는 이러한 심적인 부담감 때문에 물리적인 보상이 아니면
보속이 되지 않는다고 믿고 있는지 모르겠다.

그런 말이 있었던가?

"그분처럼 말하는 사람은 지금까지 하나도 없었습니다."
성전 경비병들이 말했다.(요한 7:45-46)

어떤 사람이 "인간관계 개선법"을 개발하여 다음과 같이 말하고 있다.

"가장 중요한 6단어는 '내가 잘못한 것을 인정합니다 I admit that I was wrong.'
가장 중요한 5단어는 '참 잘했어요 You did a great job!'
가장 중요한 4단어는 '당신은 어떻게 생각해요 What do you think?'
가장 중요한 3단어는 '… 좀 해주실래요 Could you please… ?"
가장 중요한 2단어는 '감사합니다 Thank you'
가장 나쁜 단어는 '나 I'"

남 오스트레일리아 대학교의 성서 연구 교수 노먼 하벨Norman Habel은 말했다.
"수많은 말들이 세상을 떠돌아 다니지만 ….
나에게 와 닿고 나를 변화시킨 한마디 말이라도 있었던가?…
그와 같은 말이 과연 있었던가?"

이 세상에는 인종 전시장이라 할 정도로 많은 종류의 사람들이 살고 있다.
이 사람들은 예수님이 누구인지,
예수님이 우리 생활에 어떤 역할을 하는지 하는 면에서
모두 다른 견해와 다른 믿음과 다른 생각을 갖고 있다.
나 자신도 이 중 한 부류에 속한다.

사람들의 얼굴이 모두 다르듯,

꼭 같은 생각을 가진 사람도 없고 비슷한 생각을 가진 사람도 없고
모두 고유한 생각과 모습을 갖고 있다. 이것을 아는 것이 중요한 것 같다.

심리학 용어로 '투사project'가 있다.
자기와 같은 생각이나 믿음, 가치 등을,
다른 사람들도 똑 같이 가지고 있다고 무의식적으로 가정하는 심리상태로,
무지개의 일곱 색깔을 다 보는 사람은
다른 사람이 색맹이라는 생각을 하지 못하는 것과 같다.

때때로 나는 다른 사람들과 사귀면서 나와 정서가 같은 사람이라고 투사하는 수가 많다.
이는 엄청난 착각일뿐더러 결코 있을 수 없는 일이다.
어쩌면 이 때문에 대인관계에서 인내와 관용이 더 필요한지도 모른다.
나의 출신과 다른 사람들의 출신이 모두 다르기 때문에,
다르다는 사실에 화를 내거나 당황할 필요도 없다.
우리 모두는 그렇게 다르며 이러한 사실을 한시라도 잊어서는 안 된다.

주님, 나와 견해가 다른 사람들을 참고,
또 친절하게 받아들일 수 있게 도와주시고
다른 사람들도 참고, 친절하게 나를 받아들일 수 있게 도와주소서.

"한처음에 말씀이 계셨다. 말씀은 하느님과 함께 계셨는데 말씀은 하느님이셨다."(요한 1:1)

라벤스브룩 유대인 수용소에서 발견된 어느 소년의 노트

"그때에 베드로가 예수님께 다가와,
'주님, 제 형제가 저에게 죄를 지으면 몇 번이나 용서해 주어야 합니까?'하고 물었다.
예수님께서 그에게 대답하셨다.
'내가 너에게 말한다.
일곱 번이 아니라 일흔 일곱 번까지라도 용서해야 한다.'"(마태 18:21-22)

독일 북부에 있는 라벤스브룩 수용소에서 죽은 한 소년에게서 발견된 기도이다.

《오 주님,
선한 사람들만 기억하지 마시고 악한 사람들도 기억하소서.
그들이 우리에게 준 고통을 기억하지 마시고,
우리가 어렵게 얻은 고통의 열매와 고통에 대한 감사,
즉 우리들의 동족애, 우리들의 하느님에 대한 충성심,
우리들의 겸손, 용기, 관대함,
이와 같은 모든 것으로 인하여 성장한 우리들 마음의 위대함에 대한
우리들의 감사를 기억하시고, 그들이 우리를 재판하러 올 때 우리들이 얻은 모든 열매가 그들을 용서하게 하소서.》

용서하는, 이와 같이 믿을 수 없는 소년의 행동을 어떻게 이해할 수 있겠는가?
어떤 사람이 말했다.
"우리 인간은 살인을 할 때에는 짐승 같고,
판단을 할 때에는 사람 같고,
용서할 때에는 하느님과 같다."

고통이 없었다면 오늘의 내가 있을 수 있었을까?
고통이 없었다면 감사하는 마음이 생겼을까?
그러면 고통을 겪지 않아도 완전한 사람이 되어있었던 예수님은 어떻게 생각해야 할까?
소년은 죽어가면서도 자신을 성숙하게 만들어준
고통에 대하여 감사하는 마음을 가졌던 것이 아니었을까?
그 감사하는 마음이 용서로 이어진 것은 아니었을까?

용서는 잊어버리는 행동이 아니다.
미움을 어찌 잊을 수 있는가?
잊으려 들면 더욱 기억되는 것이 미움이다.
미워한다는 것resent은 라틴어 re-sentire가 어원인데
'다시 느낀다.''다시 생각한다.'는 뜻이다.

어떤 사람들은 여러 해 전에 그에게 상처를 준 사람을 생각하거나
이름만 들어도 마치 방금 상처를 입은 것 같이 그 사람에 대한 나쁜 감정을 떠올린다.
심지어는 죽을 때까지도 미워하면서 죽는 사람이 있다.
오늘 자신이 그에 대하여 어떻게 생각하느냐에 대하여 스스로 책임을 져야 한다.
아무도 우리로 하여금 이래라 저래라 할 수 없다.
우리가 누구를 미워할 때에는 그들이 우리가 오늘 어떻게 생각하고 있는가를 말하게 한다. 우리는 그들의 노예가 되어 있는 셈이다.
분명코 이는 우리가 갈 길이 아니다.

그러니 용서는 한 순간에 끝나는 감정이 아니다.
용서는 끊임없이 닦고 또 닦아야 하는 덕德이다.
용서容恕는 상대방과 같은如 마음心을 갖는 것容이다.
어린 나이에 죽은 소년은 독일병정들이 이 소년과 같은 마음이 되기를 간절히 기도하면서 죽어 갔다.

복음 나누기 단상

지난 달 형제자매 모임에서 한 형제님이
자기가 처음 나오니 각자 자기소개를 좀 해달라고 하였다.
처음 이런 일을 당하다 보니 무척 당황스러웠다.
서로 깊이 알면 좋겠지만 많은 사람들이 자신의 이력을 말하는 것을 꺼려한다.

퀘이커 교도들은 모임에서 자기를 소개할 때 다음의 네 가지를 말한다고 한다.
첫째는 내가 어렸을 때 가장 기억에 남는 일,
둘째는 내 인생에서 가장 따뜻했던 시절,
셋째는 내 인생에서 가장 추웠던 시절,
넷째는 내가 하느님을 인격적으로 만났을 때이다.
이러한 방식의 자기소개는 독특하다.
이는 사람들에게 자기를 적나라하면서도 깊이 있게 드러내는 것이다.

선진국 사람들은 더욱 그렇지만 우리나라 사람들은 좀처럼 자기 표현을 잘 하지 않는다. 가까운 사이가 아니면 이러한 자기 드러냄은 부담스러울 수 있다.
그러나 공동체를 구성하는 사람들의 관계가 깊어지려면 이런 나눔의 시간이 필요해진다.
한편으로 선진국 사람들은 지나칠 정도로 자신의 프라이버시를 강조한다.
생존경쟁사회에서 승리하기 위해 자신을 노출시키지 않으려고 하는 것이 아닌가 생각해본다.

세상 사람들은 재물이나 능력, 학식이나 지위를 보고 사람을 평가하지만

하느님께서는 그 사람의 믿음과 충성심을 보시고
믿음과 충성심 가진 사람을 통하여 일을 하신다.
형제 자매 모임에는 하느님에 대한 사랑과 열정만 있으면 될 것이다.
세상의 일을 말한다는 것은 적절하지 못하다.
세상 일에 집착하는 사람들의 모임이 될 때에는 성령이 임하시지 않는다.
그리하여 은총을 받지 못하고 헤어지는 수가 많다.
기쁨을 갖고 헤어지지 못한다. 모임에 대하여 회의懷疑를 할 때가 많다.
나 혼자만 구원 받으려 하면 안 되는 줄 알지만,
구원을 받을 준비가 안 된 사람들을 나로서도 어쩔 수가 없다. 인간의 한계를 느낀다.

삶을 살면서 요구되는 여러 자질들은 궁극적으로 자신이 누구인지를 알고,
이를 통해 세상과 나의 운명을 의식적으로 합의해 나가기 위해 필요한 것이지,
남을 무너뜨리기 위해, 혹은 내 존재의 우월성을 누구와의 비교를 통해 이기적으로 확인하기 위해 필요한 것은 아닐 것이다.

의로움의 의미

영어 성경에서는 "Justified"나 "Justification"을 Righteousness"로 해석하고 있다.
이는 "**하느님의 눈으로 봐서 하느님이 받아들일 수 있는 옳은 행동**"을 뜻한다.

우리들은 죄 때문에 하느님에게 아무 것도 기대할 수 없는 존재이다.
즉 우리들은 죄 때문에 하느님의 영광이나 사랑을 받을 수가 없는 존재이다.
그러나 하느님은 먼저 그리스도의 죽음을 통하여
우리를 바로 세우시고 우리가 지은 모든 죄를 용서하신다.
바오로 사도는 우리는 "믿음faith"을 통하여 "의롭게 된다justified."고 말했다.

이 말은 종교개혁의 핵심 논쟁거리가 되었나.
마틴 루터Martin Luther, 1483-1546 박사는
한번만 믿으면 영원히 구원을 받는다고 강조하였다.
"믿음"이란 단어를 바르게 해석하고
"구원"을 제대로 이해하고 있다면 이 말은 틀린 말이 아니다.
그러나 루터는 그리스도가 우리들의 죄 때문에 죽었다는 사실을
정신적으로 온전히 믿는 것을 "믿음"이라고 말하였다.
또 의로움Justification은 태어날 때부터 저절로 생기는 것이 아니라 외부로부터 만들어지는extrinsic 것이라고 하였다.

이는 그리스도의 죽음으로 우리들의 죄가 완전히 용서 받은 것이 아니라 여전히 타락해 있고 죄가 많고 악행을 많이 저지르고 있다는 뜻이다.
그러나 정신적으로 믿는 "믿음"internal assent을 너무 강조한 나머지 예수 그

리스도의 공로가 가려지고 있다.

즉 우리는 죄인으로 태어났지만 하느님 아버지는 우리를 보실 때

예수 그리스도의 공로만 보시기 때문에 우리를 마냥 의롭게 보신다는 뜻이다.

가톨릭에서의 믿음은 아주 역동적인 개념이다.

구약에서 믿음에 해당하는 단어는 “Amen”과 어원이 같다.

즉 변함 없는 충성을 뜻하며, 정신적으로 믿음과 동시에 그렇게 사는 것을 뜻한다.

따라서 믿음에는 실제로 행동이나 일이 포함되어 있다.

즉 그렇게 생각만 하는 것이 아니라 하느님의 영광 안에서 실제로 어떤 행동을 하는 것이다. 또 가톨릭에서는 정신적인 “의로움”도 믿지만

우리들이 죄인이 되기 전에 비하여

세례를 받고 난 뒤에 내면적으로 정신적으로 많이 정화되었다.

바오로 사도는 의로움Righteousness을 희랍어 ‘Diakaiosyne’으로 표현하였는데 이는 올바르고, 거룩하며, 유덕하고, 고결한 상태로 하느님의 계명에 순종하여 행하고,

죄를 피하는 것을 말한다.

율법은 사람이 만든 종교적인 법이다.

바오로 사도는

“어느 누구도 고결할 수 없으며 고결한 분은 오직 하느님 뿐이다.”라고 말하면서

단순히 율법이 지시하는 법을 지키면 의롭게 된다고 가르치는 유대교를 비난하였다.

성경(마태 5:8; 행복하여라, 마음이 깨끗한 사람들!)에서 말하는 “깨끗한 마음”이란

윤리적이고 도덕적이며 율법적인 개념이 아니다.

다시 말해 사람과 사람 사이에 세워진 기준이 아니다.

어린 아이와 같이 본래부터 사심이 없고 자기 뜻이 없는 마음이며

깨끗한 눈과 깨끗한 마음 앞에 하느님이 늘 계신다.

인간은 제 뜻과 사심私心으로 순수한 본래의 마음을 잃어버린 불결하고 더러운 존재이다. 마귀는 제 뜻을 이루려고 하느님에게 반역했다.

마귀의 꾀임에 빠져 허욕과 사욕을 마음에 담고 불순종한 자가 아담이다.
그의 후손인 인류 역시 이 마음을 가지고 제 뜻을 이루기 위해
제 길을 걸어가는 불순종의 사람들이다.
아담으로부터 타락하여 영생을 알지 못하는 죽은 마음을 갖고 살고 있다.

이 죽은 마음이 어떻게 하면 깨끗해 질 수 있을까?

사도 요한도 거룩함과 깨끗함은 행위로서나 율법과 계명으로 얻어지는 것이 아니라고 말하였다(1요한 3:2-3).
당시 행위를 요구하는 율법의 기준에서 의롭고 깨끗하다고 하는 유대 사회의 사람들을 향하여 참 깨끗함이 무엇인가를 알려 줄 필요가 있었기에 한 말이었다.

율법에 의해 의로워진 의義를 부정해 버리지 않으면 참 의로움을 일 수가 없다.
율법의 의義는 행위적이요, 행위를 하게 하는 마음은 여전히 죽은 심령이며
하느님을 알 수 없는 마음으로부터의 행위이다.
사심과 제 뜻으로 가득 찬 마음을 가지고 행위적으로 율법을 다 지켜도
하느님은 그것이 의로운 것이 아니라는 것을 모두 알고 계신다.
행동하게 하는 인간의 마음이 **거룩하지 아니하면**
행동이 의로운 것 같이 보여도 의로운 것이 아니다.

바오로 사도는 분명히 말했다.
"할례를 받는 모든 사람에게 내가 분명히 말합니다.
그들은 율법 전체를 지킬 의무가 있습니다.

율법으로 의롭게 되려는 여러분은 모두 그리스도와 인연이 끊겼습니다.
여러분은 은총에서 떨어져 나갔습니다."(갈라티아 5:3-4)

자신을 위하여 율법을 지키는데 그치는 것이 아니라
이웃을 위하여 옳은 일에 몸을 던져야 의로운 사람이 된다.

하느님의 법을 순종하고 남을 살리고 죄악의 세력과 싸워 이기는 것으로, 정의를 실현하기 위해서는, 거짓말을 하지 말라는 계명을 어길 수도 있는 것이다.

대부분의 신자들은 계명을 지키는 데에만 급급하여계명 위주로 고해성사를 봄 의롭게 사는 방법을 잘 모른다.
바오로 사도는 로마서에서 거룩한 생활
즉 의로운 생활을 하기 위한 몇 가지 방법을 제시하고 있다.
이 세대를 본받지 마라.
　세상의 가치관과 방법을 배우지 말라는 뜻이다.

마음을 새롭게 하라.
예수 그리스도의 은혜로 날마다 하느님을 만날 수 있는 깨끗한 마음을 가지고 아울러 죄악을 빨리 정리하라는 말이다.

하느님의 뜻이 무엇인지 분별하고 살아라.
가지 말아야 할 자리를 구별하고, 말해야 할 것 말하지 말아야 할 것을 분별하고, 서야 할 곳과 서지 말아야 할 곳을 분별하고 살라는 것이다.

성 요한 칸시오St. John of Kanty, 1390-1473는 말했다.
"친구와 이웃이 정의와 진리를 요구할 때 우리들은 무엇 때문에 망설이는가?
재치 있게 참을성을 갖고 친절하게 그리고 사랑을 가지고,
모든 불의不義에 맞서서 싸워라.
그러나 서툴게 하면 여러분의 영혼에 상처를 주고 착한 동기에 먹칠을

하게 될 것이다.”

“사랑하는 여러분, 이제 우리는 하느님의 자녀입니다.
우리가 어떻게 될지는 아직 드러나지 않았지만,
그분께서 나타나시면 우리는 그분처럼 되리라는 것을 알고 있습니다.
그분을 있는 그대로 뵙게 될 것이기 때문입니다.
그분께 이러한 희망을 두는 사람은 모두,
그리스도께서 순결하신 것처럼 자신도 순결하게 합니다.”(1요한 3:2-3)

십자가

《내 어깨에 메워진 십자가가 없다면 나는 정말 행복할까?

살다 보면 부모가 십자가가 되고,
남편이 십자가가 되고 아내가 십자가가 되며,
자식이 형제가 친척이 친지가 서로가 서로에게 십자가가 되고,
이웃과 조국이 십자가가 되고,
가난과 병고가 심지어는 하느님도 신앙도 십자가가 된다.

그 많은 십자가들을 내 어깨에서 내려놓는 날 나는 바라던 행복을 얻을 수 있을까?
내 인생의 목적은 이런 십자가들을 내려놓는 것일까?
우리는 안다. 내 어깨에 메워진 이 십자가 때문에 우리는 기도하고, 하고 싶지 않은 일도 기꺼이 하고, 분노하다가도 인내하고 용서하며 화해하게 된다는 것을.

십자가는 내게 사랑이 인내라는 것을 가르쳐 주며 그 자체로 사랑임을 깨우쳐 주는 선물임을.

십자가야말로 나를 사랑하는 존재로 키워주고,
겸손하게 하고, 없는 이들에게 자비를 베풀게 하고, 희생이 기쁨이며
그게 바로 삶이라는 것을 깨닫게 해주는 은총이라는 것을.
십자가를 내 어깨에서 내려놓는 날,
나는 희생도 용서도 화해도 모르는 비정한 인간이 되고,
내 몸에서 사랑을 발산하지 못하는
사랑하지도 사랑 받지도 못하는 돌같이 차가운 존재가 되고 만다는 것을.》

이제민 신부님의 『말은 시들지 않는다』 중에서

적게 용서 받은 사람은 적게 사랑한다

《남의 것을 훔치는 투도偸盜의 악업을 지어 남을 불행하게 만드는 사람은 아주 가난하게 사는 나쁜 과보果報를 받고,
자신의 소유와 노력을 남에게 베풀어 돕는 선업을 지어 남을 행복하게 만드는 사람은
부유하게 살게 된다.
부정한 성생활을 하는 사람은 정숙하지 못한 배우자를 만나고 실연을 당하지만,
깨끗하고 온당한 성생활을 하는 사람은 정숙한 배우자의 사랑을 받는다.

거짓말을 많이 한 사람은 신용을 잃고 남에게 멸시를 받으며,
모든 것을 사실 그대로 정직하게 말하는 사람은 사람들의 신용을 얻는다.
사람들을 이간시키는 말을 많이 한 사람은 항상 불안속에 살며,
사람들에게 버림을 받았지만 한결 같은 말로써 사람들을 화해시키는 사람은
언제나 마음이 편안하며 많은 사람들의 귀의歸依와 존경을 받는다.
험담과 욕설로 남을 해치는 말을 한 사람은 못생긴 얼굴로 태어나고, 사람들의 미움을 받으면서까지도 부드럽고 칭찬하는 말로써 사람들을 기쁘게 하는 사람은 잘 생긴 얼굴로 태어나 많은 사람들의 사랑을 받는다.
부풀리고 꾸며서 사실과 다르게 말하는 사람은 남이 믿어주지 않고 의심을 받지만, 있는 그대로 질박하고 올곧게 말하는 사람은 모든 사람들이 쉽게 믿어 준다.
이처럼 악업을 쌓으면 나쁜 과보를 받고 선업을 쌓으면
좋은 과보를 받는다는 것이 업의 윤리법칙이다.
선업에는 반드시 좋은 과보가 따르고

악업에는 필연적으로 나쁜 과보가 따른다는
업의 철저한 윤리법칙에도 약간의 융통성이 있다.
악한 업을 지어 나쁜 과보가 예상이 되더라도
다시 선업을 지으면 나쁜 과보는 완화될 수 있다.

『염유경鹽喩經』은 이것을 소금물의 비유로 설명한다.
소금을 아주 많이 넣어 마실 수 없을 정도로 짠물에도 자꾸 맹물을 섞으면
나중에는 마실 수 있는 물이 되는 것처럼,
악업을 많이 지었더라도 선업을 자꾸 많이 지으면 악업의 과보는 희석되어 나타날 수 있다. 그러나 물속의 소금 농도가 낮아질 수는 있으나 아주 없어질 수 없는 것처럼,
선업을 아무리 많이 짓는다 하더라도 악업의 결과를 피할 수는 없다.
업의 윤리법칙에 영향을 줄 수 있지만 그것을 완전히 바꿀 수는 없다는 것이다.

업의 자업자득법칙이란 '자신이 지은 업은 반드시 자신이 받는다自作自受.'는 법칙이다.
이는 업의 인과과정에는 자기 이외의 어떤 존재도 개입할 수 없다는 뜻이다.
업설業說에 따르면 자신이 지은 업을 남이 대신 받거나
남이 지은 업을 자신이 대신 받을 수 없다.
자신이 원한다고 해서 자신이 지은 선업의 결과를 남에게 전해줄 수 없으며,
남이 원한다고 해서 그가 지은 악업의 결과를 내가 받을 수는 없다.
아무리 사랑하는 부모형제나 배우자라 하더라도,
나의 선업으로 그의 악업을 갚을 수 없고 그의 선업으로 나의 악업을 갚을 수 없다.

이처럼 업의 자업자득의 법칙은 가혹하리만큼 철저하게 엄격한 것이었다.

초기 불교의 업설에 따르면 자신을 구제할 수 있는 존재는 자신뿐이다.
깨달음을 성취하여 해탈하기 위해서는 자신이 지은
모든 악업을 소멸하고 그에 합당한 업을 지어야만 하는데,
그것을 할 수 있는 것은 자기 자신의 노력뿐이다.》

윤영해 동국대 불교학과 교수; 불교신문 2334호

하느님은 용서를 구하면 모든 사람들의 죄를 용서해주신다.
그러나 불교에서는 자신이 지은 죄값을 반드시 치러야 한다고 말하고 있다.
인간의 현존, 인생이 곧 고통이라는 인식은 똑 같다.
그러나 고통의 원인에 대한 해명은 다르다.
즉 그리스도교에서는 고통의 원인은 '죄'라고 말하고 있지만
붓다는 인간의 고통이 죄가 아니라 '무지'에서 온다고 말하였다.
인간은 인간과 세계의 참 모습實相에 대한 무지, 착각, 무명無明,
이른바 어리석음 때문에 고통을 겪는다는 것이다.

예수님이 겟세마니 동산에서 십자가형을 받을 때
로마 병사들이 하는 짓을 두고 "아버지, 저들을 용서해 주십시오.
저들은 자기들이 무슨 일을 하는지 모릅니다."고 했다.(루카 23:34)
'무지' 때문에 일어난 사건이다.
세상에는 사람들이 알고 저지르는 죄도 많다.
그러나 곰곰이 생각해보면 그는 업의 자업자득법칙을 모르고 있거나
죄의식이 없는 무지 때문에 죄를 지은 것이라는 것을 알 수 있다.
또 많은 사람들이 하느님의 용서를 자의적으로 해석하여
죄의 구속에서 벗어나려고 하는 경향이 있는 것 같다.
그러나 하느님은 회개하지 않는 사람을 용서하실 리가 없다고 생각한다.
회개는 꼭 같은 죄를 두 번 다시 짓지 않는 것을 말한다.
성경에서도 분명히 말하고 있다.
"그러므로 내가 너에게 말한다. 이 여자는 그 많은 죄를 용서 받았다.

그래서 큰 사랑을 드러낸 것이다. 그러나 적게 용서 받은 사람은 적게 사랑한다."(루카 7:47)

참 사랑을 모르거나 많이 베풀지 않는 사람은
죄의 용서를 적게 받은 사람이라고 분명히 말씀하신다.
"하느님, 하느님!" 하고 매달린다고
구원을 받고 죄를 용서 받을 수 있는 것이 아님을 말하고 있다.

"그날에 그들은 더 이상 이렇게 말하지 않을 것이다.
'아버지가 신 포도를 먹었는데 자식들의 이[齒]가 시리다.'
오히려 인간은 저마다 자기가 지은 죄로 말미암아 죽고,
신 포도를 먹은 사람은 모두 제 이[齒]만 시릴 것이다."(예레미야 31:29-30)

소망

제자들의 자리 다툼 | 익명의 그리스도인 | 기도의 어려움 | 노자의 현덕玄德 | 놀라운 은총 Amazing Grace | 여러분들의 얼굴에 다 씌어 있습니다 | 아버지를 뵙게 해주십시오 | 장천하어천하藏天下於天下 | 어느 중국 소녀의 실화 | 표징을 찾고 있는가, 진리를 찾고 있는가? | 유토피아 | 두려워하지 않으려면 | 얼마나 고통을 더 겪어야 하느님을 알게 될까? | 우리는 인간이 아니라 인간이 되어가고 있다 | 나의 정체성 | 신앙과 행복 | 아버지와 나

제자들의 자리 다툼

"누구든지 첫째가 되려면, 모든 이의 꼴찌가 되고 모든 이의 종이 되어야 한다."(마르코 9:35)

"하느님께서는 교만한 자들을 대적하시고, 겸손한 이들에게는 은총을 베푸신다."(야고보 4:6)

오늘의 복음(마르코 9:30-37)을 읽으면서 자리 다툼을 하는 제자들과
슬하에 있는 자식들이 부모의 사랑을 더 많이 받으려고 다투는 것과 비교해 보았다.
형은 부모님이 나이 어린 동생을 편애하고 자신을 버렸다고 느끼기도 하고,
잘못을 저질렀을 때에도 동생보다 자신을 더 심하게 야단치는 것처럼 느끼기도 한다.
자식들은 부모의 마음에 들기 위하여 선의의 경쟁을 하면서 자란다.
그러나 제자들은 예쁜 짓은 하지 않고 예수님의 환심歡心만 사려고 하였나.
맏이 격인 베드로가 주님의 환심을 사려고 고작 한 소리가
초막을 세 개 지어 주님을 모시겠다는 것이었으며
주님께서는 "사탄아! 물러가라." 하시면서 야단을 치셨다.
제자들 안에는 허영만 가득 차 있으니
주님께서 수난과 부활에 대하여 두 번씩이나 말씀하셔도 우이독경牛耳讀經이 되어 버렸다.

인간의 이런 불완전성 때문에
사람들은 자기비하를 하거나 자만하여 자기과시를 하려고 한다.

교만은 거만하거나 자만하는 것을 뜻한다.

하느님의 창조물로서 사랑을 표현하는 그런 자존심은 더더욱 아니다. 진정한 자존심은 하느님께서 당신의 명예와 영광을 위해 쓰라고 우리들에게 선물로 주신 우리들의 권능을, 겸손하게 그리고 감사하게 받아들이고 있을 때, 드러낼 수 있는 긍지이다.

또 겸손은 자기비하가 아니고 하느님이 계시지 않으면
나는 아무것도 아니라는 것을 인정하고,
주님에게 의존하여 모든 일을 하고 있다는 것을 인정하는 것이다.

성 이냐시오는 진정한 자존심과 겸손을 다음과 같이 기술하고 있다.

"오, 주님! 저의 모든 자유와 기억과 이해理解와 의지를 바치옵니다.
당신께서 저에게 주신 저의 모든 것을 바치옵니다.
저의 이 모든 것을 당신의 뜻대로 처분하소서.
대신 저에게는 당신의 사랑과 영광만 주시옵소서.
이것으로 충분하오며 더 이상 아무것도 바라지 않나이다."

익명의 그리스도인

아시아의 가난한 사람들에게 마더 데레사가 있었듯
남미의 가난한 사람들에게는 카마라Dom Helder Camara, 1909-1999 대주교가
있었다. 그는 브라질의 가난한 사람들뿐만 아니라
곤궁에 처한 사람들이 있는 곳이면 어디든 가서 분명한 목소리와 글로써
봉사하였다.
그의 첫 저서는 성경의 주해서였다.
그 뒤에 『Through The Gospel With Dom Helder Camara』를 출판하였는데
내용도 훌륭했지만 깊이도 있었다.
그래서 로저 보젼Roger Bourgeon이 기획한 불란서 TV 방송에
카마라 대주교가 출연하여 이 책을 중심으로 강론하기도 하였다.
이의 내용을 발췌 편집하여 싣는다.

《나는 때때로 가톨릭신자만이 구원을 받게 된다는
어리석은 생각을 하는 신자들을 이해할 수가 없습니다.
물론 하느님께서 가톨릭 신자나 개신교 신자들을 골라 뽑으셨기 때문에
성령이 그들에게 머물고 그들 안에서 숨쉬고 있을 수는 있습니다.

그러나 가톨릭 신자만 구원을 받는 일은 있을 수 없습니다. 당치도 않습니다.
사랑과 도움에 굶주리고 목말라 하고,
에고에서 떠나 자기중심적인 삶에서 떠나려고 애쓰고, 이웃을 돌보려 하고,
양심의 소리를 들으려 하고, 선한 일을 하려고 애쓰는,
세계도처에 있는 이런 사람들에게는 종교와 관계 없이

모두 하느님의 성령이 함께 하고 계십니다.
나는 '많은 사람들이 동양에서 그리고 서양에서 올 것이다.'는 주님의 말씀을 좋아합니다.

우리는 하느님 아버지의 집에서 몇몇 가톨릭 신자들과 불교의 일부 신자,
유대교의 일부 신자, 이슬람교의 소수의 신자,
개신교의 일부 신자들만을 만나게 될 것이라고 자신 있게 말할 수 있습니다."

말은 하지 않았지만 다음과 같이 말했을 것 같다

"그리고 어떤 종교인보다 무신론자를 더 많이 만날 수 있을 것입니다.
그런데 그리스도인의 경우 주님이 많은 사람들 중에서 골라 뽑아 주님을 믿게 만들었는데도 하느님의 아버지 집에 들어가지 못한 이유는 무엇일까요?
사제나 스님들은 신자들에게 그 따위로 믿을 바에야
교회나 사원에 나오지 말라고 왜 말하지 못할까요?"

"우리들은 자신만이 진리를 바로 알고 있다고 믿고 있는 수가 많습니다.
그러나 예를 들면 무신론자라도 예수님과 같은 삶, 부처님과 같은 삶을 사는 사람이면
누구나 진리를 다 알고 있습니다.
우리들은 하느님 안에서 살고 있고 우리 안에 하느님을 모시고 살고 있습니다.
그러나 하느님은 워낙 위대하셔서,
우리가 하느님의 뜻을 제대로 알지 못하고
하느님의 그 넓은 가슴을 헤아리지 못하고 있지만,
사실 우리들은 하느님보다 훨씬 더 위대해져야 합니다.

나는 우리들이 볼 수 없었던 달의 뒤 부분 사진이 처음으로 찍혔을 때 무척 흥분하였습니다.

마찬가지로 우리들이 어느 날 하느님 아버지와 마주 앉게 되면 무척 놀라게 될 것입니다. 그 때에야 비로소 우리들이 하느님을 얼마나 알지 못했던가를

실감하게 될 것이기 때문입니다. 진리도 마찬가지입니다.

우리들만 성령을 독차지하고 있지 않습니다.

따라서 우리들은 예수 그리스도의 이름을 한 번도

들어보지 않은 사람들에게도 겸손해야 합니다.

그들은 우리들보다 더 진실한 그리스도인인지도 모릅니다.

나는 제자들이

'주님, 저희에게 어떻게 기도하는지를 가르쳐주십시오.'하고 청한 말을 좋아합니다.

우리들은 기도하는 방법을 이미 배워서 다 알고 있다고 생각할지도 모릅니다.

마찬가지로 주님의 기도도 잘 알고 있다고 생각할지도 모릅니다.

그러나 **우리들은 주님의 기도를 입으로만 하고 있지 가슴으로는 기도하고 있지 않습니다.**

중요한 것은 주님이 우리들에게 가르쳐 주신 기도대로 사는 것을 배우는 것입니다.

'하늘에 계신 우리 아버지'하고 시작합니다.

그런데 우리들은 진실로 하느님이 우리들의 아버지라고 믿고 있습니까?

아니면 단순히 '나의' 아버지, '우리'의 아버지입니까?

'우리들의' 아버지이면 우리들은 모두 형제자매입니다.

같은 아버지를 가진 형제자매인 것입니다.

미사 시에도 아무 생각 없이 옆에 있는 사람들에게 '평화를 빕니다.'하고 말합니다.

그러나 미사가 끝나고 집에 돌아가면 다른 사람들은 잊어버립니다.

다른 사람들이 진정으로 우리들의 형제자매라면 그들이 아픈지,

굶어 죽어가는지 마땅히 알아야 하며 그들을 위해 무언가를 해야 합니다.

그 다음에는 '아버지의 뜻이 땅에서도 이루어지소서.'하고 말합니다.
하느님의 뜻이 우리의 뜻과 같으면
하느님의 뜻을 받아들이기란 식은 죽 먹는 것처럼 쉬울 것입니다.
우리 모두 하느님에게 청하는 것이 무엇인지 정확히 알고 있습니다.
그러나 주님께서는 우리들보다 훨씬 더 많이 알고 계시고
우리가 청하는 것을 하느님의 뜻에 따라 받아 들이십니다.
그리고 아무런 대가도 바라지 않습니다.

또 우리가 구하고 있는 것이 우리를 위하여서는 오히려 좋지 않을 때가 많습니다.
주님과 관련해서는 우리는 어린애와 같습니다.
아버지는 어린애들이 갖고 놀기를 바란다고 칼을 주지 않으며
혼자 계단을 내려가게 내버려 두지도 않습니다.

여러분들께서는 내가 좋아하는 기도를 아십니까?
'주님, 당신의 은총으로 주님께서 원하시는 것을 저가 원하도록 도와주시고,
주님이 좋아하시는 것을 저가 좋아하도록 도와 주십시오.'
솔직히 우리들이 제대로 아는 것이 하나라도 있습니까?
물론 모든 것이 우리들 자신의 하기 나름이지만,
우리들 자신을 주님의 손에 맡겨드리고,
주님의 도움을 받아 우리의 취약한 점을 보완하겠다고 결심하는 것도 우리 자신에게 달려있습니다.

'우리는 주님의 기도대로 사는 것을 배워야 합니다.'"》

기도의 어려움

세상에는 너무 꼼꼼하여 하느님을 닮지 못하고
자신에게 머리를 숙이지도 못하는 사람들이 있다.
이들은 자신이 무엇을 하고 있는지 알기를 좋아하고,
자신 안에서 무엇이 일어나고 있는가를 꼼꼼하게 살펴보는 것을 좋아하고,
자신이 하고 있는 일이 어느 정도 진척되었는가를 알기 위하여
자기 자신에게 자주 눈을 돌린다.

반면에 만족을 느끼지 못하고, 만족을 알지 못하고,
즐기지 못하면 만족하지 못하는 사람들이 있다.
이들은 소심하여 감기에 걸리지 않으려고 옷을 여러 겹 껴입지만,
자신이 입고 있는 옷 가지 수를 모르면 안심하지 못하고,
금고에 돈이 가득 차 있는 것을 보고도 돈의 액수가 정확하게 얼마인지를 알지 못하면
자신이 부자라고 생각하지 않는 사람들이다.

보통 이런 사람들은 모두 기도할 때 분심을 갖게 되는데,
하느님께서 그들에게 현존을 느끼게 하시면, 자신의 반응을 노트에 적기 위하여,
또 자신이 진정으로 만족하고 있는지 알기 위해,
또는 당황하거나, 자신의 고요가 정말 고요인지 태풍전야의 고요인지
또 자신의 평온이 진정한 평온인지 의심하면서도 스스로 분심을 버린다.
그러나 **그들은 신성한 현존의 달콤한 맛에 취하지 못하고**
그들이 갖고 있는 느낌들을 생각하느라고 바쁘다.
마치 신부가 신랑이 주는 것을 보지는 않고 결혼 반지에만 정신이 팔려있

는 것과 같다.
우리들에게 영혼의 평화를 주시는"**하느님께 정신이 팔려 있는 것**"과
하느님께서 우리에게 주시는"**영혼의 평화에 정신이 팔려있는 것**"은 엄연
히 다르다.

하느님께서 기도 중에만 신성하고 아름다운 평화를 주시는 사람은,
자신을 보거나 평온을 찾을 때까지 기도를 삼가야 한다.
만약 평온을 갖게 되더라도 호기심으로 바라보아서는 안 된다.
그러한 분위기를 너무 좋아하는 사람들은 평온을 잃게 되며,
평온을 제대로 맛보는 방법은 의심을 하면서 맛보지 않는 것이다.

성 프란치스코 드 살 주교 학자

노자의 현덕玄德

우연히 어떤 글을 보다가 『노자老子 제65장 : 순리로 나라를 다스려라』을 보게 되었다.
이 내용은 지금의 우리나라 정치와 세태世態를 잘 꼬집어 말하고 있는 것 같다.
또 66장남의 위에 서려거든 자신을 낮추어라은 해결책을 제시하고 있는 듯 하다.
예나 지금이나 난세亂世가 되면 사회가 정직하지 못하고 권모술수만 횡행하였던 것 같다.

古之善爲道者, 非以明民, 將以愚之, 民之難治, 以其智多,
故以智治國, 國之賊, 不以智治國, 國之福,
知此兩者亦楷式, 常知楷式, 是謂元德,
元德深矣遠矣, 與物反矣, 然後乃至大順.

옛날에 무위無爲의 도道를 잘 닦은 사람은
백성들을 총명하지 않고 백성들을 순박하게 만들려고 하였다.
백성들을 다스리기 어려운 것은 그들에게 영특한 지혜가 많았기 때문이다.
예부터 나라를 지혜로 다스리면 나라에 해롭고
지혜로 다스리지 않으면 나라에 복이 있다고 했다.
이 두 가지 모두가 정치의 법임을 알아야 한다.
항상 이 법칙을 아는 것을 현덕玄德이라 한다.
현덕은 심오하고 멀어 세속과는 반대이나 세속을 부정한 뒤 큰 순리에 이르게 된다.

여기서 지혜라고 하는 것은 지모智謀를 말한다. 소위 꼼수이다.

따라서 지혜가 없다는 것은 미련한 멍텅구리를 뜻하는 것이 아니라
바로 천진天眞한 본래 인성人性을 그대로 가지고 있으면서
술수와 계략을 쓰지 않는다는 말이 된다.
이런 사람은 마음이 스스로 편안하고 안락해서
저절로 하늘이 내린 무형의 복을 맘껏 누리게 된다는 말이다.
지모가 없는 사람은 도리어 참 지혜가 밝아서
자신에게 언젠가 해害가 돌아올 악업惡業을 짓지 않는다.
바로 이러한 도리를 아는 것을 현덕玄德이라고 했다.

정치가든 일반 사람이든 순수하지 못하고 항상 복선伏線을 가지고
음흉하게 꼼수를 쓰게 되면 제 꾀에 자기가 당하게 된다는 것을 말하고 있다.
지금 우리나라의 정치가 그렇지 않은가?
또 살아가면서 우리는 사람들의 만남이 순수하지 못하기 때문에
순수하게 멍텅구리처럼 받아들여 낭패를 겪게 되는 경험을 많이 했을 것이다.
참 피곤한 사회이고 국가인 것 같다.
이렇게 꼼수를 쓰는 사람들의 마음 속에는 상대방을 무시하는 교만이 들어있다.
자기만 약고, 똑똑하고, 잘났고 남은 어리석고, 못난 것이다.
그래서 진심으로 말해도 이를 진심으로 알아듣지 못하는 불신사회가 되어버리고 말았다.
실력보다는 꼼수가, 청렴보다는 재물이, 겸손보다는 교만이 판치고 숭상되는 세상이다.
심지어는 가정 내나 가까운 친구들 사이에도
불신이 심화되어 순수한 행동이 의심을 받는 일이 허다한 것 같다.
바로 현덕玄德을 모르기 때문이다.
남의 이야기를 전혀 들으려 하지 않고 어쩌다 말할 기회가 있으면
남의 말은 아무 가치 없는 말이고 나의 말은 금언金言이라고 생각한다.

이렇게 하는데 어떻게 대화가 되고 교분交分이 되겠는가?
어찌 자기만 잘나야 되는가?
자기보다 잘 난 사람은 없다는 말인가?
겸손은 덕德의 근원이라고 했다.

江海所以能爲百谷王者, 以其善下之, 故能爲百谷王,
是以欲上民, 必以言下之, 欲先民, 必以身後之,
是以聖人處上而民不重, 處前而民不害,
是以天下樂推而不厭, 以其不爭, 故天下莫能與之爭.

강과 바다가 계곡들의 왕이 될 수 있는 것은 그것이 가장 낮은 곳에 있기 때문이다.
그래서 모든 계곡의 왕이 되는 것이다.
그러므로 백성 위에 있기를 바란다면 반드시 겸손한 말로 자신을 낮추고
백성의 앞에 서고자 한다면 반드시 몸을 남의 뒤에 두어야 한다.
그래서 성인聖人은 위에 있어도 백성들이 짐스러워하지 않고
앞에 있어도 방해된다고 여기지 않는 것이다.
세상 사람들이 그를 받들면서도 싫어하지 않는 것이다.
다투려고 하지 않기 때문에 누구도 그와 다툴 수가 없는 것이다.

자기를 스스로 낮추면 올림을 받을 것이고
자기를 스스로 올리면 낮게 된다는 성경 말씀도 있지만
이는 종교를 떠나서 만고萬古의 진리이다.

놀라운 은총Amazing Grace

영국인 존 뉴턴John Newton; 1725-1807은 노예매매상이었다.
1748년 노예선 "그레이하운드Greyhound"를 타고 영국으로 돌아오던 어느 날 밤,
폭풍우가 몰아쳐 그의 노예선이 침몰할 지경에 이르렀다.
그는 한밤중에 일어나 울부짖으면서 하느님께 기도 드렸다.
"주님, 저희를 구해주시면 노예매매 업을 관두고 영원히 당신의 종이 되겠습니다."

다행히 그의 배는 가라앉지 않고 귀항할 수 있었다.
귀항하자 뉴턴은 성경과 많은 종교서적들을 읽기 시작했다.
그리고 교리를 받기 시작했는데
비록 배가 침몰할 때 그가 했던 약속을 지키지 않고 노예매매를 계속했지만
이때부터 신성모독, 노름, 음주를 멀리하였다.
그가 진정으로 회심回心한 것은 한참 뒤로
노예선에서 심한 열병을 앓고 난 뒤였다고 털어놓았다.
위기에 처했을 때 하느님에게 매달렸다가 하느님의 도움으로 위기를 모면하게 되면
하느님을 버리는 약삭빠른 인간의 모습을 그대로 보여주었던 것이다.

뉴턴은 진정으로 회개한 후에야 노예매매 업을 접고 성공회 신부가 될 수 있었다.
그렇게 어렵게 회심한 것을 기념하여 유명한 성가의 감동적인 가사를 쓰게 되었다.
진정으로 하느님의 은총을 깨닫고 쓴 가사였다.

"놀라운 주님의 은총!
너무나 따스한 주님의 음성,
저 같은 불쌍한 사람을 구해주시니!
한때 길을 잃고 방황했으나 지금은 저의 길을 찾았어요.
저는 눈이 멀었었지만 지금은 볼 수가 있지요.

주님의 은총은 저에게 두려움을 가르쳐 주셨어요.
그러나 은총으로 저의 두려움을 씻어 주셨습니다.
내 앞에 나타난 은총이 얼마나 값진 것인지요.
그 시간 저는 처음으로 믿음을 가졌습니다.

저는 이미 많은 위험과 고통과 유혹들을 겪었지만
이 은총을 통해서 지금까지도 저를 안전하게 보호하고 계십니다.
주님은 저를 안식처로 인도해 주셨습니다.

천년 만년 거기 있으면
태양처럼 빛나고
주님을 찬양하지 않는 날이 없을 거예요.
저희가 처음 믿는 그 순간…."

뉴턴이 회심했을 때의 심정은 아마 시편 56장의 말씀과 같았을 것이다.
"오, 주님, 당신께서 제 목숨을 죽음에서 건져주시고
패배에서 저를 보호해 주셨기에 저가 약속한 것을 바칩니다.
하느님 앞에서, 찬란히 빛나는 생명의 빛 속에서 걸어가도록 하겠습니다."

우리는 모고해冒告解*__를 많이 한다.__
보속을 하지 않고 뉴턴처럼 약속을 지키지 않기 때문이다.
내가 주님께 받은 은총은 과연 무엇인가 자문해 본다.

* **모고해** : 죄의 사함을 얻기 위한 고해성사 중 자신이 알고 있는 죄를 의도적으로 감추거나 축소하여 고백하는 행위

여러분들의 얼굴에 다 씌어 있습니다

"나를 사랑하는 사람은 내 아버지께 사랑을 받을 것이다.
그리고 나도 그를 사랑하고 그에게 나 자신을 드러내 보일 것이다."(요한 14:21)

1941년 〈20세기 폭스 필름〉 작품으로 영국 웰스 지방의 탄광촌을 배경으로
광부와 기업주와의 대립과 한 광부 일가의 파란만장한 삶을 다루어
아카데미 영화상 5개 부문을 수상한
〈나의 계곡은 푸르렀다How Green Was My Valley〉의 한 장면이다.

탄광촌에 있는 교회의 목사가 신자들에게 두려워하지 않고
서로 사랑하며 주일 예배에 많은 사람들을 참여시키도록 해야 한다고 설교했다.

"여러분들이 교회에 왜 나오는지, 왜 왔는지 나는 압니다.
다음 주일에 나오는 여러분들의 얼굴을 보면 알 수 있습니다.
여러분들은 두려움 때문에 교회에 나옵니다.
하늘에서 내려오는 신성한 불꽃에 대한 두려움 때문에 교회에 나옵니다.
주님의 앙갚음이 두려워 교회에 나옵니다.
여러분들은 예수님의 사랑을 잊고 살고 있습니다.
무엇 때문에 주일 예배에 나오셨습니까?
내가 나 자신을 사랑하는 것보다
예수님께서 훨씬 더 나를 사랑하신다는 것을 진정으로 믿습니까?"

우리는 마지막 심판을 두려워하면서 살고 있다.
마지막 심판 때 구원이 결정되기 때문이다.

우리들은 하느님의 사랑을 믿지 않고 하느님께 나를 맡기지 않고
사랑을 실천하고 살지 않았기 때문에 두려워하고 있다.

진리는 실천을 통하여 체험으로 얻는 것이다.
대부분 시행착오의 과정을 거쳐 터득한 것이다.
좌절하여 지푸라기를 잡는 심정으로 하느님께 매달리려고 하는 마음가짐이 진리이다.
진리를 얻기 위해서는 지식에만 매달리지 말고 사랑을 실천해야 한다.
그러나 우리들은 성경에 있는 지식만을 가지고 교회에 나간다.
진리는 모르는 채 지식만 갖고 있기에 최후의 심판이 두려운 것이다.

성 아빌라의 데레사는 말했다.
**"하느님을 뵙기를 간청하고 하느님을 잃는 것을 두려워하며,
하느님께로 인도하는 모든 것에서 기쁨을 발견하십시오.
그러면 평화를 누리게 될 것입니다."**

아버지를 뵙게 해주십시오

"주님, 저희가 아버지를 뵙게 해주십시오. 저희에게는 그것으로 충분하겠습니다."(요한 14:8)

크리스천이면 누구나 하느님 아버지를 뵙기를 간절히 바란다.
그러나 사도 요한은 아마(탈출기33:18)에 나오는 구절을 생각하고 이 말을 했을지도 모른다. 모세가 하느님께 말했다.
"제발 당신의 영광을 보여주십시오."
그러나 70인 역 성경에서는 "저에게 당신의 모습을 보여주십시오."라고 번역하고 있다.
하느님의 대답은 "너는 내 얼굴을 보지 못한다.
나를 본 사람은 아무도 살 수 없다."(탈출기 33:20)는 것이었다.
그러나 예수님께서 필립보에게 간접화법으로 말씀하셨다.
"나를 본 사람은 곧 아버지를 뵌 것이다."

예수님께서는 아버지와의 친밀한 관계를 그렇게 표현하신 것이다.
그리고 사람들이 아버지를 보면 죽게 되므로 대신 예수님을 보라고 말씀하셨는지도 모른다. 아버지와의 관계를 떠나서 예수님을 이해할 수는 없다.

예수님께서는 "나는 아버지 안에 있고 아버지께서는 내 안에 계신다."
또 어떤 때에는 "아버지와 나는 하나다."하고 말씀하셨다.(요한 10:30)
그러나 "내가 아버지다."하고 말씀하신 적은 없다.

예수님과 아버지의 관계는 뗄래야 뗄 수 없는 관계이지만 분명히 서로 다른 존재이다.
비결정체들이 녹아서 일단 하나의 무생물이 되면

녹기 전의 비결정체들을 분간할 수 없게 되지만,
인간의 삶에서는 하나가 되더라도 각 개인은 고유하며,
우리들의 머리카락을 모두 세어 놓으셨듯이
하느님께서는 우리들의 모든 것까지도 알고 계신다.

우리는 믿음 안에서는 하나이지만 어디까지나 서로 다른 개체이다.
어떤 성인聖人이 말했다. "하느님과 나는 하나가 아니지만 둘도 아니다."
이것을 어떻게 해석하면 좋을까?
두 개의 머리에 하나의 마음이라는 뜻이 아닐까?

말로는 하나인 것을 보여줄 수 없지만
우리의 삶에서는 하나의 마음이 되는 것을 볼 수 있다.

"나를 믿는 사람은 내가 했던 일도 할 것이다."
'믿음'과 '일'이 한 문장 안에 있다.
이 두 단어에 대하여 오랫동안 논란이 있었다.
그러나 예수님께서는 교묘하게 속임수를 써서 우리를 속이려고 하신 것이 아니라
믿음에서 흘러나오는 행동을 직접 보여주셨다.

예수님께서 이렇게 행동하지 않으셨다면 예수님 삶의 흔적도 남아있지 않았을 것이다.
바오로가 말하였다. "사랑으로 행동하는 믿음만이 중요할 따름입니다."(갈라티아 5:6)
"사실로 나는 내 아버지께 가므로 너희들은 나보다 더 큰 일을 하게 될 것이다."
예수님께서 앞으로 하시게 될 큰 일은
당신의 죽음, 부활, 승천 그리고 성령을 보내시는 것이다.
오순절에 이 성령이 우리들에게 가득히 내려올 것이다.

중세 독일의 신비주의자 요한 타울러Johann Tauler가 말했다.
"라인 강의 모든 댐과 제방이 터져 범람하는 것을 상상해 보아라.
마치 모든 것을 집어삼킬 것 같이 범람하여 어떻게 계곡과 초원을 덮어버리는가를."

성령이 제자들에게 내려 왔듯이,
하느님께서 보시기에 하느님을 받아들일 준비가 되어있는 것으로 보이는 모든 사람에게도 내려온다.

그리고 지금도 매 순간 끊임 없이 성령을 내려 주신다.

장천하어천하藏天下於天下

『장자莊子』에 나오는 말로 직역하면 "천하를 천하에 감춰둔다."는 뜻으로 "손바닥으로 하늘을 가린다."고 해석해 본다.
천하는 어떤 것으로도 감출 수 없기 때문에 그것에 손대지 않고 그냥 둔다는 것이다.

사람들은 절대자에게 자신을 맡길수록 다른 속박에서 벗어날 수 있고, 그분께 순종할수록 더욱 더 많은 자유를 누릴 수 있지만 하느님의 인도를 받지 못하고, 있는 그대로의 자신을 찾지 못한 채 방황하고 있다.
미국의 영성 작가 마리안 윌리암슨Marianne Williamson; 1952-은

"우리들이 가장 두려워하는 것은 우리들 모두 마땅히 서있어야 할 곳에 서있다는 것이다.
우리들이 가장 두려워하는 것은
우리들이 측정할 수 없는 무한한 능력을 갖고 있다는 사실이다."하고 말했다.

우리 모두는 자신이 서있어야 하는 곳에 무한한 능력을 갖고 서있지만 두려워하고 있다는 말이다.

다른 말로 하면 하느님께서 아무 이유 없이 나에게 고통을 주시지 않는 것처럼,
하느님께서 나를 지금 이 자리에 있게 하신 것은 다 그럴만한 이유가 있어서인데,
우리들은 그 깊은 뜻을 모른다는 것이다.

하느님께서는 우리들이 빵을 원하는데 전갈을 주지는 않으신다.

하느님을 믿지 못하고 하느님께 의탁하지 못하기 때문에 두려워하는 것이다.
그렇지 않으면 하느님의 깊은 뜻을 알고도 최선을 다하지 못하여 두려워하는 것이다.

그러나 하느님께서는 절대로 벌을 주지 않고 **마지막 날에 구원을 결정하신다.**
절대자에게 자신을 맡길수록 다른 속박에서 벗어날 수 있고,
그분께 순종하면 할수록 더욱 더 많은 자유를 누릴 수 있지만
우리 모두 하느님의 인도를 받아
있는 그대로의 나를 찾지 못하고 방황하는 이유는 무엇인가?

동양의 예수라고 불리는 인도의 카비르Kabir, 144?-1518는
〈여행자도 길도 없는데〉라는 유명한 시를 남겼다.
삶의 율동이, 영혼의 휴식이 저 언덕 어디에 있단 말이냐.
강물도 나룻배도 사공도 없다.
닻줄도 넉넉하지 않고, 닻줄을 잡을 사람도 없다.
땅도, 하늘도, 시간도, 어느 것도 없다.
건너가야 할 언덕도, 강물조차 없다.
여기 몸도 아니요 마음도 아니다.
영혼이여, 도대체 어느 곳을 아직도 갈망하고 있는가.
저 텅빈 것 속에는 아무것도 없는데….

용기를 내라.
그리고 그대 자신의 육체 속으로 돌아오라.
반석은 절대로 흔들리지 않는다.

마음이여, 내 마음이여,
이제는 어느 곳으로도 가지 마라.

모든 상을 멀리하라.

그리고 어서 그대 자신과 마주하라.

——— ♪ ———

카비르는 1440년경 인도의 바라나시 지방에 사는
한 힌두교 승려와 과부 사이에서 사생아로 태어나자마자
길에 버려져 어느 이슬람교 부부의 가정에서 자랐다.
그러나 그는 평생 학교 문턱을 넘은 바 없는 문맹이었으며
양부모 밑에서 물을 긷고 평생을 베 짜는 직공으로 살면서
집과 고향을 한 번도 떠난 적이 없었다.
그런 그가 제자리에 우뚝 서서 동양의 예수라고 불릴 만큼 인도의 성인이 되고,
간디와 타골의 스승이 된 것은 아마 〈하느님의 빛〉 때문이 아니었을까?

바다에 사는 물고기가 목마르다니
웃지 않을 수 없구나.
생명이 몸소 네 안에 살고 있는데
그것을 잡지 못한 채,
너는 끝없이 두리번거리며
이 성소聖所에서 저 성소로 옮겨 다닌다.
나, 카비르가 말한다.
이곳 캘커타에서 멀리 티베트까지
어디든 원하는 대로 가보아라.
그러나 네 영혼이 숨어있는 곳을 찾지 못한다면
이 세계는 너에게 헛된 그림자가 되고 말 것이다.

어느 중국 소녀의 실화

미국 가톨릭 교회에 지대한 영향을 끼친 참된 사제 중 한 분이셨던
풀톤 쉰Fulton J. Sheen, 1895-1979 대주교는 모든 피정과 강론에서
매일 **성체조배**聖體朝拜*의 시간을 가질 것을 진심으로 권고했다.

어느 인터뷰에서, 어떻게 그런 영감을 받게 되었느냐는 질문을 받고, 이렇게 대답했다.
"내게 많은 영감을 준 사람은 다름 아닌 어느 소녀였습니다."
이어서 그는 그 사연을 설명했다.

"때는 공산주의가 중국을 완전히 점령했을 때였습니다.
한 무리의 공산당원들이 한 성당에 들어가 사제를 연금하면서
사제관司祭館은 말 그대로 사제의 감옥이 되었습니다.
그리고 그들은 성전에 들어가 **감실**龕室**을 부수고
성체를 바닥에 던지고 떠나갔습니다.
그때 그들은 성전에서 무릎을 꿇고 기도하고 있던 어린 소녀를 보지 못했습니다.
그녀는 너무나 작아서 눈에 띄지 않았던 것입니다.
그날 밤 그녀는 땅에 바싹 엎드려,
사제관을 감시하는 경비병 앞을 기어서 어두운 성전으로 다시 들어갔습니다.
거기서 그녀는 한 시간 동안 무릎을 꿇고 성체조배를 드린 다음

* **성체조배** : 성체 앞에서 특별한 존경을 바치는 행위. 즉 성체의 외형 안에 현존하는 예수에게 감사와 찬미를 하는 예배

** **감실** : 성당 안에 성체를 모셔 둔 곳

성체를 받아 모셨습니다.
그 당시에는 하루에 한 번, 입으로만 성체를 영할 수 있었기에
소녀는 바닥에 던져진 성체를 모두 영할 때까지 매일 밤 성당에 왔습니다.
그녀는 바닥에 몸을 굽혀 혀로 예수님을 받아 모셨습니다.
사제관에 감금되어 있던 사제는 창을 통해 이 모든 것을 지켜볼 수 있었습니다.
사제는 자신이 직접 세어서
축성祝聖*했으므로
감실 안에 몇 개의 성체가 있었는지 정확히 알고 있었습니다.
36일째 되는 밤, 마지막 성체를 영한 어린 소녀는 성전을 떠나다가 그만 경비병에게 들키고 말았습니다. 경비병은 소녀를 묶어놓고 때려 비참하게 죽였습니다.
그 후, 기회가 있을 때마다 그 본당사제는 이 이야기를 사람들에게 전했습니다."

풀톤 쉰 대주교도 어느 세미나에서 이 이야기를 듣고는,
평생 매일 한 시간 동안 성체께 흠숭을 바치겠다고 하느님께 약속했다.
그리고 82세의 나이로 선종할 때까지 그 약속을 지켰다.
대주교의 이러한 모습은 수많은 다른 사제들과 신자들에게도
성체께 흠숭을 바치도록 영향을 주었다.

우리는 적절히 할 말이 생각나지 않을 때 어떻게 하는가?
긴장하고 지쳤을 때 어떻게 하는가?
우리의 삶과 사랑이 너무 복잡하고 막연하다고 느낄 때 무엇을 하는가?
우리들의 능력을 초월하여 사랑하고, 하나가 되고
평화를 이루기 위해서 무엇을 해야 하는가?
우울해 하고 좌절하고 절망하기만 하지 않고 우리들이 할 수 있는 일은

* **축성** : 사람이나 물건을 하느님에게 봉헌하여 거룩하게 하는 일

다 해본다.
우리는 만사를 제쳐놓고 그리스도의 옷자락을 만져야 한다.
즉 성체성사를 받아야 한다.
그 의식儀式을 통하여 하느님께서 우리를 당신의 가슴에 안음으로써 평화와 힘을 얻게 된다.

그리스도의 옷자락을 만지는 성경 속의 여인 이야기는 이에 대한 예를 보여주는 것이다. 그 여자는 오래 동안 하혈병을 앓고 있었다.
그 오랜 세월 동안 낫기 위해 별 짓을 다해 보았지만 아무 소용이 없었다.
모든 노력은 오히려 상태를 더 악화시켜서 놀라고 낙담할 뿐이었다.
그 여인은 기진맥진하여 마지막 수단으로
몰래 그리스도께 가까이 다가가 옷자락을 만지려고 결심했다.
옷자락을 만지자 자신 안으로 힘이 흘러 들어오는 걸 느끼면서 낫게 되었던 것이다.
전에는 하혈을 했지만 이제는 피가 제대로 흐르는,
그녀로서는 어떻게 할 수도 없었던 불가능했던 일이 벌어진 것이었다.
그녀가 확실히 그리스도를 만나 뵌 것은 그 뒤의 일이었다.

성체성사는 이와 같은 역할을 한다.
즉 성체성사 시에 그리스도의 옷자락을 만지는 것이 되며 그리스도의 품에 안기는 것이다.
사랑이 아니면 도저히 설명이 안 되는 일이 벌어진 것이다.
성체성사는 사랑과 같이 이해할 필요도 없고
굳이 설명할 필요도 없으며 오로지 접하기만 하면 되는 것이다.
사랑과 마찬가지로 성체성사를 통하여 하느님께 안기는 것이다.

성체성사의 역할을 가장 잘 이해할 수 있는 모습은,
놀라고 지치고 긴장해 있는 어린애를 안아주는 어머니의 모습이다.
성체성사 시에 하느님께서는 어머니와 같은 역할을 하신다.
어머니가 놀라고 지치고 무력함을 느끼고 투덜대고 낙담하고

떼를 쓰는 어린애를 안아 주듯이, 우리들의 긴장이 사라지고,
평화와 힘이 우리들 안으로 흘러 들어 올 때까지 하느님께서 우리를 안아 주시는 것이다. 긴장하고 지친 아이가 어머니의 품에 안기게 되면 조용해 지고
어머니의 힘을 받아 바닥에 내려 오는 것과 같다.
말로써는 되지 않으므로 어머니는 포옹을 통하여
아이에게 평화와 힘을 나누어 줄 수 있게 된다.

친구와 연인의 경우에도 똑같이 그렇게 될 수 있다.
포옹 안에 생물학적,심리학적으로 설명할 수 없는 무엇이 있는 것이다.
논리적으로는 도저히 이해할 수 없지만 사랑을 통하여 힘이 전달되는 것이다.
이것이 예수님께서 말씀을 끝내신 후에 우리들에게 성체성사를 남겨주신 이유이다.
이것이 우리들이 모든 말을 다 끝낸 후에 영성체를 하는 이유이다.
우리의 밀이, 결정과 행동이 아픔을 해소하지 못할 때에는 어머니
즉 하느님의 포옹이 필요하며 이는 성체성사를 통하여 이루어진다.

포옹과 같이 성체성사는 언제든지 할 수 있는 의식이지만
사랑과 같이 완전히 이해하거나 실명할 수 없는 것이다
그러나 우리는 그것을 굳이 이해하려고 하지 않아도 된다.
의식을 치르기만 하면 된다.
결국 우리들은 하느님에게 안기기 위하여 성체성사를 하는 셈이다.

많은 사람들이 말로는 아무것도 되는 것이 없고, 자질은 충분하지 못하고,
어리석음을 느끼고 실패를 느끼고 도덕적인 무기력함을 느끼고 비통함을 느끼고
하느님과 다른 사람들이 멀게 느껴지는, 이른바 능력의 한계를 항상 느끼면서 살고 있다. 도움을 받을 수 없는 치유 희망이 없고

안 길 수 있는 희망이 없는 가운데 살고 있는 것이다.
그런 피곤함과 긴장 속에서 우리는 포옹 즉 성체성사에 몸을 맡겨야 한다.

성체성사 시에 일어나는 모든 것을 이해하는 것은 중요하지 않으며 긴장을 하고 의욕적으로 성체성사에 임할 필요도 없다.
마지막 만찬에서 사도들이 한 것처럼 평상시처럼 하면 된다.
중요한 것은 성체성사 의식을 치르는 것뿐이다.
성체성사를 통하여 하느님께서 우리를 품에 안으신다.

롤하이저 신부님의 묵상글을 편집

표징을 찾고 있는가, 진리를 찾고 있는가?

오늘의 독서(야고보 1:1-11)와 마르코 복음(8:11-13)에서는
똑같이 예수님께서 "너는 무엇을 찾고 있느냐?" 묻고 계신다.
야고보서에서는 바리사이 사람들이 진리를 찾고 있었고,
마르코 복음에서는 표징을 찾고 있었기 때문이다.
바리사이들이 상반된 요구를 하고 있지만
오늘 날의 우리들도 똑같이 그런 모순된 요구를 하고 있다.

마르코 복음에서는 바리사이들이 예수님을 시험하려고
"하늘에서 오는 표징"을 보여 달라고 요구하고 있다.
그들은 방금 **칠병이어**七餠二魚*로 4,000명을 먹였던 기적을 보았고
카파르나움 회당에서 손이 오그라든 사람을 고치는 기적을 보는 등
많은 기적을 두 눈으로 똑똑히 보았다.
또 예수님께서는 앞으로도 병을 치유하고
십자가 형을 받고 부활하는 등의 기적을 보이실 것이지만
그들이 요구했던 것은 그런 기적이 아니라, "**하늘에서 오는 표징**"을 구했던 것이다.

그래서 예수님께서는 "어찌하여 이 세대가 표징을 요구하는가?
내가 진실로 너희에게 말한다.
이 세대는 어떠한 표징도 받지 못할 것이다."고 탄식하셨다.

그들이 예수님께 요구하는 "하늘에서 오는 표징"이란
단순한 기적이 아니라

* **칠병이어** : 요한복음(6:5-6)에는 오병이어(五餠二魚)

"예수 당신이 정말 우리가 그토록 오랜 세월 동안 고대하고 기다려왔던
메시아라면
증거를 보여달라."는,
다시 말해 그들이 예수를 메시아로 인정할 수 있는 조건들을
충족시켜 달라고 요구한 것이다.
거기에는 참으로 무서운 불신이 있으며 나아가
"신앙을 가장한" 인간의 끝없는 탐욕과 오만이 자리하고 있다.
정녕 메시아라면 치유도 해주고 기적도 보여주고
다윗 왕과 같이 나라를 부강시켜 태평성대를 이루어 달라는 요구였다.
이른바 신정神政을 요구했던 것이다.
그러나 그들은 진리를 찾지 않고 그들의 길을 갔다.
그래서 그들은 예수님을 죽였던 것이다.

한편 야고보서에서는
하느님께서 이미 사람들에게 성령을 주셨지만
아직 구원을 받지 못한 사람들에 대하여 말하고 있다.
사람들은 의레히 잘못을 범하게 마련이지만,
"온전히 구비하여 조금도 부족함이 없는 사람이 되라."고 권면하고 있다.
야고보가 "**두 마음을 품는 것**dipsychos"으로 표현하고 있는,
인간의 "영적 분열증dividedness"이 문제의 핵심이다.

사람들은 바다의 파도와 같이 이리저리 흔들리는 경향을 가지고 있다.
이러한 "분열증"은 **그리스도인들이 같은 입으로 축복과 저주를 말할 때,**
그리고 올바른 교리를 고백하면서도 신앙인 답지 않게 살 때 여실히 드러난다.
이와 같은 이중성을 버리고 참된 그리스도인으로 성숙되기를 바라고 있다.

오늘 날 우리들도 진리를 구하고 실천하지는 않고 기적만을 바란다.
소위 기복신앙을 믿고 있는 것이다.
우리는 돌부리에 걸려 넘어진 그곳에서 계속 넘어지고 있다.

유토피아

귀농해서 농사지으며 소박하게 살고 있는 한상봉 시인이 쓴
『내 돌아갈 그립고 아름다운 별』에 다음과 같은 대목이 나온다.

《그러나 이젠 사람에게로 돌아가야 한다는 생각을 한다.
그 동안 사람을 만나지 않은 것은 아니지만, 일과 자연 앞에 사람 관계는 항상 뒷전이었다. 일과 자연만으로 충분히 행복하니까.
그러나 다시 사람에게 가서 상처 받을 준비를 하지 않으면,
그리고 사람에게서 치유하고 치유 받지 않는다면,
나는 하느님의 창조를 충만히 살지 못하고,
결국 예전에 느끼던 행복이란 온전한 것이 되지 못할 것이다.

내가 사람이라는 것, 사람은 혼자 살게 되어 있지 않다는 것,
사람은 사람 안에서 행복하다는 것,
그리고 마땅히 사람 사는 세상을 살 만하게 변화시키는 것이
창조의 본 뜻임을 되새기고 있다.
이런 생각은 아무래도 외로움 탓일 것이다.
자연 안에서 충분히 채워지지 않는 가슴 때문에 드는 생각일 것이다.

그렇다고 내가 다시 도시로 갈 필요는 없다.
단순히 공간의 문제가 아니라, 삶을 대하는 태도의 문제이기 때문이다.
내가 정성껏 작물을 키우듯이 사람에게도 지극한 정성을 드러내야 하는 것이다.
외롭다는 것은 마음이 고여 있다는 것이다.
사랑이 흐르지 않으면 제 가슴을 파먹고 산다.
그렇다면 내가 지금 몹시 외로움을 타는 것은

삶의 초점을 옮기라고 몸이 전하는 메시지 일 것이다.》

나이가 들면 사람들에게 실망하여 자기가 살던 곳에서 쫓기듯이 도망쳐 시골이나 조용한 곳으로 피신하여 살려고 하는 사람들을 많이 본다.
사람들을 멀리 하면서 오로지 자연과 하느님에게만 의존하려 하는 것이다.
나 자신도 이러한 생각을 갖고 있다.

그러나 위의 글을 읽으면서 인간사회는 참으로 묘한 것이라는 생각이 들었다.
미우나 고우나 사람들과 어울려 살아야 한다는 것을 느꼈기 때문이다.
우리는 보통 자기 자신도 제대로 알지 못할 뿐 아니라 남을 안다는 것은 더욱더 어렵다.
따라서 '나'를 남에게 제대로 알린다는 것은 거의 불가능하다.

그렇기 때문에 '나는 철저히 혼자'라는 생각을 하면서 살게 되는 것이 인간이다.
반면에 인간은 군거본능群居本能이 있기 때문에 혼자서는 못산다.
참으로 아이러니컬하다.
이러기에 우리는 서로 화목하지 못하고
어쩔 수 없이 지지고 볶으며 사는 것을 당연한 것으로 여기고 있다.

먹고 살고 숨쉬는 것 모든 것이 불안한 시대에 살고 있기 때문에
장래가 두렵고 어느 길로 가야 할지 무엇을 선택해야 할지 불안해 하는 것이 보통이다.
그리고 일이 잘 풀려야 할 텐데 반대로 일이 꼬이기만 하고
실패할 때에는 몹시 불안해 안절부절 좌불안석坐不安席이다.

이렇게 불안한 시대에서 우리는 '믿을 것은 나밖에 없다.'고 생각하면서 살고 있다.
그러나 바람에는 언제나 실망이 따르고, 희망에는 늘 절망이 드리워졌으

며, 만남에는 항상 씁쓸한 이별만 뒤따르고 있다.
따라서 사람들은 나이가 어느 정도 들면 우리가 살고 있는 세계가 사바娑婆세계라는 것을 느끼며 이 세상 어디에도 유토피아가 없다는 것을 안다.

그런데도 우리는 자기 나름의 유토피아를 동경하며 울부짖고, 초조해 하고 노심초사하고, 아파하며, 몸부림치며 그 무언가를 추구해왔다.
그러나 한 상봉시인은 사바세계를 떠나 전원생활이 유토피아라 생각하여 그렇게 살았지만 아무 까닭 없이 외로움을 느끼게 되었고, '외로움은 마음이 고여 있는 것으로, 사랑이 흐르지 않으면
제 가슴을 파먹고 사는 것'이라고 솔직하게 술회하고 있다.

현실세계에서 사람들은 여전히 외로움으로 고통 받고
사람들과의 관계를 잘 맺지 못하고 있는 것을 많이 보게 된다.
사람들은 누구든지 다른 사람으로부터 은혜와 사랑을 받으며 인정받고 살기를 원한다.
흔히 인자仁慈한 사람은 사랑을 나누어 주면서 사는 사람을 말한다.
여태까지 우리는 불가佛家에서 말하는 서방정토西方淨土나
기독교에서 말하는 낙원樂園을 막연하게 유토피아라고 생각하며 살아왔던 것이다.
그런데 이 유토피아Utopia라는 단어의 어원은 'U'는 'no'와 같은 부정의 뜻이고 'topia'의 어원 'topos'는 장소라는 뜻이니
유토피아의 본래 의미는 '아무데도 없는 것'이 된다.
그렇다. 유토피아는 이 세상에는 없다.
어떤 종교든 내세來世를 믿으며 현세現世에 바르게 살아야
자기가 원하는 하늘나라나 서방정토에 갈 수 있다고 가르치고 있다.

그러나 우리는 우리 마음을 제대로 다스리지 못하고
오히려 자기 자신을 속이는 수가 많은 것 같다.
불안해 하며 열등의식에 사로잡혀 바르게 살 생각은 하지 않고 자신을

속여 기복신앙祈福信仰을 믿으면서 죽고 나면 하느님께로 갈 수 있을 거라고 자위自慰하고 있는 수가 많은 것이다.

이렇게 보면 유토피아에 가고 가지 않는 것은 자기 마음먹기에 달려 있는 것이라 할 수 있다.

보통 사람들은 자기 마음 안의 어두운 부분을 치부恥部라 생각하여 아무에게도 보이지 않으려 한다.

치부라고 생각하는 것을 없애버리려는 욕구가 숨어 있는 것이다.

자신의 어두움을 치부로 보면 볼수록 열등감으로 가득 차게 되어
분노와 무기력으로 인하여 마음 편할 날이 없게 되는 것이 보통이다.

『법구경法句經』에 이러한 말이 있다.

心爲法本 心尊心使 中心念惡 卽言卽行 罪苦自追 車轢於轍
心爲法本 心尊心使 中心念善 卽言卽行 福樂自追 如影隨形
常當惟念道 自强守正行 健者得度世 吉祥無有上

마음은 모든 일의 근본이라, 우리의 주인이 되어 모든 일을 시키게 된다.
그래서 마음속에 악한 일을 생각하면 말과 행동 또한 악해질 것이며,
그럼으로써 괴로움이 항상 그 사람을 따르리니
마치 수레바퀴의 자취가 수레를 따르는 것과 같다.
마음은 모든 일의 근본이라, 우리의 주인이 되어 모든 일을 시키게 된다.
그래서 마음속에 착한 일을 생각하면 말과 행동 또한 착해질 것이며, 그럼으로써 행복이 항상 그 사람을 따르리니 마치 그림자가 형체를 따르는 것과 같다.
항상 도를 마음속 깊이 생각하고, 스스로를 굳건히 세워 행실을 바르게 하면, 이 험난한 세상을 당당히 건너 지고至高의 평안과 행복을 얻게 된다.

우리가 신앙을 갖고 있으면서도 위와 같이 자기 마음을 잘 다스려 하느님을 따르든지 부처님을 따르지 않으면, 입으로만 믿는 신자가 될 것이다.
가톨릭교회에는 자기 성찰이라는 신앙방법론이 있다.

자기의 마음을 들여다 보고 내 마음이 하느님께로 향하고 있는가 어떤가를 보는 것이다.
하느님을 믿고 의지하지 않으면 달리 방법이 없는 것을 깨달아야 한다.
구약성서에 나오는 요셉의 생을 보면 그 이유를 알 수 있을 것이다.

형들의 질투를 사서 살해 당할 뻔한 뒤, 열 일곱 살이란 젊은 나이로
이집트에 노예로 끌려 가서 10년간의 노예생활 뒤
상전의 아내를 겁탈하려 했다는 무고를 받아
강간미수죄로 감옥에 들어가 무기수로 살아야 했다.
3년 동안 옥살이를 한 후에 풀려나게 된 요셉은 끊임없이 고통스러운 삶을 살았다.
그러나 창세기 본문을 읽어보면 그의 아버지 야곱보다 더 고통스러운 생이었지만 봄날 순풍에 돛단배 가듯 평탄하고 축복 받은 인생처럼 보인다.
그 이유는 요셉은 어떤 처지에서든 하느님을 신뢰하고 순리대로 살아왔기 때문에 고통보다는 축복이 오히려 부각된 것이라 할 수 있다.
요셉은 전적으로 하느님께 의존하며 살면서 비극에 굴복해 본 적이 없이 어떠한 시련이 닥쳐와도 늘 하느님 안에 머물렀다.
고통 한가운데서도 하느님이 당신 선의로 자기 삶을 이끌어 주리라고 믿었던 것이다.
만약 요셉이 그렇게 하지 않았으면 어떻게 그 엄청난 고통을 이겨내었을까 하고 생각해 보았다.
아마 자포자기하여 고통의 포로가 되고 말았을 것이다.
우리도 일상생활을 하면서 끊임없이 고통을 받고 시험을 받게 된다.
그리고 하느님의 말씀을 건성으로 들어 깨닫지 못하여
수많은 시행착오를 범한 뒤에 하느님을 찾는 수가 많다.
우리가 고통받고 있을 때, 달리 선택의 여지가 없는데도
얼마나 미련스럽게 자기자신이나 요행만을 믿어 왔는가를 돌이켜 생각해 보자.

미련을 떨지 말고 하느님의 말씀을 들어야 천국에 갈 수 있는 것이다. 물론 죽고 난 후의 일을 걱정하면 무엇 하느냐고 반문하면 할 말이 없지만.
그러면 우리들의 마음과 삶 속에 하느님의 현존을 어떻게 성찰할 수 있는가?
그 사람이 누리는 평화로움으로 알 수 있다고 한다.
하느님을 마음 속에 모시고 사는 사람은 커다란 평화 속에 살며
어떠한 시련 속에서도 평화를 잃지 않는다고 한다.
요셉은 바오로 사도가 한 말씀대로 고통을 통해서 적극적인 열매를 땄던 사람이다.
생존해 있으면서 유토피아를 향유했던 사람이다.

등잔 밑이 어둡다고 한다.
유토피아, 즉 이상향理想鄕은 없는 것도 아니고 또 멀리 있는 것도 아니며
우리들 마음속에 있는 것이다.
하느님을 믿는다는 것은 단순히 무엇인가를 알고 있다는 수준이나
인정하고 있다는 수준을 넘어서 삶으로 이를 증거할 때 완전한 것이라 할 수 있다.
지행일치知行一致가 되어야 우리 마음 속에 유토피아가 있게 된다.

해인사의 현진 스님이 쓴 『山門, 치인리 십번지』에서
다음과 같이 말하고 있다.

《마음을 다스리는 수행이란 어려운 게 아니다.
애써 마음을 안정시키려고 노력할 것이 아니라
본래 마음을 어지럽히지 않는 것이 올바른 태도이다.
이는 약을 쓰는 일보다 건강을 지키는 일이 더 중요한 이치와 통한다.
깨침이란 따로 닦는 것이 아니라 본래 성품을 드러내는 것이다.
기쁜 마음을 흰 구름이라고 한다면, 슬픈 마음은 먹구름이다.
그러나 둘 다 구름인 것은 똑 같다.

진정한 수행은 이 구름을 지워내는 일이다.
그렇다면 기쁨과 슬픔도 그림자일 뿐 본래 마음은 아닌 것이다.
구름 없는 맑은 하늘이 본래 마음이다.

밥을 먹을 때는 밥 먹는 일에만 열중하라.
이것이 본래 마음이다.
본래 마음은 과거의 마음이 아니라 현재의 마음을 말한다.
그러므로 본래 마음을 놓치지 않는 것이 '깨어 있는 마음'이다.
그렇기 때문에 살아가는 순간순간 일어나는
고통과 번뇌를 삶의 과정으로 바라보는 것이 깨어 있는 인생이다.》

"하느님을 사랑하는 사람들,
곧 하느님의 계획에 따라 부르심을 받은 사람들에게는
모든 일이 서로 작용해서 좋은 결과를 이룬다는 것을 우리는 압니다."(로마 8:28).

두려워하지 않으려면

예수님께서 말씀하셨다.
"어떠한 예언자도 자기 고향에서는 환영을 받지 못한다."
회당에 있던 많은 사람들이 이 말씀을 듣고 화가 잔뜩 나서
예수님을 벼랑까지 끌고 가서는 거기에서 떨어뜨리려고 하였다.
그러나 예수님께서는 그들 한 가운데를 가로질러 떠나가셨다.(루카 4:17-30)

"인생이 살 가치가 있다고 느끼는 유일한 방법은
두려워하지 않고 대담하게 살며, 자기 자신의 생각을 하고
자신의 양심에 따라 생각하고 사는 것이다.

가축 떼는 자신이 즐기는 곳이나 즐거워할 때 풀을 뜯어 먹고 뛰논다.
그러나 **대담하게 사는 사람이라도**
자신이 혼자라는 것을 알게 될 때에만 두려워하지 않게 된다." 하고
미국의 작가이자 변호사였던 레이몬드 포스딕Raymond Fosdick, 1883-1972이 말했다.

우리들은 여론에 따라 살고 있는가 아니면 자신의 양심에 따라 살고 있는가?

아테네의 철학자 모리스 멀로우-폰티Maurice Merleau-Ponty는 신을 믿지 않았다.
그는 그 이유를 '애매함은 우리들 존재 안에 있는 기본적으로 현상학적인 사실이며
신을 믿는 것은 그 경험과 일치하지 않기 때문'이라고 말했다.

추상적으로 한 이 말은 우리 모두 경험하는 것
즉 인생은 너무나 혼란스러워 알 수가 없다는 것이다.
이른바 우리들은 불확실성의 시대에 살고 있는 것이다.
우리를 돌봐주는 전지전능한 신이
정말 있는지 의심을 하면서 살도록 내버려두었다는 사실만 보아도
너무나 혼란스럽다는 것이다.
아무도 더럽혀지지 않고 고통을 겪지 않고 혼란을 느끼지 않고
죽음을 생각하지 않고 무균상태로 인생을 사는 사람은 없다.

그러나 나는 멀로우-폰티와 달리 바로 그 이유 때문에 신을 믿는다.
인생은 불확실하지만 그것이 엄연한 현실이며
그렇다고 우리가 인생을 마음대로 주무를 수는 없기 때문이다.
우리들은 고장이 없이 아주 정확하게 똑딱거리고 정교하게 만들어진 스위스 시계가 아니다.
오히려 우리의 생활이 질서정연한 시계와 같은 것이다.
우리들은 혼란 없이 복잡함 없이 육체적 정신적 고통 없이는 살 수 없다.
이러한 것들은 우리가 태어날 때부터 시작된다.
출생은 고통을 수반하고 많은 사람들이 관여하게 하고
사람들의 삶을 복잡하게 만드는 한 혼란스러운 과정이다. 사는 것도 그렇다.

일, 상호관계, 사랑, 성性, 우정, 늙어감 등 모든 것이 복잡하고,
실제적이고, 혼란스러운 일이며 항상 고통,
자질구레한 문제들, 한계, 타협과 파멸로 가득 차 있다.
또 기쁨과 의미 있는 일로 가득 차 있기도 하지만 이들만이 주어지는 일은 거의 없다.
게다가 아무도 존엄성이 없고, 자유가 없고, 억제하고 있는 꿈이 없는 사람은 없다.
아무 고생 없이 순탄하게 살 수 있는 길은 없다.

세례복의 순백純白, 몸과 마음의 순수함, 젊음의 신선함은
살아가면서 더러워지고 삶의 자국이 남는다.
나이가 들어감에 따라
영국의 시인이자 예수회 신부였던 홉킨스Gerald Manley Hopkins, 1844-1889의 말이
과거 어느 때보다 생생하게 들리는 것 같다.

"그리고 모두 생업으로 더럽혀 지고, 고생으로 더러워지고,
또 사람의 더러움이 묻혀져 있고 사람의 냄새가 배어 있고, 땅에는…."

혼란스러움은 가끔 우리들을 낙심하게 하고 의문을 갖게 한다.
더욱더 심각한 것은 이해하기 어려운 절망을 느끼게 한다는 것이다.
이러한 절망을 간단히 말하면 모든 절망이 그렇지만
'모든 것이 더럽혀지지 않으면 그냥 내버려두지 않는다.'는 것으로
사람들은 절망을 할 수밖에 없다는 말이다.
이러한 마음 가짐은 바이러스 같이 전염력이 강하고 치명적이다.
아마 어른들이 직면하는 가장 나쁜 유혹인지도 모른다.
이 때문에 우리는 자기자신을 배반하고, 포기하고,
존엄성과 꿈을 내동댕이쳐 버리고, 잠시만이라도 안정을 취하려고 한다.
이 한 요인이 무신앙, 성적인 무책임, 불신의 뿌리인 것 같다.

멀로우-폰티 같이 존엄성과 꿈을 팔아버리면 하느님의 현존을 느끼지 못하게 된다.
낮은 자리를 고집할 때 천상天上을 경험할 수 있게 된다.
인생이 혼란스럽기 때문에 무균상태로 살고 싶은 충동도 느끼게 된다.
아무도 상처받지 않고, 무시당하지 않고, 혼란을 느끼지 않고
혼란 때문에 곤혹을 치르지 않으면, 또 물들지 않으면
깊게 사랑하면서 살 수 없으므로 깊게 사랑하면서 살려고 하지 않는다.
그래서 우리는 긴장 속에서 살려고 하지 않고 골치 아픈 것을 싫어하고
철학 책보다는 만화책을 좋아하는 것이다.

우리들은 깊이 상처를 받을 수 있는 또는 치료될 수 있는 것을 피하려고 한다.
이렇게 함으로써 인생을 더럽혀지지 않고 냄새도 나지 않고
생명도 없고 의미도 없는 인조장미 같이 무균의 깨끗한 삶을 살려고 한다.
세상에 물들지 않고 독야청청하게 살려고 한다.
우리는 자기가 서 있는 자리를 알아야 한다.
우리는 자유롭게 하늘을 떠 다니고 시간과 삶의 제한을 받지 않는 천사가 아니다.
우리들의 영혼은 땅과 고통과 피와 냄새가 배인 채 육화되었다.
우리는 절대로 천사가 되려고 해서는 안 된다.
그러나 인조 장미가 가질 수 없는 진짜 장미의 존엄성으로 살아야 한다.

미국의 시인이자 작가인 피터 마인케Peter Meinke, 1932- 는
인조장미를 발명한 사람의 죽음을 기리며 시를 썼다.

인조장미를 발명한 사람은 그의 상표를 갖고 죽었다.
흠집 없고 죽지 않고 활짝 피어 있기만 하시만
어둠 속에서도 그 꿋꿋함을 잃지 않으려고 한다.
하늘처럼 부드럽게 우리들 마음을 바구니에 담고
우리들을 연약한 시간의 실로 묶는
그 아름다운 꽃을 그는 모른다.
꽃은 시들기 때문에 아름다운 것이다.
말라 죽지 않는 아름다움은
거짓 숲이 있는 메마르고 불임의 버려진 무대.
그러나 결과는 발명한 이 남자를 지지한다.
그는 그의 나이를 알았다.
우리들의 눈물 없는 시대는 열리고
인조 인간은 인조장미의 냄새를 맡는다. 〈Ladies' Home Journal〉, 1964

롤하이저 신부님의 묵상집에서 편집

얼마나 고통을 더 겪어야 하느님을 알게 될까?

일반적으로 오로지 자신만을 믿고 살다가
절망, 좌절, 실패 등을 경험하고서야 신앙을 갖는 수가 많다.
믿기만 하면 구원을 받거나 고통에서 벗어날 수 있다고 말하는 이들이 많기 때문이다.
옳게 믿는 방법을 제시하지도 않지만 구원을 받기만 하면 된다는 이기적인 생각에서
또 옳게 신앙을 알려고도 하지 않아
믿지 않는 사람들보다 행동이 더 개차반인 사람들이 많다.
세속적인 삶을 고집하면서 고통이 없고 평화롭기만 한
천상天上의 삶을 기대하는 것은 어불성설일 것이다.

많은 사람들이 절망, 좌절, 실패를 경험하고 나서야
비로소 자신의 능력의 한계를 느끼게 되고
그 동안 알지 못했던 전지전능한 신神이 있지 않을까 하고
'지푸라기'라도 잡는 심정으로 신앙을 갖는 것을 많이 본다.
하늘을 찌를듯한 교만에 빠져 있다가 갑자기 비굴함으로 바뀐 것이다.
이렇게 시작되는 신앙에는 기복祈福적인 바람이 도사리고 있게 마련이다.
이러한 사람들은 어떤 큰 일을 경험하거나,
하느님의 은혜를 경험하고 어렵게 신앙을 갖고 난 다음에는
교만해지거나 방자해져서 영적 침체로 빠지는 수가 많다.
은혜를 체험한 후 그 은혜가 지속되고,
그 감격을 가지고 계속 살 수 있기를 바랬는데
또 다시 좌절을 맛보게 되니
자신이 생각했던 그런 신神이 아니어서 크게 실망했기 때문이다.

하느님께서는 아무런 이유 없이 고통을 주시지 않는다.
불교에서는 고통의 원인은 전적으로 본인의 탓이라고 말한다.
하느님은 이러한 고통의 의미를 알지 못할 때에는 더 큰 시련을 주기도 한다.
보다 완전한 인간을 만들기 위해서이다.
그러나 고통을 줄 때에는 본인에게만 주는 것이 아니라
사랑하는 가족에게 또는 이웃에게 줄 때도 있다.
옛말에 '모진 놈 옆에 서있으면 벼락을 맞는다.'는 말이 있듯
인연因緣으로 인하여 벼락을 맞는 꼴이다.
절대로 '나 혼자만의 행복'을 주시지는 않기 때문이다.

나는 자식들에게 항상 주의를 준다.
"너희들이 잘못 처신하면 부모가 욕 듣는다."고.
또 반대로 부모가 잘못하면 "그 아비에 그 자식이겠지."하고 사람들이 비아냥거린다.

"나는 참포도나무요, 나의 아버지는 농부이시다.
나에게 붙어있으면서 열매를 맺지 않는 가지는 아버지께서 다 쳐내시고,
열매를 맺는 가지는 모두 깨끗이 손질하시어 더 많은 열매를 맺게 하신다.
너희는 내가 너희에게 한 말로 이미 깨끗하게 되었다.
내 안에 머물러라, 나도 너희 안에 머무르겠다.
가지가 포도나무에 붙어있지 않으면 스스로 열매를 맺을 수 없는 것처럼,
너희도 내 안에 머무르지 않으면 열매를 맺지 못한다.
나는 포도나무요 너희는 가지다.
내 안에 머무르고 나도 그 안에 머무르는 사람은 많은 열매를 맺는다.
너희는 나 없이 아무것도 하지 못한다.
내 안에 머무르지 않으면 잘린 가지처럼 밖에 던져져 말라 버린다.
그러면 사람들이 그런 가지들을 모아 불에 던져 태워버린다.
너희가 내 안에 머무르고 내 말이 너희 안에 머무르면,

너희가 원하는 것은 무엇이든지 청하여라.
너희에게 그대로 이루어질 것이다."(요한 15:1-7)

하느님은 아무 이유 없이 가지를 잘라 버리지 않으신다.
또 한 나무 가지가 다른 나무 가지를 가리워도 그 가지를 잘라 내지 않으신다.
그러나 그 나무 가지가 다른 나무 가지를 가리워 열매를 맺지 못하게 하면
그 나무를 잘라 버리신다.

우리는 인간이 아니라 인간이 되어가고 있다

어느 철학자의 말이다.
인간의 본성은 착한 것이었는데
세상 것에 눈이 멀어 악해지기만 하고 있기 때문에 한 말이리라.

그리스의 희극작가 아리스토파네스Aristophanes도 말했다.
"성공의 사다리를 오르는데 필요한 세 가지 필수요소는
약탈하고, 거짓말하고, 굽실거리는 것이다."
욕심을 채우기 위해 수단방법을 가리지 않는 인간들의 표징이다.

예수님이 살아계실 때에도 바리사이파 사람들과 율법학자들의 최대관심사는, 악인이 판치는 세상과 교회에서
악인을 가려내어 순수하고 거룩한 하느님 백성을 선별하는 것이었다.
그러나 예수님은 바리사이파 사람들이 죄인이라고 소외시킨 사람들을 당신께로 모아 들였으며 그들과 함께 먹고 마시고 어울려 지내며 하느님 나라를 선했다.

인간이 오감과 직관으로 판단하는 진리는 1%도 되지 않는다는 것은
사람들이 욕심에 눈이 어두워 사리 판단을 제대로 하지 못하고
아전인수我田引水 식으로 해석하고 살기 때문이다.

플라톤이
"왜 어떻게 선하고 전능하신 하느님께서
이 세상에 악과 불행이 존재하는 것을 허락하실 수 있는가?"하고 통탄하면서 질문했듯
매일 끊이지 않고 절도, 강도, 사기, 강간, 폭력, 살인,
권력형 부정축재 등의 범죄가 일어나고 있다.

태초에 있었던 것과 같이 온통 혼돈caos의 세상이 되어 버린 것 같다.
그러나 악이 판치는 이 세상은 하느님이 만드신 것이 아니라 인간이 만든 것이다.
악을 모르고는 '선善'을 알 수 없다는 것을 스스로 깨닫게 하시려는 것 같다.

참사랑을 베풀 줄 모르는 부모 밑에서 자식들은 과연 무엇을 배웠겠는가?
손해를 보지 않도록 교육시키는 부모 밑에서 어떻게 희생을 배울 수 있었겠는가?
이기기만 바라는 부모 밑에서 어떻게 용서를 배울 수 있었겠는가?
싹이 노랗게 키워져 버린 자식들이 어떻게 바르게 자랄 수가 있었겠는가?
배움의 기회는 '타산지석他山之石' 밖에 없는 이 험한 세상에서
공교육은 여지 없이 실패하고 중상모략만 판치는,
오로지 성공만을 바라는 세상이 되어버렸다.

우리들 안에는 하느님과 악마가 같이 있다.
악마는 잡생각으로 변신하여 매사에 관여하며 유혹하고 있다.
악마의 꾐에 빠지면 죄를 짓게 된다.
그러나 이 **악마를 이길 수 있는 것은 하느님뿐이다. 인간의 힘으로는 이길 수 없다.**

"여러분은 이 세상을 본받지 말고 마음을 새롭게 하여 새 사람이 되십시오.
이리하여 무엇이 하느님의 뜻인지, 무엇이 선하고 무엇이 그분 마음에 들며 무엇이 완전한 것인지를 분간하도록 하십시오."(로마 12:2)

양심에 따라, 하느님의 뜻을 실천하며 사는 참 신앙인의 삶은 고독할 수 밖에 없다.
언제나 쓸쓸하고 고독하고 외롭게 마련이다.

나의 정체성

이제 날씨도 제법 서늘해지면서 며칠 있지 않으면 백로白露이다.
낙엽이 먼저 질 것 같은데 이슬이 먼저와 낙엽지게 만드는 오묘한 조화를 느낀다.
아직 낙엽이 질 때는 멀었는데 낙엽이 우수수 떨어지는 산길을 혼자서 걷고 있는 것 같다. 이미 내 마음 속에서는 겨울을 그리고[描] 있는 것인가?
요즘 들어 내 맘이 예전 같지가 않고 싱숭생숭하다.
분명 계절 탓만은 아니다.
점점 더 힘겨워져만 간다.

지금 내가 왜 이 자리에 서있나?
지금 내가 무슨 짓을 하고 있는 걸까?
이러면 안 되는데 하면서도 자꾸만 이상한 생각들이 내 머리 속에서 맴돌고
가슴 한 구석이 텅 비어 있는 것 같다.
여행을 다녀보기도 하고 술을 마셔보기도 하고
컴퓨터에 빠져 보기도 하지만 나는 항상 외롭게 느껴진다.

이 때마다 '하느님이 내 곁에 계시는데
왜 외로워?' 하면서 나를 다독거려 보지만 이내 외톨이라는 생각이 든다.

지금까지 살아오면서 이루고 싶었던 것들 중 이루지 못한 것들을 하나씩 떠올려 본다.
아내는 여태까지 당신하고 싶은 일은 다 해보지 않았느냐고 핀잔을 주고, 그렇다고 인정은 하면서도 마음 한 구석이 허전한 게 뭐가 뭔지 모르겠다.

심리학자들의 의견에 의하면 **인간의 기본 생존 욕구로**
남에게서 인정 받고 싶은 욕구, 사랑 받고 싶은 욕구,
소속되고 싶은 욕구, 자율성을 갖고 싶은 욕구를 들고 있다.
이 네 가지 욕구가 충족되면 행복과 자기 가치를 가지게 되나,
반대로 이 욕구들이 제대로 충족되지 못하면 절망과 비애, 자포자기에 빠지게 된다고 한다. 생각해 보건대 내가 지금 느끼고 있는 것은 절망이나 비애가 아니라
무언가 채워지지 않은 공허감이다.

인정받고 있다는 것을 느끼게 되려면 남에게서 칭찬을 받아야 하고,
사랑을 받으려면 어느 누구의 관심을 끌고 있다는 것을 느껴야 하고,
소속감이 필요할 때에는 거기에 함께 있어주는 '시간'의 나눔이 있어야 하며,
자율성을 느끼려면 누구든 나에게 나의 개성과 느낌을 강요하지 말아야 된다고 한다.

사람들에게는 누구에게나 채워지지 않는 외로움이 있다고 한다.
헨리 뉴엔Henri J.M. Nouwen 신부님의 『영적 발돋움』에서
나의 이러한 외로움 내지 공허감을 잘 표현하고 있고 또 해결책을 제시하고 있다.

《우리는 누구나 혼자 있다는 외로운 감정과
더불어 살려고 하는 지혜의 틈바구니에서 방황하고 있다.
이 책에서 외로움을 무조건 부인하거나 두려워하기보다는
열려있고 건설적인 고독孤獨을 갖도록 권유하고 있다.
또한 다른 사람들에게 대한 적대감hostility을 바꾸어
나를 열어 다른 사람에게 자리를 마련해 줄 수 있는
환대의 태도hospitality를 가져야 한다고 말하고 있다.

"우리는 혼자 있게 되는 이런 경험과 대면하지 않고자

어떤 일이든 하려고 할 때가 참으로 많습니다.
우리의 문화는 고통을 피하는 데는 가장 세련되었습니다.

많은 부분에 있어서 이런 현상은
우리가 외로움이라는 고통과 대면하지 못하기 때문에 일어난 것이 아닙니까?
외로움으로부터 멀리 달아나려 하거나
또 사람들이나 특별한 경험에 마음을 빼앗기려고 함으로써
우리는 인간이 처한 곤경을 현실적으로 다루지 못하고 있습니다.
우리는 이루어지지 않은 많은 바람소망들로 가슴 아파하고
성취할 수 없는 욕망과 기대 때문에 고민하는 불행한 사람들이 되려고 합니다.
우리의 모든 창조성은 외로움과 맞부딪치라고 요구하지 않습니까?
또한 이러한 대면이 무서워서 우리는 자신을 표현하는 것을
그토록 제한하고 있지 않습니까?

외로움으로부터 도망가고 그것을 잊거나 부인하려고 하는 대신에,
우리는 그 외로움을 지켜서 그것을 생산성 있는 고독으로 바꾸어야 합니다.
영적인 삶을 살려면, 먼저 외로움의 광야로 들어가서
조용하고 끈기 있는 노력을 통해 그 광야를 고독의 동산으로 바꾸는 용기가 있어야 합니다.

마음의 고독이 없으면 우정과 결혼과 공동체 생활의 친밀감은 창조될 수 없습니다.
마음의 고독이 없으면 우리가 이웃과 맺는 관계는
쉽사리 빈곤해지고 욕심을 내어 무엇인가를 바라게 되며, 집착하고 매달리게 되며,
의존하고 감상에 빠지게 되며, 상대방을 이용하려 하고
상대방에게 지나치게 의존하게 됩니다.

외로움에서 달아나려고 하는 한 우리는 즐거움을 얻고 분주해지고자 하는,
끝도 없는 욕구를 가지고, 우리의 마음을 끄는 것들을 끊임없이 찾게 됩니다.
참된 영적인 삶은 우리를 둘러싼 세계에 대하여 민감하게 의식하도록 만들어서
세상에서 벌어지는 모든 일들을 우리의 명상과 묵상의 일부로 삼게 하며
또 우리가 자유롭고 담대하게 반응할 수 있도록 우리를 인도합니다.》

이어서 그는 우리의 그릇된 형태의 솔직함과 서로간의 경계를 허물어 외로움에서 벗어나려고 하는 어리석음을 질타하고 있다.

《인간 관계에서는 서로 숨기는 것이 전혀 없어야 하며
모든 것을 다 털어놓고 표현하고 전해야 한다는 그릇된 형태의 솔직힘이 있습니다.
이 솔직함은 매우 해를 끼칠 수 있으며, 설사 해를 끼치지는 않는다 하더라도
최소한의 관계를 시들게 하고 피상적이고 공허한 관계로 만들어 버리거나
많은 경우는 아주 따분한 관계로 만들어 버립니다.

서로간에 아무런 경계선을 두지 않음으로써 외로움에서 벗어나려고 하게 되면
가깝기는 하지만 무미건조한 관계가 되어버릴 것입니다.
내면의 성소聖所를 위험스레 내비치지 않는 것이 우리가 해야 할 바입니다.
그것은 우리 자신을 보호하기 위해서일 뿐만 아니라
창조적인 교제를 갖기 원하는 다른 사람들에 대한 봉사이기도 합니다.

침묵 끝에 나오지 않는 말이 그 힘을 잃어버리듯이

마음을 닫을 수 없을 때 여는 것 또한 그 의미를 잃어버립니다.
이 세상에는 공허한 잡담과 쉽게 나오는 고백, 속이 빈 대화,
의미 없는 아첨, 서투른 칭찬, 따분한 비밀얘기 천지입니다.》

평소에 우리는 많은 사람들과 교제하면서,
관심이 상대방에게 대한 사랑의 첫걸음이기는 하지만,
관심이라는 허울좋은 핑계 하에 상대방에 대해 알고 싶어한다.
그러나 프라이버시까지 침해하면서 남을 알려고 하거나
바보같이 자기 프라이버시를 지키지 못하는 경우를 많이 본다.
그러나 어느 선線을 지키면서 그리하여 때로는 외로움을 느끼면서
군거본능群居本能을 채워나가는 것이 지혜라는 것을 말하고 있다.

칼릴 지브란도 다음과 같이 말했다

함께 노래하고 춤추고 또 즐거워하되
서로 홀로일 수 있게 하십시오.
마치 수금竪琴이 줄이 따로 떨어져 있으나
같은 음악으로 함께 울리듯이
함께 서 있으되 너무 가까이 머물러 있지는 마십시오.
싱진의 기둥은 따로 떨어져 있으며
떡갈나무와 사이프러스나무는
서로의 그늘 속에서는 자랄 수 없기 때문입니다.

얼마 전에 작고한 구상 시인도 〈**홀로와 더불어**〉라는 시에서 똑같이 말하고 있다.

홀로와 더불어
나는 홀로다.
너와는 넘지 못할 담벽이 있고
너와는 건너지 못할 강이 있고
너와는 헤아릴 바 없는 거리가 있다.

나는 더불어다.
나의 옷에 너희의 일손이 담겨 있고
나의 먹이에 너희의 땀이 배어 있고
나의 거처에 너희의 정성이 스며 있다.

이렇듯 나는 홀로서
또한 더불어 산다.

그래서 우리는 저마다의 삶에
그 평형과 조화를 이뤄야 한다.

——— ♪ ———

한 그루의 나무가 마음껏 뿌리를 내려야 거목이 되고 열매를 맺을 수 있듯,
인간도 철이 들어 자신의 존재의미와 정체성正體性을 분명히 알아야
당당하게 뿌리박고 살 수 있다.

얼마 전에 친구들과 만난 자리에서
회갑回甲이 되어서도 철이 들지 않으니 언제 철이 들것이냐 하고 물었다.
철이 되었는데도 올되지 못하는 나 자신이 안타깝기만 하다.

신앙과 행복

궁정심리학을 주창한 대린 맥마흔Darrin McMahon 플로리다 주립대 교수는
"행복한 사람들은 사회성이 좋은 사교적인 사람들이다.
그들은 외향적이며 친구가 많은 편이다.
그들이 맺는 인간관계는 안정적이다.
그들은 대부분 결혼을 했다.
종교도 행복과 관계가 깊은 것으로 밝혀졌다.
왜 그럴까?

신앙생활이 일종의 사회생활이기 때문일 수도 있다.
종교가 미래에 대한 희망과 과거에 대한 감사를 권장하는 것도 원인이 될 수 있다.
연구결과에 따르면 행복한 사람들은 새로운 경험을 하게 될 때 낙관적이며
과거에 겪은 경험에 대해 감사하는 마음을 갖고 있다.
그리고 그들은 이런 태도를 평생 유지한다.
의외라는 생각이 들 수도 있지만,
우리는 나이를 먹어감에 따라 조금씩 더 행복해진다.
행복해지려면 젊은 날을 후회하지 말아야 한다."고 그의 연구결과를 발표하였다.

딱히 하는 일이 없으니 잡생각으로 하루를 보내는 것 같다.
이 잡생각에는 미래에 대한 불안과 과거의 잘못이 많은 것 같다.
맥마흔 교수의 연구결과에 의하면 나는 옳은 신앙이 아니다.
감사할 일밖에 없는데도 욕심으로 꽉 차있고
남을 사랑하지 못하는 옹졸한 자신을 발견하기 때문이다.

돌이켜보면 그 동안 저지른 나의 죄는 모두 하느님의 말씀대로 살지 못한 것인데
아직도 남을 탓하고 있는 나를 발견한다.
내가 해야된다는 생각을 버리고 하느님이 하실 것이란 믿음을 가졌어야 했는데
그만 교만에 빠져 버렸던 것이다.
더구나 영세를 받으면서 과거에 지었던 죄가 모두 사해졌음에도 불구하고
과거의 죄에 얽매여 있었던 것은 거듭 죄를 지은 것이 되고
새로이 지은 죄와 더불어 눈덩이처럼 커지고 말았다.

장자도 "자기의 아집을 완전히 버릴 때
우리의 마음은 아침 공기처럼 맑은 상태가 되며[朝徹],
흔들림이 전혀 없이 고요해진다[心齋].
그는 마침내 사물의 세계와 하나가 되어
자기 자신을 망각하는 경지[坐忘]에 이른다."고 말했다.
심재心齋란 마음의 재齋를 말함인데,
마음이 제 멋대로 오락가락하도록 방치하지 않고 마음을 한곳으로 모으는 것을 뜻한다.
즉 심지心志를 하나로 통일시키는 것을 말한다.
좌망坐忘이란 '모든 것에서 마음을 거두어 잊어버림'을 말한다.
이는 모든 것에 대한 애착을 끊어버림이다.
심지어 살겠다는 욕심이나, 무엇이 되겠다는 생각마저 끊어버리는 완전한 자기 비움을 말한다. 이른바 모든 것을 하느님의 뜻에 맡기는 것을 뜻한다.
조철朝徹이란, '아침의 맑음'을 말하는데,
새벽 여명餘命이 밝아올 때 어둠이 걷히면서 온 천지가 제 모습을 드러내듯이
'모든 애착에서 벗어나고, 자신을 완전히 비움으로,

어떤 것에도 얽매임이 없는 고요와 평화와 맑음'을 뜻한다.

《성서에서 말하는 믿음은 한 가지 공통점이 있는 듯 합니다.
믿음이란 안간힘을 다해서 노력하면 얻을 수 있는
어떤 성과물사업, 학업, 기술획득, 고학 등등**처럼 얻을 수 있는 것이 아니라**
인간의 힘으로는 더 이상 손쓸 수 없는 곳,
모든 가능한 시도가 고갈되고 바닥난 상황에서 드러나는 어떤 것 같습니다.
바로 거기서 하느님의 자비가 이루어진다는 건
어찌 보면 믿음이란 하느님 현존과의 양면인지도 모르겠습니다.
신비스럽게도 믿음도 구원적 만남도 늘 거기서 시작되고 그곳에서 이루어지니 말입니다.

——— ♪ ———

많은 경우 내 믿음이 빈곤했던 이유도
경건한 기도나 전례 참석, 성실한 영적 독서의 부족이라기보다
회당장의 집 앞에서 곡을 하던 사람들처럼
합리적인 지성 때문에 그리고 어쩌면 성취에 대한 열정적 신념 때문에
하느님을 향해 셈 바치는 가짜 신심에서 온 것은 아닌지 모르겠습니다.
내 믿음의 위기는 하느님을 열렬히 찾지 않아서가 아니라
여전히 내 힘으로 무엇을 이루려고 하는 숨은 오만 때문입니다.》

성가소비녀회 강신숙 수녀님

아직도 마음의 평화를 지니기엔 한참 부족한 나를 발견한다.
더욱더 처절한 고통을 겪지 않으면 안 된다는,
아직도 한참 멀었다는 하느님의 계시인 것을 새삼스럽게 느낀다.

아버지와 나

아주 오래 전, 내가 올려다 본 그의 어깨는 까마득한 산처럼 높았다.
그는 젊고, 정열이 있었고, 야심에 불타고 있었다.
나에게 그는 세상에서 가장 강한 사람이었다.
내 키가 그보다 커진 것을 발견한 어느 날,
나는 나 자신에 대해 생각하기 시작했다.
그리고, 서서히 그가 나처럼 생각하지 않는다는 것을 알았다.
이 험한 세상에서 내가 살아갈 길은 강자가 되는 것뿐이라고 그는 얘기했다.
난 창공을 날으는 새처럼 살 거라고 생각했다.
내 두 발로 대지를 박차고 날아 올라
내 날개 밑으로 스치는 바람 사이로 세상을 보리라 맹세했다.
내 남자로서의 생의 시작은 내 턱 밑의 수염이 나면서가 아니라
내 야망이, 내 자유가 꿈틀거림을 느끼면서 이미 시작되었다고 믿기 때문이다.
그러나, 그는 대답하지 않았다.
저기 걸어가는 사람을 보라.
나의 아버지, 혹은 당신의 아버지인가?
가족에게 소외 받고,
돈 벌어 오는 자의 비애와 거대한 짐승의 시체처럼 껍질만 남은 권위의 이름을 짊어지고 비틀거린다.
집안 어느 곳에서도 지금 그가 앉아 쉴 자리는 없다.
이제 더 이상 그를 두려워하지 않는 아내와 다 커버린 자식들 앞에서
무너져 가는 모습을 보이지 않기 위한 남은 방법이란 침묵뿐이다.
우리의 아버지들은 아직 수줍다.

그들은 다정하게 빰을 부비며 말하는 법을 배운 적이 없었다.
그를 흉보던 그 모든 일들을 이제 내가 하고 있다.
스폰지에 잉크가 스며들 듯 그의 모습을 닮아가는 나를 보며
이미 내가 어른들의 나이가 되었음을 느낀다.
그러나 처음 둥지를 떠나는 어린 새처럼 나는 모든 것이 두렵다.
언젠가 내가 가장이 된다는 것, 내 아이들의 아버지가 된다는 것이 무섭다.
이제야 그 의미를 알기 시작했기 때문이다.
그리고, 그 누구에게도 그 두려움을 말해선 안 된다는 것이 가장 무섭다.
이제, 당신이 자유롭지 못했던 이유가 바로 나였음을 알 것 같다.
이제, 나는 당신을 이해할 수 있다고 더 이상 생각하지 않는다.
그것은 오랜 후에, 당신이 간 뒤에, 내 아들을 바라보게 될 쯤에야 이루어질까?
오늘 밤 나는 몇 년 만에 골목을 따라 당신을 마중 나갈 것이다.
할 말은 길어진 그림자 뒤로 묻어둔 채
우리 두 사람은 세월 속으로 같이 걸어갈 것이다.
이 노랫말은 30대 중반의 가수 신해철이 작사하여 손수 곡을 붙인 것이다.
철부지 애들로만 생각하다가 그의 사려 깊음에 깜짝 놀랐다.
정말로 사실적인 표현을 하고 있다.
"거대한 짐승의 시체처럼 껍질만 남은 권위의 이름을 짊어지고 비틀거린다."…
"무너져 가는 모습을 보이지 않기 위한 남은 방법은 침묵뿐이다."…,
"그들은 다정하게 빰을 부비며 말하는 법을 배운 적이 없었다."

우리 세대의 아픔을 담담하게 그리고 있는 것이 애늙은이 같다.
그는 서강대 철학과에 입학하여 졸업을 하지 못했다.
학교에 거의 나가지 않았기 때문이다.
미국의 유명한 심리학자 메리 파이퍼Mary Pipher, 1947- 는

'노인에 대한 사랑은 곧 자기의 미래에 대한 사랑'이라고 말했다.
그녀가 저술한 『또 다른 나라Another Country』에서
부모 세대와 잘 지내는 방법을 다음과 같이 말하고 있다.

1. **먼저 속마음을 헤아려야 합니다.**

전쟁과 가난 속에서 살아온 부모 세대는 무엇이든 아끼는 습관이 몸에 배어 있습니다.
노인들이 같은 말을 반복해서 잔소리를 하는 것은
자신의 주장이 받아들여지지 않을 때 입게 될 피해나 상처에 대한 걱정 때문입니다.

2. **늙음은 곧 약함이 아님을 알아야 합니다.**

혹시 노인들이 저지르는 잘못을 실수로 보아야 합니다.
단지 늙어서라고 생각하지는 않는가 하고 생각해 봐야 한다는 것입니다.

3. **부모가 원하는 것이 무엇인지 알아야 합니다.**

부모는 단순한 것에 기쁨을 느낀다고 합니다.
함께 일하면서 이야기를 나누거나 어떤 일을 부탁 받았을 때,
헤어지면서 웃음을 보일 때 기쁨을 느낍니다.

4. **솔직해야 합니다.**

흔히 자녀들은 부모를 위해서라고 생각하기 쉬운데,
무엇이든 부모와 함께 한다는 마음을 지니며 솔직해야 합니다.

5. **완벽한 자식도 완벽한 부모도 없다는 것을 알아야 합니다.**

부모와 자녀가 아무리 서로에게 잘한다 해도 문제는 발생하기 마련입니다.
그러므로 부모는 솔직하게 도움을 청하고
자녀는 숨김없는 대화를 통해 조절해 가는 것이 필요합니다.

사랑

비밀 | 정직함의 대가 | 관계와 거래 | 가장 아름다운 것 | 기나긴 인생의 길잡이 | 내게 어린이를 데려 오라 | 너는 나를 참으로 사랑하느냐? | 예수님, 무슨 복안이라도 있으십니까? | 익명성과 무책임성 | 아무에게도 빚을 지지 마십시오 | 짝사랑 | 예수님은 훌륭한 패배자셨다 | 인간의 불효와 제자들의 무지 | 솔론의 십계명 | 사랑과 미움 | 행복한 사람과 불행한 사람 | 고요하고 평화로운 마음 | 마음에 흐르는 눈물 | 친 구 | 깨달음은 이로움인가? | 그대 음성에 내 마음 열리고

비 밀

예수님께서 열 두 제자들에게 말씀하셨다.
"누구든지 첫째가 되려면, 모든 이의 꼴찌가 되고 모든 이의 종이 되어야 한다."(마르코 9:35)

기러기는 일 년에 두 번씩 V형의 아름다운 편대를 만들어 이동한다.

『**내가 알지 못했던 예수***The Jesus I Never Know』, 『What's So Amazing About Grace?』와 같은 베스트셀러를 쓴 필립 얀시Philip Yancey, 1949-가 말했다.

"그것이야말로 그들의 위력의 비밀이다.
기러기들은 떼를 이루어 서로 협력하면서 70%나 더 긴 너비로 날 수 있다.
선두에 선 기러기는 공기 저항을 끊어
바로 뒤에 있는 두 마리의 기러기가 양력揚力을 얻도록 해준다.
선두를 번갈아 가면서 뒤에 있는 기러기들을 날기 쉽게 해준다.
이렇게 모든 기러기가 선두에 서게 된다.
지친 기러기는 편대의 가장 바깥 쪽으로 가서 충분히 쉰 다음에는
V형 편대를 이끌기 위하여 앞으로 나간다."

이어서 얀시가 말했다.
"아프거나 쉴 필요가 있는 기러기는 그 기러기가 회복될 때까지 다른 기러기가 그 기러기의 역할을 대신해 준다."
마르코 복음(9:30-37)에서는 예수님께서 제자들에게 두 번째로 당신의 수난

* 한국에도 번역되어 있음

과 부활을 말씀하셨지만 제자들이 알아 듣지 못했다.
장차 교회를 이끌어가야 할 제자들이 속된 야망에서 벗어나지 못하고 있었기 때문이었다. 그들은 저마다 하느님 나라를 마치 이 세상의 나라처럼 생각하여 첫 번째 자리의 권력을 바라고 있었던 것이다.
하느님 나라를 이루려면 수난을 겪어야 하고 봉사해야 하고
어린이처럼 단순해야 하는데 그들은 그렇지 못했다.

그리스도교의 위대한 개혁은
여태 몰랐던 것을 새로 찾아 이루어지는 것이 아니라
이미 있는 것을 전혀 다르게 보는 이가 있을 때 이루어진다.
오, 나의 주님, 이웃을 도울 수 있게 해주소서.

정직함의 대가

오늘날 우리들의 삶을 가장 무기력하게 느끼게 만드는, 즉 맥 빠지게 하는 것 중의 하나는 서로 다른 사람의 노력의 공로를 인정하지 않는 것이다.
또 실제로 본인이 느끼는 두려움을 의도적으로 표면에 드러내지 않으려고 하는 것이다.
그러나 고생하지 않고 사는 사람은 없다.
아니 전쟁을 하면서 살고 있다고 표현하는 것이 옳을지 모르겠다.

우리들의 삶은 고뇌로 가득 차 있으며 쉬운 일이란 거의 없고
엄청난 대가를 치르고 생계를 유지하고, 건강을 유지하고,
매력을 유지하면서, 오로지 성공하기만을 바라고 산다.
항상 실패하지 않을까, 항상 실수하지 않을까,
다른 사람들이 나의 실패한 삶을 보지 않을까 하는 두려움 속에서 살면서
그런 와중에서도 혹시나 아플까 봐, 매력이 없어질까 봐,
지루할까 봐, 실패하여 슬퍼할까 봐 걱정하면서 살고 있다.

그러나 사람들은 이러한 두려움과 고생을 숨기고 산다.
자신이 실제로 두려워하는 것과 마음 먹은 대로 되지 않은 것을
다른 사람에게 솔직히 털어놓는 일이 거의 없다.
두려워하고 고생하고 잘못 생각하고 있는 자신의 내면을
아무도 들여다 보지 못하게 하고 있는 것이다.

모두 아무 걱정 없이 사는 것처럼 가장하고 살고 있을 뿐이다.
즉 편하게 살고 있다는 인상을 주면서, 우정과 건강을 유지하고

성공하고 매력을 유지하는데 아무 문제가 없다는 식으로, 거짓말을 하고 살고 있는 셈이다. 그러나 그것은 솔직하지 못하고 무기력한 태도이다.
솔직하지 못한 것은 진실하지 못하기 때문이다.
사람들이 섭리攝理에 따라 얼마나 조심스럽게 서로 붙어 의지하면서 사는지
하느님께서 잘 알고 계시고 또 우리 스스로 잘 알고 있다.

우리는 고통과 두려움을 숨겨야겠다고 마음 먹기 때문에,
또 동정심을 유발할 생각으로 좌절을 숨겨야겠다고 마음 먹기 때문에 무기력한 것이다.
또 한편으로는 약하고 두렵기 때문에 어울려 사는 것이다.

자신의 공로나 성공보다 자신의 연약함과 두려움이 훨씬 더 내면 깊숙이 들어가 마음 속 깊이 자리 잡고 버티고 있으면서 가장 부드럽고 가장 가치 있는 것을 건드린다.
그 깊은 내면에서 자신의 참 모습을 발견하게 되며,
인생은 '성취하는 것'이 아니라 자신에게 '주어지는 것'이라는 걸 이해하게 된다.

그러나 아무 걱정 없이 사는 것처럼 거짓말하고 가장할 때에는,
그 깊은 마음의 바깥에서 인생은 같이 공유하도록 주어진 선물이 아니라 지켜야 할 개인 소유물이라는 거짓말을 배우게 된다.
다 함께 고생하고 다 같이 두려워한다는 것을 공감할 때 사랑할 수 있고 친해질 수 있다. 다른 사람의 상처와 고생을 진정으로 이해할 때
비로소 보다 진실한 깊은 내면 속으로 다른 사람을 받아들일 수 있게 된다.
아파 보지 않은 사람은 아픔을 알 수 없기 때문이다.

그러나 여기에도 문제가 있다.
다름이 아니라 지금까지 우리들은 공동체共同體와 사랑은

서로에게 감동을 주어야 이뤄지고 존속된다고 잘못 배워왔기 때문에 다른 사람에게 자신의 고통과 두려움을 애써 드러내려고 하지 않는 것이다.
아마 공동체와 친밀함의 가장 큰 장애물은
자신이 아주 인상적이고 강해야만
다른 사람들이 자신을 사랑하게 된다고 믿는 오해일 것이다.
이 때문에 우리들은 다른 사람들에게 감동을 주어
자신을 좋아하게 하려고 애쓰면서 인생을 살고 있는지도 모른다.
사람들은 실은 다 같이 연약하기 짝이 없고
고생을 엄청나게 하고 몹시 두려워하면서 살고 있다는 것을 공감하지 못하고
오히려 선풍을 일으켜서 자신을 사랑할 수밖에 없도록 하려고 애쓴다.
우리들은 바벨Babel 주민들처럼 아주 깊은 인상을 심어주어
다른 사람들을 감동시키려고 탑을 세우려고 애쓰고 있는 것이다.
그 결과 역효과가 나타나고 있다.
이러한 가식假飾 때문에 "다른 말을 하면서"
즉 서로를 이해할 수 있는 공동의 장場을 마련하지 못하고 인생을 살고 있다.
공감共感을 해야 이해가 생기며
공감은 우리들이 다 같이 약하기 짝이 없는 존재라는 것을 느끼고
더불어 살아야겠다고 생각하는 것이다.

이와 같이 자신의 고생과 두려움을 숨기는 한 결코 서로 친하지 못하게 된다.
두려움과 고생을 숨기면, 또 성공, 건강, 매력, 우정이 필연적이라고 생각하면,
자신이 갖고 있는 재능, 지능, 위트, 매력, 미美, 예술적 육체적 능력이
인생을 풍요롭게 만드는 선물膳物로 보이지 않게 된다.
대신 선망의 대상으로 투사投射되어 질투를 만들고 더 나아가서는 상처를

만들게 된다. 더불어 산다는 생각을 하지 못하면 반드시 성공해야만 한다고 생각하고
자신의 재능은 지켜야 할 개인 소유물이 되어 버린다.
여태까지 다 함께 고생을 해봤으므로 이제는 서로를 인정해야 한다.
두려움을 숨기지 말고 살아야 한다. 그래야 친해진다.
우리 모두 약하기 짝이 없으므로
더불어 살아야겠다는 마음을 먹고 사람을 만나지 않으면 친해 질 수가 없는 것이다.

성경은 우리들이 살아가면서 서로의 참모습을 보지 못하고
"어둡고 수수께끼 같은 유리창을 통하여" 서로를 보고 있다는 것을 일깨워준다.
그렇다! 우리들은 불가사의하게 자신의 있는 그대로의 모습을 보여주지 않으러 히고
그리하여 서로를 인정하지 않으려고 한다.
서로에게 고생하고 두려워하는 자신의 진면목을 보여줄 때
비로소 서로에게 진실하게 되는 것이다.
방황을 끝내고 하느님의 집으로 가는 길은 연약함을 인정하는 데 있다.
가면이 아니라 우리들의 있는 그대로의 모습을 다른 사람들에게 보여줄 때, 비로소 공감할 수 있고 친해질 수 있는 길이 열리게 된다.

롤하이저 신부님의 묵상글을 편집

관계와 거래

사람들은 많은 관계를 맺고 산다.
혈연, 학연, 지연地緣, 지연知緣 등에 따라.
그러나 사랑이 없이 만나는 관계는 일종의 거래다.
사랑은 아낌 없이 주는 것이지만,
인연人緣에서 아낌없이 주지 않으면 무언가를 바라게 되고 이는 거래와 다를 바가 없다. 물질적인 거래나 정신적인 거래나
모든 거래에서 바라는 것이 있으면 반드시 바란 만큼 실망을 하고 끝나기 마련이다.
사랑을 주고 받지 않고 '거래를 하게 되면'
어느 누구도 바란 만큼 자신의 욕망을 충족시켜 줄 리가 없기 때문이다.
그러나 사랑의 관계는 바라는 것이 없기 때문에 관계가 길고,
실망하지 않기 때문에 관계가 끝나지 않는다.
거래에는 손익을 따지기 때문에 어느 누구도 손해를 보지 않으려고 한다.
따라서 거래가 이루어졌을 때 자신에게만 이익이 되는 거래는 성립될 수가 없다.
오로지 사랑을 통해서만 윈-윈Win-Win의 관계가 성립될 수 있다.

오늘 복음(요한 13:21-33, 36-38)에서는 세 종류의 사람을 보여주고 있다.
첫 번째 사람은 자기 자신, 자신의 이익과 필요성,
자기 만족에만 정신이 팔려있는 사람이다.
정신을 악마에게 팔아버린 사람이다.
그는 자유로운 사람이 아니다.
즉 그는 그리스도에게 마음을 열지 않고 오로지 돈과 탐욕만 섬기는 사람이다.

그는 예수님을 배반한다.
이 사람은 유다Judas이다.

두 번째 유형의 사람은 선량한 사람이고 그리스도께 마음을 활짝 열어 놓고 있지만 마음이 몹시 약한 사람이다.
그는 충동적으로 자신에게만 의존하는 용기로 그의 부족함을 숨기는 사람이다.
시련을 받으면 한 시간 안에 무너져 버리는 사람이다.
그는 예수님을 부정한다.
이 사람은 베드로이다.

세 번째 사람은 예수다.
그는 전혀 이기적이지 않고 하느님과 모든 사람에게 완전히 마음을 열고 있다.
그는 완벽하게 다른 사람을 섬기는 종이다.
그는 완벽한 종이었기에 우리 모두를 구원할 수 있었다.

우리는 오늘도 세 유형의 사람들과 거래를 하거나 관계를 갖는다.
예수님과 같은 사람은 항상 손해를 보게 마련이다.
오직 하늘 나라에서만 이에 대한 보상이 이루어진다고 믿고 말없이 손해만 보는 사람이다.

나는 어떤 유형의 사람인가?

가장 아름다운 것

에릭 시걸Erich Segal은 『프린스』에서

"가장 아름다운 자유와 사랑의 순간에

무서운 고통이 뒤따를 수 있다는 사실을 모르고 있었다.

고통을 지불하지 않은 사랑이 있으면 주위를 살펴보는 것이 좋을 것이다.

그 사랑은 반드시 무엇인가를 지불하고 있을 것이다.

어둠이 깊을수록 별들은 더욱 선명하게 빛나고 있었다."고 말한다.

아무런 고통도 없이 사랑을 이룰 수는 없다. 또 행복도 찾아오지 않는다. 이 고통으로 말미암아 사랑은 더욱더 값지게 되고 행복은 더욱더 소중하게 느껴지게 된다.

어느 인터넷 게시판에 실린 글이다.

《네가 내가 아니듯이 나 또한 네가 될 수 없기에

네 모든 것을 이해하지 못한다고, 전부를 알지 못한다고 노여워하지 않기를…

단지 침묵 속에서 어색하지 않고 마주 잡은 손짓만으로도

대화할 수 있다면 그것으로 행복하길…

기쁨은 함께 나누어도 아깝지 않고 슬픔을 함께해도 미안하지 않으며

멀리 있다 해도, 한 동안 보지 못한다 해도 네가 나를 잊을까 걱정되지 않으며

나 또한 세월이 흐를수록 너는 더욱더 또렷해져 내 마음 속에 항상 머물기를…

세상이 너무 험하고 우린 너무 어리기에

수많은 고통과 상처 속에 몇 날 밤을 지새울지 모르겠으나

너로 인해 무사히 넘길 수 있도록,
너로 인해 내가 존재하고 나를 통해 너를 확인할 수 있도록…

먼 훗날 우리가 죽음 앞에서라도 너와의 만남을 가장 행복해 하며
너를 위해 기도할 수 있기를….

모든 사람이 너의 아픔을 외면하는 그때에도
어디선가 널 위해 기도하는 내가 있음을 기도해!
눈물이 나고 외로운 날에 아무리 너를 몰라주어도
내 마음이 항상 너와 함께 있음을 기억해!

찾아주는 사람도, 찾아갈 곳도 없는 어느 날에
너를 위해 난 언제나
마음을 비워둔 채 너를 기다리고 있을꺼야

내가 필요한 그런 날에 내 이름을 불러주면
널 향해 달려갈 그런 내가 있음을 기억해!》

이 글 중의 '나'는 '나'인가, 아내인가, 또는 다른 사람인가?
누구나 살아가면서 이러한 사람을 만나게 된다.
자기 희생을 하면서 나를 사랑해주는 그런 사람 말이다.
그러나 하느님은 나 한 사람뿐만 아니라 만인을 사랑하신다.
만약 이런 사람이 없다면
(지금은 없을지 몰라도 반드시 생기게 되며 지금도 있는데 모르고 있을 수 있다.)
하느님을 생각하고 용기를 내면 될 것이다.
돌이켜 생각하면 나는 참 이기적인 사람이었던 것 같다.
과연 내가 이만큼 자기 희생을 하면서 아내를 사랑했던 적이 있었던가 하는 부끄러움 때문에
더 작아지는 나를 느낀다. 황지우 씨가 쓴 시를 보낸다.

늙어가는 아내에게

황 지 우

내가 말했잖아
정말, 정말, 사랑하는, 사랑하는, 사람들,
사랑하는 사람들은,
너, 나 사랑해?
묻질 않어
그냥, 그래,
그냥 살아
그냥 서로를 사는 게야
말하지 않고, 확인하려 하지 않고,
그냥 그대 눈에 낀 눈꼽을 훔치거나
그대 옷깃의 솔밥이 뜯어주고 싶게 유난히 더 커 보이는 게야
생각나?

지금으로부터 14년 전, 늦가을,
낡은 목조 적산 가옥이 많던 동네의 어둑어둑한 기슭,
높은 축대가 있었고, 흐린 가로등이 있었고
그 너머 잎 내리는 잡목 숲이 있었고
그대의 집, 대문 앞에선
이 세상에서 가장 쓸쓸한 바람이 불었고
머리카락보다 더 가벼운 젊음을 만나고 들어가는 그대는
내 어깨 위의 비듬을 털어주었지
그런거야, 서로를 오래오래 그냥, 보게 하는 거
그리고 내가 많이 아프던 날
그대가 와서, 참으로 하기 힘든, 그러나 속에서는
몇 날 밤을 잠 못 자고 단련시켰던 뜨거운 말:
저도 형과 같이 그 병에 걸리고 싶어요

기나긴 인생의 길잡이

몇 년 전에 다니엘 베리간Daniel Berrigan은
『Ten Commandments for the Long Haul』에서 그리스도께서 다시 돌아오실 때까지
우리들이 어떻게 살아야 하는가 하는 십계명을 제시하였다.
나 나름대로 그 밖의 다른 여러 저서들의 도움을 받아
기나긴 인생길에 도움이 될 수 있는 계명들을 만들어 보았다.

감사하라. 입으로만 감사하지 마라.
성인聖人이 된다는 것은 항상 감사하는 마음을 갖고 살면서
따뜻한 마음과 활기를 되찾는 것이다.
감사할 수 있다는 것은 창조주의 덕분이며 우리가 행복할 수 있는 것도 창조주의 덕분이다. 항상 즐기면서 살고 사랑하는 순간을 만들어야 한다.
비관하지 말고 거짓으로 죄의식을 느끼지 말아야 한다.
주님의 기도에 "오늘 저희에게 일용할 양식을 주시고
죄의식 없이 즐기면서 살 수 있게 해주소서."하는 것을 추가해야 한다.
하느님을 모든 것의 중심으로 삼아야 한다.

하느님에게 모든 것을 맡기지 마라. 모든 것을 해결해 주시지는 않는다.
종교에서 말하는 위로의 말을 모두 믿지 말아라.
오히려 종교는 띠를 매게하여 당신이 원하지 않는 곳으로 데리고 간다.
항상 덕행을 행하면서 살아라.
그러면 당신이 잘못한 것을 뉘우치게 해주실 것이다.

그러나 하느님께서는 모든 것을 해결해 주시지 않는다는 것을 알아야 한다.

주님께서 바라시는 것은 우리들에게 항상 불합리하게 보인다.
하느님과 씨름하는 것을 배워야 한다.
그리고 그 씨름에서 지는 것이 바로 승리하는 것이다.

가능한 한 꿋꿋이 앞으로 나아가라. 불가능하게 보일 때라도 한 걸음 내딛어 보아라.
당연히 오랫동안 어둡고 혼란스러운 시절이 있을 것으로 생각하라.
그래도 걱정하지 말고 이상하게만 여겨라.
예수님께서 눈물을 흘리고 성인들이 죄인이 되고 베드로가 배신한 사실에 위안을 가져라. 현실을 직시하되 담담하게 대하라.
고집불통이 되어라.
뜻을 굽히지 말아라.
타협은 꿈을 깨는 것이다.
범사에 만족하라.
가끔 처음부터 시작할 각오도 하여라.

기도하라. 하느님께서 기다리고 계신다.
갤럽 여론 조사를 믿지 마라.
즉 다른 사람의 눈치를 보거나 다른 사람의 의견에 흔들리지 말고 자신의 기도를 믿어라. 기도는 꿈을 키워준다.
하느님과 함께 있으려면 기꺼이 잠시 죽어야 한다.
하느님께서는 우리와 함께 계시기 위해 죽으셨다.
헨리 뉴엔Henri Nouwen이 말했듯이
하느님의 눈물과 하느님의 자녀들의 눈물이 합쳐져 희망의 눈물이 되는 곳이 되게 하여라.

사랑하라. 삶이 사랑으로 충만하면 모든 것이 충만해진다.
살아가면서 사랑의 여유를 만들어라.
모든 것을 잘못 사랑할 수 있지만
또한 아무것도 지나치게 많은 사랑을 받을 수 없다는 것도 알아야 한다.

당신의 눈을 사랑을 보는 눈으로 만들어라.
사랑하는 사람에게 "최소한 당신만은 죽지 않을 것이다."하고 말하여라.
인생에는 단 두 가지 잠재적인 비극만 있다는 것을 알아라.
사랑하지 않는 것과 우리가 사랑하고 있는 사람에게 그를 사랑한다고 말하지 않는 것이다.

지금의 자신을 받아 들여라. 두려워하지 말아라.
인간은 결점투성이다.
당신이 자신이 없고 약하다면 그렇다고 시인하고 듣기만 하라.
부당하지만 인생은 고통이라는 것을 받아들여라.
순례의 길을 걸을 수밖에 없다는 것을 알아야 한다.
당신이 좋은 이유로 죽으면 그 때문에 살 수 있게 된다.

미라를 만들지 마라. 등을 떠밀리지 말고 앞으로 나아가라.
매일 죽어야 한다고 생각하라.
인생은 소유하고 사는 것이라는 생각을 하지 말아라.
소유욕은 즐거움을 죽인다.
인생을 감사하면서 살아야 한다.
인생에서 가장 큰 힘은 놓아버릴 수 있는 힘이다.
죽고—썩고—부활하는 것은 극히 자연스러운 일이다.
죽음과 탄생의 순간을 구분하기가 어렵다는 것을 염두에 두어라.

너무 심각하게 생각하지 말아라. 바보처럼 생각하라.
웃고 놀고 어리석어라.
루이스C.S. Lewis가 지적했듯이 비웃음과 웃음을 혼동하지 말아라.
진지해지기는 쉬워도 또 무겁게 되기는 쉬워도, 가볍게 되기는 어렵다는 것을 명심하라.
사람들과 어울려라. 따돌림을 당하고 있을지도 모른다.
혼자 살려고 하지 말아라.
공동체로 들어가서 "새로 태어나라."

공동체에는 서로를 연결하는 끈이 있다는 것을 알아야 한다.
가족과 함께 교회와 국가와 인류와 함께 살아 가야 한다.
절대 자유라는 망상에 휘둘리지 말아라.
겸손하고, 에고를 없애고, 연옥에서 천국으로 갈 수 있기 위하여
공동체에 순종하는 것을 배워라.

부드러워지는 것을 두려워하지 말아라.
유연제강柔軟制强의 지혜를 가져라.
남자답게 보이려고 하는 충동을 버려라.
가슴을 부드럽게 하지 않는 사람은 머리가 우둔하게 된다는 것을 명심하라.

체스터톤G. K. Chesterton이 말했다.

"가장 구부리기 쉬운 것은 가장 부드러운 것이다."
새는 부드럽기 때문에 활동적이다.
돌은 단단하기 때문에 무기력하나.
딱딱한 것은 약한 것이기 때문에 돌은 본성상 아래로 내려간다.
새는 당연히 위로 올라 간다. 연약함이 힘이기 때문이다.

사람은 두 종류의 어두움에 들어 갈 수 있음을 알아야 한다.
하나는 슬픔을 가져오는 편집증 같이 두려운 어두움이고,
또 하나는 생명을 가져오는 회심回心의 태아적胎兒的 어두움이다.

롤하이저 신부님의 묵상글을 편집

내게 어린이를 데려 오라

"사람들이 어린이들을 예수님께 데리고 와서 그들을 쓰다듬어 달라고 하였다.
그러자 제자들이 사람들을 꾸짖었다.
예수님께서는 그것을 보시고 언짢아하시며 제자들에게 이르셨다.
'어린이들이 나에게 오는 것을 막지 말고 그냥 놓아두어라.
사실 하느님의 나라는 이 어린이들과 같은 사람들의 것이다.
내가 진실로 너희에게 말한다.
어린이와 같이 하느님의 나라를 받아들이지 않는 자는
결코 그곳에 들어가지 못한다.'"(마르코 10:13-16)

가끔 복음의 어떤 구절을 남용하고 억지로 해석하는 것을 많이 보는데 특히 그 중에서도 마르코 복음(10:13-16)을 잘못 해석하는 수가 많은 것 같다.
가끔 이 구절은 죽음의 문턱에서 우리들의 지혜를 체크해야 한다는 뜻으로 해석하기도 한다. 또 신앙을 쉽게 받아들이지 못하는 것을 변명할 때 사용하기도 한다.

그러나 예수님께서는
그런 뜻으로 말씀하시고자 했던 것이 아니라는 것을 잘 알아야 한다.
우리들은 어릴 때 부모님께 많은 질문을 하였다.
대부분의 경우 부모님들은 우리들이 알 수 있게 답변을 해주셨지만
어떤 때에는 우리들이 답변할 수 없는 질문을 하기도 하여
부모님들이 쩔쩔매기도 하고 한참 뒤에 답변을 해주시기도 했다.

이것이 하느님께서 우리들에게 요구하시는 믿음이다.

즉 어린애들이 하는 식으로 하느님을 이해하려고 애써야 하며
도저히 이해할 수 없으면 사랑 안에서 하느님을 받아들여야 한다.

성 아빌라의 데레사는
"하늘에 먼저 들어가는 사람은,
많이 아는 사람도 아니오
기도를 많이 하는 사람도 아니고
많이 사랑하는 사람이다."하고 말했다.
우리는 진리를 알기 시작할 때에만 참다운 사랑을 할 수 있지만
또한 모든 것을 이해할 수 없다는 것도 잘 알아야 한다.

성 토마스 아퀴나스는 종교와 신학에 대한 그의 기념비적인 작업을 모두 끝낸 후,
그의 인생의 종점에서 다음과 같이 간단하게 말했다.
"모든 나의 말들은 마치 지푸라기와 같다."
그가 한 업적이 우리들에게 전혀 도움이 되지 않거나 소용없는 일을 한 것이 아니라
하느님의 깊은 신비에 비하면 표면을 살짝 건드렸을 뿐이라는 뜻이다.
우리들은 지혜와 사랑으로 신앙생활을 더 깊게 해야 한다.
그러나 설령 지혜를 얻지 못했다 하더라도,
부모와 자식들이 그 깊은 지혜에 접근하지 못했지만
아이들이 부모님을 받아들였던 것처럼,
하느님을 받아들여야 한다.

너는 나를 참으로 사랑하느냐?

내가 어릴 때 신부나 성직자들은 "신앙심이 깊은 성직자다운 삶"을 뜻하는 "천직, 성소聖召, 소명召命, vocation"에 대하여 많은 말을 하고 기도해주었다.
이제 미국에 있는 가톨릭이나 개신교의 많은 학교에서
학생들이나 교수들이 "**다른 사람들에게 봉사하라고 하느님께서 부르신**",
즉 "**소명**"에 대하여 묵상하고 있다.
이런 종교계의 학생들은 제각기 의사, 간호사, 약사, 물리치료사, 변호사, 성직자 등이 되기 위해 공부하고 있다.

몇 년 전 내가 "**사목을 하라고 부르심을 받았다.**"고
대학원의 한 교수에게 얘기했더니 그가 나에게 말하였다.
"아니야, 당신은 교회를 위하여 부르심을 받았지
신자들이나 여기 있는 나를 위하여 부르심을 받은 것은 아닌 것 같아."

신앙과 영성의 세계에는 많은 변화가 일어나고 있다.
오늘 복음의 예수님의 질문 "너는 나를 참으로 사랑하느냐?"에 대한 답변으로,
"봉사에 부르심을 받았다."는 것은 오래 전부터 알고 있었던 사실이다.
하느님께서 베드로에게만 이 질문을 하셨던 것은 아니다.
다행스럽게도 "소명"은 광범위하게 해석되고 있다.

부모들도 자신의 일을 하면서 학교의 위원회에 나가고 자식을 키우고 노부모를 돌볼 때 하느님을 사랑하라는 소명을 듣고 있다.
또 경찰관이나 소방관이나 주부들, 공무원들 같이 "봉사"를 천직으로 아는 사람들의 이야기를 많이 듣는다.

예수님께서는 베드로에게 "너는 나를 참으로 사랑하느냐?"라는 질문을 세 번이나 하셨다. 나에게는 이렇게 들린다.

"너의 모든 것을 바쳐 사람들을 돌보는 사랑을 나에게 보여줄 수 있겠어?

너 이제는 철들었어? 사람들에게 어떻게 나를 사랑해야 한다고 가르칠 수 있겠어?

나의 참사랑을 듣고 보고 알기를 원하는 사람들에게 너의 생명을 바쳐 봉사할 수 있겠어?"

예수님의 베드로에 대한 질문은 끝이 없다.

매일 우리들에게도 그렇게 질문하고 계신다.

오늘 예수님께서 나에게 "너는 나를 참으로 사랑하느냐?"하고 물으시면 나는 어떻게 대답할 수 있을까?

미국 크레이튼 대학 조안 라나한(Joan Lanahan)신부님의 글 중에서

예수님, 무슨 복안이라도 있으십니까?

"아버지, 저가 이 사람들을 위하여 이 몸을 아버지께 바치는 것은
이 사람들도 아버지께 자기 몸을 바치게 하려는 것입니다." (요한 17:19)

예수님께서 하늘로 돌아가셨을 때,
천사 가브리엘이 만신창이가 된 상처를 보고 예수님께 여쭈었다.
"땅 위의 모든 사람들이 예수님의 위대한 사랑을 알았습니까?"
예수님께서 대답하셨다.
"아니오. 오로지 극소수의 사람들만이 알았소."
가브리엘은 충격을 받고 다시 예수님께 여쭈었다.
"어떻게 하면 그 많은 나머지 사람들이 사랑을 알 수 있게 할 수 있을까요?"
예수님께서 대답하셨다.
"지금 나는 사랑을 알 수 있게 해줄 사람을 손가락으로 세고 있소."
가브리엘이 물었다.
"그 사람들마저도 실망을 시키면 어떻게 하시렵니까?
그 사람들마저도 반감을 가지면 어떻게 하시렵니까?
오히려 그들이 실망하면 어떻게 하시렵니까? 혹시 무슨 복안이라도 있으십니까?"
예수님께서 힘 없이 대답하셨다.
"무슨 복안이 있겠소?
나는 지금 그 중에서도 나를 실망시키지 않을 사람을 세고 있소."

허드슨 테일러Hudson Taylor, 1832-1905는
영국의 개신교 선교사로 사도 바오로 이후에 가장 훌륭한 선교사로 꼽히고 있다.

그가 중국의 여러 곳을 여행하며 중국인들에게 깊은 감동을 주었는데, 이는 그가 설교를 유창하게 잘해서도 아니고 해박한 지식 때문도 아니며 오로지 길 잃은 영혼을 향한 그의 간절함 때문이었다.
"나는 어려움이 닥칠 때마다 하느님께 나를 도와달라고 간청했습니다. 그렇게 도움을 청하고 나서는 나에게 반문해 보았습니다.

'나 같으면 도와 주었을까?'"

테일러 선교사가 말했다.
"수억의 사람들이 복음을 모르는 채 죽어가고 있습니다.
매 시간 1,000명이 죽음의 어둠 속으로 들어가고 있습니다."

익명성과 무책임성

오늘날은 인류 역사상 어느 세대보다 더 익명의 세대이다.
교통과 정보통신이 발달하지 못했던 시절에 이웃은
'참견 잘하는 사람들'이었지만 **현대는 '나'만 있고 '이웃'이 없는 세상이 되어버렸다.**
'더불어 살아야 한다'고 부르짖으면서도 이웃을 만들지 않았기 때문이다.
그리하여 영웅도 아니고 유명하지도 않은,
무명의 '나'만 있는 익명성anonymity은, '이웃에 대한 무책임성'을 낳고 말았다.

영국의 전前 수상 마가렛 대처가
"사회는 존재하지 않으며 오직 개인과 가족만 있을 뿐이다."하고 말했듯
오늘날의 사회에는 '핵가족'만 있을 뿐 '이웃'은 없다.

우리는 나 자신의 인물 됨됨이에 대하여,
우리의 공동체, 우리의 환경, 우리 사회,
우리의 지구에 대하여 책임을 져야 한다고 배웠다.
이렇듯 많은 것에 대하여 책임을 져야 함에도 불구하고
그 어느 누구에 대해서도 책임을 지려 하지 않는다.
익명의 다른 사람이 책임질 것이라고 책임을 전가하고 산다.
심지어는 자기 자신에게 대해서도 책임지려 하지 않는다.
그리하여 키에르케고르는 **"인간은 교활하여 책임성 없이 살고 있다."**고 꼬집었다.

인간적인 앎에는 한계가 있다.
가장 심오한 지식은 결코 말로 표현될 수 없으며

강론이나 책, 강의나 세미나로도 설명될 수 없다.
12사도가 예수님을 스승으로 모시고 살았듯
오로지 스승의 권위 아래서 경험을 통하여 스승에게 배워야 옳은 지식이 되지만
우리 주위에서 멘토mentor를 만나기가 쉽지 않다.
"내가 그리스도를 본받는 것처럼 나를 본받는 사람이 되십시오."(1코린 11:1)하고
사도 바오로가 한 말대로 "나를 본받고 사십시오." 하고
떳떳하게 말할 수 있는 사람이 드물기 때문이다.
또 '나'만 있기 때문에 내 가까이에 있는 멘토를 보지도 못한다.
그리하여 '내 멋대로' 산다. '사랑'이 있을 수 없다. 죄의식도 없다.

파블로 피카소의 여성편력은 참으로 화려했다.
피카소의 어머니가 첫 번째 며느리에게 경고한 말이 시사하듯
계속 정부情婦를 바꾸었다.
"나는 어떤 여자라도 내 아들과 행복하게 살 수 있으리라 믿지 않는다.
피카소는 자기만을 위할 뿐 타인에게는 전혀 관심이 없기 때문이야."
그리고 그의 정부 도라 마르도
"당신은 일생 동안 어느 누구도 사랑해 본 적이 없는 사람이오.
당신은 사람을 사랑하는 법을 모르오."하면서 피카소를 떠나갔고
피카소도 "나는 한 번도 사랑을 받아보지 못한 채 죽을 것 같다."고 실토했다.
그리고 "내가 죽는 것은 배가 난파하는 것과 같을 텐데,
거대한 배가 침몰할 때처럼 주변의 많은 사람들이 배와 함께 가라앉을 것이다."고 말했다. 불행하게도 피카소의 말은 옳았다.
1973년 91세의 나이로 생을 마감한 후 그와 가까웠던 세 명의 인물이 자살했고
여러 명이 정신적으로 무너졌는데

그 중에는 첫 번째 부인 올가와 유명한 정부 도라 마르도 포함되어 있었다.
피카소의 무책임성이 많은 사람들을 파멸시켜버린 것이다.
피카소는 유명했기에 프라이버시가 모두 노출되었지만
익명의 시민들의 이기주의는 높은 벽을 쌓아 그들의 삶을 엿볼 수도 없게 한다.

『중용』에 "**신독**愼獨"이란 말이 나온다.

道也者, 不可須臾離也, 可離非道也.
是故君者, 戒愼乎其所不睹, 恐懼乎其所不聞.
莫見乎隱, 莫顯乎微, 故君者愼其獨也.

도道란 잠시도 떠나지 않는다. 떠나 있다 하면 도가 아니다.
그러므로 군자는 누구도 보지 않는 곳에서 경계하며 삼가며,
누구도 듣지 않는 곳에서 두려워하고 염려한다.
아무도 안 보는 곳에서 자신의 모습이 더 잘 드러나는 법이다.
그러므로 군자는 혼자 있을 때 더욱 삼가 함으로써 자신의 마음을 다스린다.

아무도 보지 않을 때라도 하느님은 보시고 계신다.
그래서 몰래 죄를 지은 사람에게 하늘이 무섭지 않으냐고 묻는다.
하느님을 제외하고 아무도 보는 이가 없을 때
우리가 행하는 것이 우리의 진정한 책임성에 대한 테스트인 것이다.

"마지막 때에 어려운 시기가 닥쳐오리라는 것을 알아두시오.
그 때에 사람들은 이기주의에 흐르고 돈을 사랑하고
뽐내고 교만해지고
악담하고 부모에게 순종하지 않고
감사할 줄 모르고 경건하지 않고
무정하고 무자비하고

남을 비방하고 무절제하고
난폭하고 선을 좋아하지 않고
배신하고 앞뒤를 가리지 않고
자만으로 부풀어 있고
하느님보다 쾌락을 더 사랑할 것이며
겉으로는 종교생활을 하는 듯이 보이겠지만
종교의 힘을 부인할 것입니다."(2디모테오 3:1-5)

아무에게도 빚을 지지 마십시오

"아무에게도 빚을 지지 마십시오. 그러나 서로 사랑하는 것은 예외입니다.
남을 사랑하는 사람은 율법을 완성하는 것입니다."(로마 13:8)
"그대가 가진 것 가운데에서 받지 않은 것이 어디 있습니까?
모두 받은 것이라면 왜 받지 않은 것인 양 자랑합니까?"(1코린 4:7)

사랑하는 사람에게는 빚을 져도 괜찮다는 말이다.
사랑하는 사람은 자신이 갖고 있는 모든 것을
하느님으로부터 받은 것이라는 것을 잘 알기에
또 아무 대가를 바라지 않고 주기 때문에 빚으로 생각하지 않는 것이다.
반면에 사랑이 없는 사람은 자신이 가진 모든 것을
자기가 잘나서 갖게 되었다고 생각하기 때문에 인색한 것이 아닌가 하는 생각이 든다.
그래서 무언가 대가를 바라면서 베푼다. 공짜로 주는 것은 하나도 없다는 말이다.

가까운 지인들 중에는 거지 근성이 있는 사람들을 흔히 볼 수 있다.
가진 것이 없어서 그런 것이 아니라 내 것이 아까워서
남에게 베풀지는 못하고 얻어 먹는 것만 좋아한다.
이러한 사람은 아무에게서도 사랑을 받지 못한다.
사랑을 받을 자격이 없기 때문이다.
지극히 이기적인 사람들이다.
이러한 사람이 한 말이 생각난다.
"왜 사람들이 나를 싫어하는지 모르겠다."

일본 사람들이 사회생활에서 가장 금기시하는 것 중의 하나가 남에게 폐일본어로 迷惑를 끼치는 것이라고 한다.
남을 언짢게 하고, 신경 쓰게 하고, 귀찮게 하는 게 모두 이에 해당된다.
그래서 유치원 때부터 아이들 교육의 제1장이 '남에게 폐 안 끼치는 아이 만들기'라고 한다.
일본에서 어떤 사람이 눈사태로 계곡에서 조난 당했다가 겨우 구출됐다.
그가 맨 처음 한 말이 "구해주셔서 감사합니다."가 아니라
"폐를 끼쳐 죄송합니다."였다고 한다.

우리 말에 남에게 신세身世를 진다는 말이 있다.
국어 사전에 '신세身世'란 '남으로부터 도움을 받는 일,
또는 남에게 괴로움을 끼치는 일'로 되어 있다.
따라서 남에게 폐를 끼치는 일이나 남의 신세를 지는 일은 같은 뜻이 된다.
그래서 일본에선 친구들이 술자리를 함께하고 일어설 때 거의 각자 계산더치 페이을 한다.
그러나 우리들은 어느 누군가가 혼자서 술값을 지불한다.
여유가 있는 사람이나 남의 신세를 지기 싫어하는 사람들이
모두 지불하는 게 관행처럼 되어 있다.
이 때문에 이런 술자리에 신세를 졌다고 생각하는 사람들은 많지 않다.
요즘 세대의 술자리는 예전처럼 많지 않고 거의 각자계산을 한다지만.
그런데 불교에서는 우리들이 일생을 살아가면서
남에게 아무 대가도 치르지 않고 신세를 지게 되면 그것이 다 '빚'이 된다고 말한다.

가끔 친구들 모임에서 돈을 많이 낸 친구들이 술에 취해서
얻어먹은 친구보고 술값을 잘 내지 않는다고 비난하는 것을 본다.
이른 바 '빚'을 왜 갚지 않느냐는 말이다.
그러나 그 친구도 사람이 그리웠기 때문에 만나서 술 한잔 한 것이 아니었던가?

또 본인이 돈이 많다는 것, 여유가 있다는 것을 자랑하려고 돈을 내지 않았던가?
문득 고스톱 판이 생각난다. 돈 잃고 좋아하는 사람 없다고 말한다.
그렇다. 고스톱 판이든 술자리든
자기 돈을 축내는 것을 좋아할 사람이 없을 거라는 생각이 든다.
그래서 내가 호스트가 되거나 닷치 페이를 하지 않는 술자리를 피하고 있지만
어쩔 수 없이 이런 자리에 가게 되면 술 맛이 떨어진다.

탈무드에서는 사람의 속성을 키소, 코소, 카소로 구분하여 평가한다고 말한다.
이는 히브리말로 첫 번째인 '키소'는 돈을 넣는 주머니를 말한다.
돈을 어떻게 쓰느냐 하는 것이 바로 그 사람을 평가할 수 있는 바로미터라는 것이다.
두 번째 '코소'는 술잔으로, 향락을 의미한다.
무엇을 즐기고 있느냐? 무엇에 빠져 있느냐? 무엇이 내 마음을 빼앗아버렸느냐?
이것이 그 사람을 평가하는 기준이 된다.
세 번째 '카소'는 사람의 노여움을 가리키며 그의 인내력을 의미한다.
인내의 정도가 그 사람을 평가하는 기준이 된다는 것이다.
사람이 느끼는 고통 가운데 가장 참을 수 없는 고통이 후회라고 한다.
그때 그 말 을 하지 말았어야 했는데
그때 그 일 을 하지 말았어야 했는데
그때 그 길 을 가지 말았어야 했는데….

사람을 만나 새로 친구가 되는 일은 쉽지가 않다.
나이가 들수록 더욱더 어려워지는 것이 보통이다.
오래된 친구관계를 계속 유지하는 것도 쉽지 않다.
모두 나이 들면서 옹고집만 부리고 자기 자신을 죽이지 못하기 때문인 것

같다.
그래서 여행을 함께 할 수 있는 친구란 더욱 찾기 어렵다.
영원히 혼자여야 함에도 불구하고 오늘도 사람이 그립다는 생각이 든다.

우화寓話의 강江

마종기

사람이 사람을 만나 서로 좋아하면
두 사람 사이에 물길이 튼다.
한쪽이 슬퍼지면 친구도 가슴이 메이고
기뻐서 출렁거리면 그 물살은 밝게 빛나서
친구의 웃음소리가 강물의 끝에서도 들린다.

처음 열린 물길은 짧고 어색해서
서로 물을 보내고 자주 섞어야겠지만
한 세상 유장한 정성의 물길이 흔할 수야 없겠지.
넘치지도 마르지도 않는 수려한 강물이 흔할 수야 없겠지.

긴 말 전하지 않아도 미리 물살로 알아듣고
몇 해쯤 만나지 못해도 밤잠이 어렵지 않은 강,
아무러면 큰 강이 아무 의미도 없이 흐르고 있으랴.
세상에서 사람을 만나 오래 좋아하는 것이
죽고 사는 일처럼 쉽고 가벼울 수 있으랴.

큰 강의 시작과 끝은 어차피 알 수 없는 일이지만
물길을 항상 맑게 고집하는 사람과 친하고 싶다.
내 혼이 잠잘 때 그대가 나를 지켜 보아주고
그대를 생각할 때면 언제나 싱싱한 강물이 보이는
시원하고 고운 사람을 친하고 싶다.

짝사랑

사랑이란 말만큼 많이 쓰이면서 이해하기 어렵고 표현하기 어려운 단어는 없는 것 같다. **사실 모든 미덕은 사랑이나 자비의 변형에 불과하다.**
그래서 그리스도교나 불교에서는 사랑과 자비를 무엇보다도 강조한다.
그러나 고통의 신비와 같이 사랑도 심오한 신비를 갖고 있는 것 같다.
남녀간이든, 친구간이든, 지인간이든 아무런 대가를 바라지 않는
아가페적인 사랑은 하기가 어려울뿐더러 전달하기도 어렵고
사랑이 전달되어 완성되는 것을 보기가 어렵기 때문이다.

무릇 관계란 완성되지도 않고 충족되지도 않은,
늘 무엇인가를 탐색하는 두 인간의 만남이며 인연이다.
두 사람은 관계 안에서 그리고 그 관계를 통해서
자신들의 개인적인 잠재력이 실현될 수 있도록
그리하여 새로운 발전의 단계를 열어갈 수 있기를 희구한다.
사람은 성숙하기 위하여 자신의 가장 내적인 가능성을 이해하고 인정해 주는 사람,
자신의 불안과 약점을 드러내도 수치심을 주지 않을 사람,
요컨대 어려울 때 자신을 보호하고 배려해주며,
성공했을 때는 자랑스러워하고 실패했을 때는 충실히 도와줄 사람을 만나기를 원한다.
서로 함께 길을 찾고 함께 장애와 난관을 극복하며,
인생의 우여곡절을 함께 헤쳐나가고 싶어 한다.
따라서 사랑에 빠지는 것은 개인적인 발전을 자극하는 가장 강력한 요인의 하나이다.

그런데 아이러니컬하게도 인간의 대부분의 사랑은 실패하여 짝사랑으로 끝나고 만다.
이런 저런 이유 때문에 심혈을 기울여 오랜 시간 사랑을 했는데도 마음을 몰라주니 허망하기 짝이 없다.
물론 대가를 바라고 사랑하지는 않았지만 사랑은 주고 받음으로써 완성되는데, 그 동안 공을 들인 보람도 없이 짝사랑이었다는 것이 판명되면 무척 서운함을 느끼게 된다.
더구나 현대인들은 너무나 이기적이기 때문에 우리가 주로 만나고 사는 사람은 부모, 자식, 소수의 친구, 선배, 후배 등 극소수임에도 불구하고 이 가까운 사람들이 사랑을 몰라주니 심한 배신감을 느낄 수밖에 없다.

돌이켜보면 우리는 자기 중심적일 때 외로움을 느끼게 되었고
빈 가슴을 채워줄 누군가를 간절히 원하였다.
그러나 이렇게 자기 중심적인 삶을 살면서도
누군가를 운명적으로 만나 그들에게 사랑을 베풂으로써
우리의 상처는 치유되었을지 모르지만,
그 사랑이 짝사랑으로 끝난다는 것은 참으로 역설적인 일이 아닐 수 없다.
그래서 '사랑은 내리 사랑'이라 하고 '사랑은 주는 것'이라고 했던가?

예수님의 인간에 대한 사랑이 그러했듯 우리들의 사랑도 거의 대부분 짝사랑으로 끝난다. 사랑을 받고는 되돌려줄 줄 모르기 때문이다.
짝사랑은 사랑의 미완성이다.
진솔한 마음을 서로 주고 받을 때 그리고 그 사랑이 상호이익에 부합될 때
비로소 참된 사랑이 된다고 말하는 것이 정확할 지 모르겠다.
우리들의 사랑은 대개 미완성으로 끝난다.
그래서 **인생은 미완성으로 끝나며 혼자서 가는 여행인 것이다.**

참된 사랑은 이기적이지 않습니다

카렌 케이시

참된 사랑은 이기적이지 않습니다.
참된 사랑은 주는 사람이나 받는 사람 모두를 자유롭게 해 줍니다.
우리가 사랑 받고 있다는 것을 알 때
우리의 마음은 한없이 따뜻해지고
우리 앞에 놓여 있는 어려움도 큰 문제가 되지 않습니다.
참된 사랑은 서로를 구속하는 것이 아니라
서로의 마음을 결속시켜주는 것이고
더욱 성장하고 변화할 수 있도록,
그리고 서로를 위해서라면 헤어질 수 있는 용기를 가질 수 있도록
격려해 주는 것입니다.
참된 사랑은 순간순간의 경험을 소유하는 것이 아니라
그런 경험들을 소중히 여기고 돌봐주는 것입니다.

예수님은 훌륭한 패배자셨다

사람을 사랑하는 것은 무척 어려운 일이다.
우리는 주위에서 친하고 가까운 사이에서도
경쟁하고, 질투하고, 폭력을 행사하는 것을 많이 본다.

이겨라! 무엇이든 최고가 되어라!
당신이 더 재주가 많고 고상하다는 것을 다른 사람들에게 보여라!
경쟁에 뒤지지 말라! 자신을 과시하라!
단 한 번의 승리로 끝나는 것이 결코 아니다!
당신이 나에게 훌륭한 패배자라는 것을 보여주면
나도 패배자라는 것을 당신에게 보여주겠다.

이러한 구호들은 우리들이 보다 더 잘할 수 있도록 독려하기 위한 것이 아니라
우리들의 문화와 심리에 오히려 악영향을 미치는 바이러스이다.
우리들은 어릴 때부터 다른 사람을 이겨라, 다른 사람을 능가하라,
다른 사람을 속여라 하는 말들을 귀가 따갑게 들어왔다.
이 때문에 이 세상에 경쟁이 있고, 폭력이 있고, 질투가 있는 것이다.

우리들은 무한 경쟁 속에서 살고 있고 삶의 의미를 성공에서 찾고 있다.
성공해야, 이겨야, 다른 사람들보다 더 나아야만 비로소 삶이 채워지는 것 같이 보인다.
자신이 생각해도 대견스럽고, 자신감에 차게 되고, 가치있는 삶을 사는 것 같다.
반면에 남보다도 뛰어나지 못하다는 생각이 들면, 그냥 평범한 사람으로 생각되면,

건강한 자아상을 유지하지 못하여 안달하게 된다.

두 경우 모두 끊임없이 질투와 싸우고 불만족으로 전전긍긍 한다.
사람들은 재주가 많은 사람, 잘 생긴 사람, 권력가, 부자,
성공한 사람, 유명인사, 승리자들을 부러워하고 또 몰래 시기한다.
그뿐만 아니라 자신의 부족한 재능과 못생김과 이루지 못함을 그들의 성공과 비교하여
자기 자신을 비참하게 만든다.
우리는 어릴 때부터 벌써 이 건전하지 못한 경쟁심리의 병에 걸려 있었다.
물론 학교에 가기 전에도 그랬지만 학교에 가고 난 뒤에는
본격적으로 성공해야 하고 다른 사람과 달라야 한다고 배웠다.
그리하여 뛰어야만 했고, 반에서 일등을 해야 했고, 가장 뛰어난 운동선수가 되어야 했고, 옷을 가장 잘 입어야 했고, 가장 잘 생겨야 했고, 가장 노래를 잘 해야 했고,
가장 인기가 있어야 했고, 가장 경험이 많아야 했고,
가장 여행을 많이 한 사람이 되어야 했고,
자동차, 영화, 역사, 성性, 유명한 배우 등을 가장 많이 알아야 했다.
어떤 대가를 치르더라도 다른 사람들을 이겨야만 했고
아이디어가 남달라야 했고 남보다 뛰어나야 했다.
이러한 잡다한 생각들이 우리들 안에 깊숙이 뿌리 박고 있다.
이 때문에 친한 사람들 사이에서도 폭력이 있고, 경쟁심이 있고, 질투가 있는 것이다.

그런데 먼저 우리가 다른 사람을 능가해야 하는데
어떻게 서로 사랑하고 서로를 존경하고 동등하게 생각하면서 받아들일 수 있겠는가?

성공할 때마다 질투와 분노가 따르는데 어떻게 서로 사랑할 수 있겠는가?
너무나 경쟁심리가 강한 나머지 그리스도의 마음으로 다른 사람을 볼 수

없는데
어떻게 서로 사랑할 수 있을까?

사랑하려면 자아自我를 죽여야 한다.
사랑하려면 다른 사람을 무시하면 안 된다.
다른 사람을 사랑하려면 그 사람의 재능과 성공을 시기할 것이 아니라
우리들의 삶을 증진시키는 촉매로 생각해야 한다.
이 때문에 다른 사람의 성공에 편승하지 않고
또 다른 사람의 재능을 이용하려고 하지 않고 자신을 계발하기 위하여,
자신의 재능을 보여주고 자신의 장점을 활용하기 위하여
자신의 재능을 개발하게 되는 것이다.
마찬가지로 이 때문에 사람들을 승자와 패자,
성공한 사람과 실패자의 두 그룹으로 나누는 것이다.
우리는 전자를 칭찬하고 증오하며 후자를 경멸한다.
또 이 때문에 우리들은 끊임없이 다른 사람의 몸매,
머리모양, 지적능력, 옷 입는 것, 재능과 성공을 평가한다.
이렇게 등급을 매기게 됨에 따라 다른 사람보다 못하다고 생각되면
건강하지 못하게 되고, 우울하게 되고, 그들보다 낫다고 생각하면 쓸데없이 자만하게 된다.

자신이 남보다 특별해야 하고, 뛰어나야 한다는 생각에 사로 잡혀 있으면
이렇게 우리들을 이간시키는 불가사의한 일을 이해하지 못하게 된다.
질투심과 경쟁심과 폭력 속에서 살게 되기 때문이다.
그리고 다른 사람들이 자신을 끊임없이 위협하는 것으로 생각하게 된다.
그리스도의 마음으로 이 악령을 우리들의 삶에서 몰아내야 한다.
그리스도와 같은 마음 안에서는
경쟁심, 질투심, 폭력을 초월하여 인간관계를 유지하는 방법을 알 수 있게 된다.

그와 같은 마음 안에서는 남보다 더 뛰어나야하고 특별해야 할 필요가 없으며,
다른 사람의 특별한 재능이 위협으로 보이지 않고 자신의 삶과 생명이 활기에 넘치게 된다.

무엇이 그리스도와 같은 마음인가?
모든 사람들이 똑같이 특별하고 동등하다는 사실을 받아들이는 것이다.
아무도 다른 사람들보다 더 낫지 않고,
아무도 다른 사람들보다 뛰어나다고 느낄 수 있는 권한을 갖고 있지 않다.
이 진리는 개인뿐만 아니라 국가에도 통한다.

개인이 이 진리를 받아들이면 우리들 사이에 질투와 경쟁과 폭력이 훨씬 덜할 것이다.
국가가 이 진리를 받아들이면 세상이 경제위기와 핵核 파괴의 위험에 떨지 않게 될 것이다.

사람들이 나에게 훌륭한 패배자로 비치게 되면
나 자신도 다른 사람들에게 패배자로 비치게 마련이다.
패배를 인정하는 것이야말로 가장 용감한 것이다.
예수님께서는 훌륭한 패배자이셨다.
당신을 낮추심으로써 우리 모두를 구원하셨다.
그리스도의 마음 안에는 질투와 경쟁심과 폭력을 초월하여
한 마음으로 묶어주는 씨앗이 있다.

롤하이저 신부님의 묵상글을 편집

인간의 불효와 제자들의 무지

어제 임신한 딸애가 너무 예민한 나머지 아내에게 섭섭한 말을 하였다.
부모의 자식 사랑은 내리 사랑이고 아무런 대가를 바라지 않는 아가페적인 사랑이다.
싫으나 좋으나 몸과 마음을 다 내어 놓는 희생적인 사랑이다.
예수님께서도 당신의 모든 것을 내어 놓으시고 십자가에서 돌아가셨다.
물론 인간의 자식 사랑은 예수님의 인간 사랑에는 못 미치지만
인간이 보일 수 있는 가장 숭고한 사랑이다.

예수님께서 제자들에게 수많은 기적을 보이시고
십자가에서 죽으시고 다시 부활할 것이라는 말씀을 누차 하셨지만,
제자들은 다락방에서 부활하신 예수님을 만나고 나서야 비로소 깨닫는다.
이때부터 성령이 충만하여 예수님과 같은 열성과 기적을 보였다.
제자들은 전능하신 예수님께서
그렇게 허망하게 죽으실 것이라는 생각을 하지 못했던 것이다.

자식들도 부모가 허망하게 죽을 수 있다는 사실을 전혀 생각하지 않는다.
제자들 같이 "설마" 하고 생각한다.
그래서 본의 아니게 엉뚱한 말과 행동을 하여
부모를 섭섭하게 하고 심한 경우에는 인연을 끊고 살기도 한다.

나는 오늘 문득 예수님의 몸을 먹고 예수님의 피를 마신다는 것은,
마치 그 수많은 한 배의 연어 새끼들이 알에서 깨어나,
같이 죽은 어미 아비의 몸과 피를 먹고 자라는 것과 다름이 없다는 것을 느꼈다.

아비도 같이 죽는다는 것은 무엇을 뜻할까?

옳은 부모라면 이미 "죽고 부활하였기 때문에" 아픔도 없고 슬픔도 없어야 하는 것이다.

그러나 아직 육체적으로 살아 있기에 물면 아픔을 느낀다.

예수님께서는 살아계실 때 인간들이 별 짓을 다해도

전혀 섭섭해 하시지 않고 사랑으로 일관하셨다.

같은 맥락에서 공자는 『논어』〈위령공편〉에서 살신성인殺身成仁을 말씀하셨다.

여기서 인仁은 아가페적인 사랑을 말한다.

志士仁人, 無求生以害仁, 有殺身以成仁

뜻 있는 선비와 어진 사람은

살기 위하여 인仁을 해치는 일이 없고,

오히려 자신의 목숨을 바쳐 인仁을 행할 뿐이다.

솔론의 십계명

세계 기독교 백과사전World Christian Encyclopedia에 의하면
20세기 초에 약 1,900개였던 기독교 교파가 2007년에는 37,000개가 되었다고 한다.

조지 휫필드George Whitefield가 재미있는 말을 하였다.
"조상 아브라함이여, 하늘에서 당신이 데리고 있는 사람이 누구입니까?
성공회 교인? 장로 교인? 독립교파 교인이나 감리교 교인?
그러면 누구를 데리고 있는 겁니까?
"여기서는 그런 이름은 모르오. 여기 있는 사람은 모두 그리스도인이오."
"아, 그렇습니까? 그렇다면 하느님, 우리로 하여금 파당의 이름을 잊게 하시고
행함과 진리에서 그리스도인이 되게 하소서."

모세의 십계명이 서구 도덕과 미국의 헌법과 정부의 기초가 되었다는 말을 많이 한다.
그러나 모세의 십계명이 진부하여 이를 이용할 수 없었다.
그 단적인 예가 대부분의 국가에서는 종교의 자유를 인정하고 있는 것이다.

20세기 가톨릭 신학을 대표하는 칼 라너Karl Rahner는
"익명의 그리스도인Anonymous Christian"이라는 말을 만들어 냈고
제2차 바티칸 공의회1962-1965 이후로 가톨릭에서는 이를 교리로 채택하였다.
"타 종교인이나 무신론자 중에서도 하느님의 본성인 착한 일을 하는 사람
즉 내 이웃을 내 몸과 같이 사랑하는 사람은 비록 그들이 그리스도인이

아니라 할지라도
하느님의 구원의 은총을 받을 수 있다."는 것이다.

실제로 모세의 십계명이 나오기 거의 500년 전에 만들어져
그리스문화에 지대한 영향을 미치고
미국정부 창건에 직접적인 영향을 미친 법률가가 있었다.
아테네 사람 솔론Solon B.C.638-B.C.558의 사상을 다시 되찾아
"현대 민주주의의 원칙"이라고 부르는 것을 구현하였던 것이다.

솔론은 B.C.594년에 아테네의 헌법을 만들었다.
그의 십계명은 모세의 십계명과는 달리 어느 것도 진부한 것이 없으며
합리적이지 않은 것도 없어 현대의 윤리나 정치사상에 딱 들어 맞는다.

1. 약속보다 훌륭한 인격을 믿어라.
2. 거짓말하지 마라.
3. 선을 행하라.
4. 친구를 성급하게 사귀지 말고 일단 친구가 되면 절대로 버리지 마라.
5. 명령하기 전에 순종을 배워라.
6. 충고를 할 때에는 듣기 좋은 말을 하지 말고 가장 유용한 말을 해주어라.
7. 최 상급자를 설득하라.
8. 나쁜 짓을 하는 사람들과 어울리지 마라.
9. 각자의 신을 존경하라.
10. 부모에게 효도하라.

사랑과 미움

"세상이 너희를 미워하거든 너희보다 먼저 나를 미워하였다는 것을 알아라."(요한 15:18)

이 세상은 미움으로 인하여 갈기갈기 찢겨져 있다.
왜 그리 많은 사람들이 미움과 같은 파괴적인 것에 그 많은 시간과 정열을 쏟고 있는지…

미움 속에는 비밀스런 만족이 있다.
대리 만족 같은 것이다.

미국의 시인 롱펠로우Henry W. Longfellow, 1807-1882는 아주 의미심장한 말을 했다.
"세상에는 사랑만큼 달콤한 것이 없으며 사랑 다음으로 달콤한 것은 미움이다."
아마 사랑과 미움은 동전의 양면과 같은 것을 말하려 했던 게 아닌가 싶다.

우리들이 사랑하고 있을 땐 어떤 의미에서 자신을 잊어버리고 있는 것이다.
즉 자신을 생각하지 않고 에고에서 떠나 있는 것이다.

그러나 반대로 미움은 나를 다른 사람들과 분리하여 생각하게 함으로써 에고를 키운다.
다른 말로 하면 우리가 누군가를 미워할 때
자신이 실제로 존재한다는 것을 느끼게 된다는 것이다.
남과 나를 분리하여 생각함으로써 자신이 살아있다는 것을 실감하게 된다는 것이다.
이때부터 보이지 않는 "나뉨"이 시작된다.

사람들은 자신도 모르게 미워하는 대상과 같아지려는 망상을 한다.
같은 수준으로 사랑하려는 어설픈 모방을 시도하는 것이다.
즉 대리만족이나 대상행동substitute behavior을 찾게 되는 것이다.

우리가 어떤 사람을 미워한다는 것은
그 사람과 같아지려는 욕망에서 출발하기 때문이다.
그런데 대부분의 사람들이 미워하는 상대방과 같아지지 못하니 그 사람을 끌어내리려 한다. 그리하여 쌍방간에 미움이 시작된다.

그리고 모든 계층의 사람들을 미워하는 것은
스위스의 정신과 의사였고 분석심리학의 창시자였던
칼 융Carl Gustav Jung, 1875-1961이 말하는 '집단무의식archetype'이다.
사랑하기 위해서는 또 미움의 쳇바퀴에서 벗어나려면 미움을 이해해야 한다.
그러려면 미움을 분석하여 왜 미워하는가를 알아야 한다.
이렇게 하여 에고를 제거해야 한다.

예수님께서는 "나를 닮으라.", "나를 본받아라."하고 말씀하셨지
"나를 미워하라."고 말씀하시지는 않았다.

누구를 닮으려 하거나 본받으려고 하는 것은
"그 사람을 존경하는 것이지 시기하는 것이 아니다."

"존경심이 없는 사랑은 사랑하는 것이 아니라 부러워하는 것이다."

행복한 사람과 불행한 사람

어느 글에서 보니 행복한 사람과 불행한 사람을 간단히 표현하고 있다.
"사랑을 줄 수 있는 자도 행복한 자입니다.
사랑을 받을 수 있는 자도 행복한 자입니다.

세상에서 가장 불행한 자는 자기밖에 모르는 사람입니다.
자기밖에 모르는 사람은 사랑을 느낄 수 없으며
사랑을 느낄 수 없는 사람은 행복도 느낄 수 없기 때문입니다."

사랑이 주제가 되어 있다.
자기밖에 모르는 사람은 사랑을 모르는 사람이다.
남에게 받기만 하고 살아온 사람들은 남에게 베풀지 못하는 것을 많이 본다.
특히 헐벗고 굶주리며 지냈던 우리 세대에서는
어쩌다 좋은 음식이 생기거나 좋은 옷이 생기면
형제자매를 젖혀두고 먼저 장남에게 주고
남는 것이 있어야 동생들이나 누이의 몫이 되었다.
이렇게 편애하여 키우다 보니 남에게 베풀 줄 모르는 것을 많이 본다.

요즘 젊은 사람들도 아쉬운 줄 모르고 자랐다.
그렇게 사랑을 넘치도록 받았지만
안타깝게도 사랑이 누군가의 희생의 산물이라는 것을 모른다.
그냥 굴러 들어오는 것으로 착각하는 수가 많다.
어렵게 얻은 것이라야 소중함을 알 텐데
모든 것을 아무 힘들이지 않고 받았으므로
그것을 어렵게 마련한 누군가의 희생이 있었다는 것을
모르고 그것의 소중함을 모른다.

그렇게 자랐음에도 남에게 주는 것은 아주 인색하다.
내 것은 당연히 내 것이고 네 것도 내 것이라고 생각하기 때문이다.
사랑은 아무 대가를 바라지 않고 주는 것이다.

예수님은 "가장 보잘것없는 사람 하나에게 해 주지 않은 것이
나에게 해 주지 않은 것이다."라고 말씀하셨다.
주님께서는 가장 보잘것없는 사람을 통해서 우리를 부르신다는 뜻이다.
가장 보잘것없는 사람을 측은지심이 아니라 사랑으로 대하라는 뜻이다.

시간의 종말에 우리가 이 세상에서 이웃을 어떻게 대했느냐에 따라서
심판을 받게 될 것이라고 말씀하셨다.
그러나 우리들은 시간의 종말에 대하여 깊이 생각하지 않고
모든 것이 잘 될 것이라고 막연한 희망에 달떠서 살고 있다.
그 때는 우리가 세상에서 어떻게 살았느냐에 따라
우리의 운명이 결정되는 날이다.

이웃에 대한 오늘의 우리의 태도가 심판의 기준이 될 것이다.
고통과 가난으로 어려움을 겪고 있는 사람들 안에 이미 주님이 현존하고 계신다.
그 이웃들 한 사람 한 사람이 바로 또 한분의 그리스도이시다.
그들은 우리의 도움을 기다리고 있다.

시간의 종말에 "이 저주받은 자들아,
나에게서 떠나 악마와 그의 졸도들을 가두려고 준비한 영원한 불 속에 들어가라.
너희는 내가 주렸을 때에 먹을 것을 주지 않았고,
목말랐을 때에 마실 것을 주지 않았으며
나그네 되었을 때에 따뜻하게 맞이하지 않았고,
헐벗었을 때에 입을 것을 주지 않았으며,
또 병들었을 때나 감옥에 갇혔을 때 돌보아 주지 않았다."는
추상 같은 심판을 듣지 말기를 바랄 뿐이다.(마태오 25:41-43)

고요하고 평화로운 마음

"당신의 마음이 고요하고 평화로울수록
행복하고 즐거운 삶을 누릴 가능성은 더욱 커집니다.
고요하고 평화로운 마음에 대해 말할 때,
우리는 그것을 무감각하고 냉정한 마음과 혼동하지 말아야 합니다.
고요하고 평화로운 마음을 갖는다는 것은
마음이 완전히 텅 비어버리는 것을 의미하진 않습니다.
평화롭고 고요한 마음은 사랑과 자비심에 뿌리를 두고 있습니다.
마음을 고요하게 하는 내면의 수행이 뒤따르지 않는 한,
겉으로 보기에 아무리 편안한 환경속에서 지내더라도
당신은 자신이 바라는 기쁨과 행복을 절대로 느낄 수 없습니다"

달리이리마, 『행복론』 중에서

"영혼이 잠들어 있음을 생각하고
이성을 자극하여
어떻게 삶이 지나가고
죽음은 어떻게 말없이 오며
기쁨은 얼마나 빨리 지나가고
그 모든 것 뒤 고통은 어떻게 오는지,
그리고 우리가 보기에 지나간 시간은
어떤 것이든 어찌하여 더 좋았는지를
주시하면서 잠 깨어 있으라.
(중략)
우리들의 삶은 죽음이라는 바다에 이르는 강이다.
그곳에는 힘있는 자들도

목숨이 다하면 죽으러 가는 법,
수량이 풍부한 강이나,
그렇지 못한 강이나 가장 작은 강이나
자기 손으로 먹고 사는 사람들이나
부자들도 그 곳으로
다 똑 같이 가는 법이다."

스페인의 호르헤 만리께(1440-1479), 〈아버지 죽음에 부친 조사〉 중에서

마음에 흐르는 눈물

눈에 흐르는 눈물은 보이지만
마음에 흐르는 눈물은 보이지 않습니다.
참 슬픔은, 얼굴을 타고 흐르는 눈물이 아닌,
마음에 고이는 보이지 않는 눈물 안에 있습니다.

보이는 눈물은 누구나 닦아줄 수 있지만,
보이지 않는 눈물은 진실로 사랑하는 사람만이 닦아줄 수 있습니다.

우리가 서로 사랑해야 하는 이유가 바로 여기에 있습니다.
보이지 않는 눈물, 감춰진 아픔, 웃음 뒤의 외로움,
즐거움 뒤의 한숨, 희망 안의 절망을 치유하기 위함입니다.

사랑하면 보입니다.
깊이 사랑할수록 깊이 숨어 있는 것들이 보입니다.

〈좋은 생각〉에 실린 글이다. '참 사랑'을 잘 표현하고 있는 것 같다.
그러나 참 사랑이 없는 사람은 아파 보지 않으면 다른 사람의 아픔을 모른다.
그것도 그 사람과 이해관계가 있을 때에만 아파하는 경우가 많다.
남의 눈물을 알기는커녕 오히려 눈물을 흘리게 하면서 살고 있다.
양심良心은 그런 것이 아닐 텐데…
그렇다면 양심은 어디로 가고, 믿는다고 야단법석을 떨지만
아직도 진리를 얻지 못했다는 것일까?

남의 마음은 자신의 마음을 들여다 본 만큼 본다고 말한다.
세상은 고해苦海라고 할 만큼 고통투성이다.
그리고 온갖 죄가 자행되고 있는 험난한 세상이다.

원죄 이후로 죄악이 난무하고 그칠 줄 모르니
맹자가 한 말대로
'자꾸만 타락해가고 진리를 찾아보기 어렵게 되어 그릇된 말과 포악한 행실이 판을 치는 세상世衰道微 邪說暴行有作'이 되어버렸다.
이런 험난한 세상 속에서 자신이 스스로 만든 고통이나
남으로 인한 고통을 통하여 성숙해가는 것이 인간이다.
그렇다면 미성숙한 사람은 남의 아픔을 모를 수밖에 없다는 말이 되기도 한다.

『법화경法華經』에서는 '자비희사慈悲喜捨하는 마음'
즉 '참사랑'이 없으면 진리 수행이 어렵다고 했다.
그렇다면 참사랑이 없는 사람은 믿을 자격도 없는 셈이 된다.
우이독경牛耳讀經으로 끝날 가능성이 많기 때문이다.
예수님이 베드로에게 "나를 사랑하느냐?"하고 세 번씩이나 물어보신 것도
베드로에게서 참사랑을 보시지 못했기 때문이다.
베드로가 참사랑을 하게 된 것은 예수님의 부활 후로 보인다.

시인 릴케는
"타인에 대한 사랑, 어쩌면 그것은 우리에게 가장 어려운 시련일지도 모른다.
우리의 모든 감정이 순수해지면 삶이 고양되지만
어느 하나의 감정이라도 순수하지 않게 되면
우리 존재의 한 부분이 사로 잡히게 되어 끝내는 왜곡되고 만다."고 하였다.
우리는 죽을 때까지 무거운 십자가를 지고 가지만
결국 참사랑을 모르고 이생을 끝낼 지 모른다.
예수님이 가장 강조하셨던 참사랑을 실천하지 못한 삶은 그리스도인의 삶이 아니다.

"'사람의 아들'이 돌아올 때에 과연 이 세상에서 믿음을 찾아볼 수 있겠느냐?"는 말씀은 세상의 종말까지 유효한 말씀일 것 같다.(루카 18:8)

친 구

영국의 한 출판사에서 상금을 내걸고 "친구"라는 말의 정의를 공모한 적이 있었다.
수천이나 되는 응모엽서 중에서 이런 글이 뽑혔다.
"친구"란 "기쁨은 더 해주고 고통은 나눠 갖는 사람",
"언제나 정확한 시간을 가리켜주고 멈추지 않는 시계",
"많은 동정을 베풀어 그 동정의 옷을 입고 있는 사람",
하지만 일등은 다음의 글이었다.
"친구란 온 세상 사람이 내 곁을 떠났을 때, 나를 찾아오는 그 사람이다."

우리들이 흔히 말하는 친구란 시간을 때우기 위해서 만나는 그런 친구가 아니라
이와 같이 진정한 친구를 말한다.
관포지교管鮑之交 같이 나 보다 친구를 먼저 생각하고
나를 희생시키는 사람이 진정한 친구이고, 우리들은 이런 친구를 갖기를 원한다.
그러나 좋은 친구를 만나려면 먼저 나 자신이 좋은 친구감이 되어야 한다.
왜냐하면 친구란 내 부름에 대한 응답이기 때문이다.
끼리끼리 어울린다는 유유상종類類相從도 여기에 근거를 두고 있다.
그러나 사람들이 워낙 각박하고 이기적이 되어
나 자신이 좋은 친구감이 되지 못하면서
욕심을 내어 진정한 친구를 바라는 수가 많다.
그러나 그런 친구는 나에게 오지 않는다.

우리가 흔히 친구라면 이렇게 진정한 친구를 말한다.
그러면 진정한 친구가 아닌 사람을 뭐라고 불러야 할까?
"동무", "벗"이라 해야 할까?

이를 집회서(6:5-17)에서 명료하게 설명하고 있다.
"부드러운 말씨는 친구들을 많게 하고 우아한 말은 정중한 인사를 많이 받게 한다.
너와 화목하게 지내는 친구를 많이 만들되 조언자는 천 명 가운데 하나만을 골라라.
친구를 얻으려거든 시험해 보고 얻되 서둘러 그를 신뢰하지 마라.
제 좋을 때에만 친구가 되는 이가 있는데 그는 네 고난의 날에 함께 있어주지 않으리라.
원수로 변하는 친구도 있으니 그는 너의 수치스러운 말다툼을 폭로하리라.
식탁의 친교나 즐기는 친구도 있으니 그는 네 고난의 날에 함께 있어주지 않으리라.
그는 네가 잘될 때에는 너 자신인 양 행세하고 네 종들에게 마구 명령해대리라.
그러나 네가 비천하게 되면 그는 너를 배반하고 네 앞에서 자취를 감추리라.
원수들을 멀리하고 친구들도 조심하여라.
성실한 친구는 값으로 따질 수 없으니 어떤 저울로도 그의 가치를 달 수 없다.
성실한 친구는 생명을 살리는 명약이니 주님을 경외하는 이들은 그런 친구를 얻으리라.
주님을 경외하는 이는 자신의 우정을 바로 키워나가니
이웃도 그의 본을 따라 그대로 하리라."

헨리 뉴엔 신부도 진정한 친구는 찾아보기 힘들다는 사실을 일찍부터 알고,

"누구에게나 친구가 필요하다.

친구는 우리를 돌보아주고, 좋은 길로 인도해주며, 사랑과 만나게 해준다.

때로는 고통의 순간에 우리를 위로해 주기도 한다.

가끔 우리가 친구를 만드느니 사귀느니 해도 친구란 그렇게 만들어지는 것이 아니다.

친구는 하느님께서 우리에게 공짜로 주시는 은총의 선물이다.

우리가 전적으로 하느님의 사랑 안에 그분을 신뢰하고 있을 때

하느님께서 우리에게 필요한 친구들을 주신다.

그래도 친구가 하느님을 대신할 수는 없다.

아무리 좋은 친구라도 한계와 약점이 있게 마련이다.

완벽한, 그리고 흠이 없는 친구의 사랑이나 우정, 그런 것은 없다.

그럼에도 친구가 우리에게 중요한 것은 약점 많고 부족한,

그런 친구들이라 할 지라도 무한한 하느님의 사랑에 이르는 길에서

그 친구들이 어떤 중요한 표지가 될 수 있다는 사실이다.

우리의 이 지상 여정에서 하느님께서 우리에게 보내주시는 친구들을 기쁘게 만나야 한다."

고 말했다.

깨달음은 외로움인가?

"서산대사는 깨달음을 얻은 뒤
이십 년 가까이 묘향산에 머물며 아무 말도 하지 않았다.
벙어리처럼 지내고 있었다.

깨달음은 그처럼 무서운 것인가?
깨달음은 그처럼 어리석은 것인가?
깨달음은 진실로 그처럼 화려한 것인가?
눈물처럼 아름다운 것인가?
깨달음은 또 다른 절망인가?

그럴지도 모른다.
아무도 알아주지 않는 절망의 순간들을 스치면서 그렇게 이루어지는 것인가?
깨달음은 외로움이고, 그 외로움을 지키기 위하여 괴로워하는 것인가?"

지현 스님의 『사람이 살지 않는 곳에도 길은 있다』 중에서

깨달음이란 '진리'를 터득하고 행동으로 보이는 것이다.
우매한 인간들 중에서 무지無知 무명無明에서
벗어난 사람들을 일컬어 깨달은 사람이라 한다.

깨달은 사람이나 성인聖人은 흔치 않다.
우매한 사람들은 그들을 어리석은 사람, 바보 같은 사람, 어린이로 본다.
심지어는 자아와 다르다고 박해하기도 한다.
그래서 그들은 외롭기 마련이다.
그들의 말은 알아듣기 어려워 들으려고도 하지 않는다.

그러나 그들은 자유의 맛을 보았기 때문에 우매한 삶에 또 다시 구속 받으려고 하지 않는다. 그들은 죽은 다음에야 산 이를 통하여 성인聖人으로 인정받는다.

서산대사가 깨달음 얻은 뒤 이십 년 가까이
사람들을 만나지 않고 말을 하지 않은 이유가 무엇이었을까?
톨스토이가 노후에 은둔생활을 한 이유는?
초기의 수도원이 봉쇄 수도원밖에 없었던 이유는?
참사랑을 할 자신이 없어서였을까?
속세에 부대끼기가 두려워서였을까?
나 혼자 구원받기 위해서였을까?
남의 죄를 대신하여 대속代贖하기 위한 것이었을까?

한 번은 어떤 사람이 예수께 와서
"선생님, 제가 무슨 선한 일을 해야 영원한 생명을 얻겠습니까?"하고 묻자
예수께서는 "왜 너는 나에게 와서 선한 일에 대하여 묻느냐?
참으로 선하신 분은 오식 한 분뿐이시다.
네가 생명의 나라로 들어가려거든 계명을 지켜라."하고 대답하셨다.

그 젊은이가 "어느 계명입니까?"하고 묻자
예수께서는 "'살인하지 마라. 간음하지 마라. 도둑질하시 마라.
거짓 증언하지 마라. 부모를 공경하여라.'
그리고 '네 이웃을 네 몸 같이 사랑하여라.'하는 계명이다."하고 대답하셨다.
그 젊은이가 "저는 모든 것을 다 지켰습니다.
그런데 아직도 무엇을 더 해야 되겠습니까?"하고 다시 묻자

예수께서는 "네가 완전한 사람이 되려거든
가서 너의 재산을 다 팔아 가난한 사람들에게 나누어주어라.
그러면 하늘에서 보화를 얻게 될 것이다.

그러니 내가 시키는 대로 하고 나서 나를 따라 오너라."

그러나 그 젊은이는 재산이 많았기 때문에
이 말씀을 듣고 풀이 죽어 떠나갔다.(마태오 19:16-22)

정신과 의사인 나까이 히사오 교수가 정신병환자를 퇴원시킬 때에
적용한 **정신건강의 기준**을 보면
속세에 사는 정상인들이 어떠한 사람들인가를 미루어 짐작할 수 있다.

1. 싫은 일을 자연스럽게 뒤로 미루는 능력
2. 가능하면 그만두고 싶다고 생각하는 능력
3. 혼자서 있을 수 있는 능력, 또 둘이서 있을 수 있는 능력
4. 거짓말을 하는 능력
5. 적당히 타협하는 능력, 고집을 부리지 않는 능력
6. 하지 않으면 안 된다는 기분에 대항할 수 있는 능력
7. 정신을 무리하게 통일시키지 않는 능력

우리가 흔히 말하는 "속물근성"을 가진 사람들을 정상인으로 말하고 있다.
예수님은 일찍이 이 세상에 선한 사람은 없다고 하셨다.
그리고 **완전한 사람이 되려면** 재산을 다 팔아 가난한 사람에게 주라고 하셨다.
계명을 지키는 것은 동물과 구분되는 "인간의 조건"이고
자비와 참사랑을 강조하는 것은 "착하고 완전한 사람"이 되도록 하기 위함이다.

칼릴 지브란이 한 말대로
"모든 일은 거기에 사랑이 있을 때를 제외하고는 공허하게 마련이다."
지난 일이 서글프고 허망하게 느껴지는 것은 사랑이 없었기 때문이리라.

그대 음성에 내 마음 열리고

"빵을 떼실 때에야 비로소 그들은 주님을 알아보았다." 루카 24:35.

엠마오 사건에 대한 묵상을 한 후 어떤 사람이 한 기도이다.
"주 예수님, 사람들의 눈에 띄지 않는 무덤에 당신을 버려둔
우리들을 사랑으로 보아주십시오.
당신이 엠마오로 가는 길에 두 제자를 알아보셨듯이
우리를 찾아 주십시오.
그들에게 하셨듯이
우리와 나란히 걸으시면서 당신을 보여주십시오.
타다 남은 우리의 믿음에 다시 불꽃을 일으켜주시고
당신을 위하여 우리의 마음이 다시 불타게 해주십시오.

우리들의 집에 오셔서 우리와 함께 식탁에 앉아 주십시오.
그리고 당신의 손에 빵을 들고 축복하시고
당신의 현존으로 채우시고
빵을 떼신 후 우리들에게 나누어 주십시오.
그러면 우리는 당신의 부활하신 영광 안에서
당신을 알아볼 수도 있지 않겠습니까?"

부활하신 주님을 알아보기는 쉽지 않다. 마리아 막달레나도 그러했다.
주님께서 우리들에게 물으신다.
"누구를 찾고 있느냐?"
그런데 우리는 진정으로 주 예수님을 찾고 있는가?
우리는 우리의 기도 중이나 영성체 할 때뿐만 아니라, 우리가 고통 받을 때나 기뻐할 때나, 우리 곁에서 걷고 계실 때나, 우리 주위의 사람들 안에

서나, 우리들의 일상생활 속에서도 그분을 알아보는가?
예수님께서는 진정 우리의 주님이고 메시아이다.
마리아 막달레나는 주님의 목소리를 듣고서야 그분을 알아보았다.

우리는 과연 그분을 사랑하는가? 우리는 과연 그분의 목소리에 익숙한가? 그분의 목소리를 들으면 "당신이시군요, 저에게 말씀하십시오."하고 반갑게 맞아들이는가?

나는 생상Saint-Saens, 1835-1921이 작곡한 오페라 〈삼손과 데릴라〉 중에 나오는
유명한 사랑의 이중창 "그대 음성에 내 마음 열리고"를 좋아한다.
주옥 같은 멜로디도 좋지만 가사도 좋다.

'주님의 목소리'에 내 마음 열리고…

데릴라

새벽의 키스에 꽃송이가 열리듯
당신의 목소리에 내 마음이 열리는군요.
그러나, 오 사랑하는 이여, 내 눈물을 그치게 하려거든
한 번만 더 말해주오!
이젠 영원히 데릴라에게 돌아왔다고 말해주오.
다시 말해 줘요, 그때의 맹세들을
내가 사랑했던 그 맹세들을….
아! 나의 애정에 응답해 주세요.
날 환희에 넘치게 해 줘요.
나의 애정에 응답해 주세요.
날 환희에 넘치게 해 줘요.

삼손
데릴라! 데릴라! 당신을 사랑하오.

데릴라
미풍에 일렁대는
밀이삭들의 살랑댐처럼
정다운 당신 음성에
품어질 듯 일렁이는 내 마음!
죽음을 이끌고 가는 화살조차도
당신의 품으로 날아드는 당신의 연인만큼 빠르지는 못해요.
아! 나의 애정에 응답해 줘요!

삼손/데릴라
나의 키스로 그대의 눈물과
그대 가슴의 근심을 씻어주리다!
나를 환희에 넘치게 해 줘요!
나의 애정에 응답해 줘요!

삼손
데릴라! 데릴라! 당신을 사랑하오.

그대 음성에 내 마음 열리고

2008년 12월 8일 초판 인쇄
2008년 12월 12일 초판 발행

지은이 | 김 용 대
발행인 | 오 영 환
발행처 | 사회와연대 · 세명서관
등 록 | 1989. 2. 20. 제2-409호

주 소 | 서울특별시 중구 신당4동 333번지(2층 111호)
전 화 | (02) 2238-9055, 2235-9601
FAX | (02) 2234-9291
E-mail | semyoungbook@hanmail.net

값 12,000원

ISBN 978-89-89097-32-7 03230